Immanuel Kant

AUSSPRÜCHE UND APHORISMEN

Immanuel Kant

AUSSPRÜCHE UND APHORISMEN

Herausgegeben von
Raoul Richter

Anaconda

Dieses Buch erschien unter dem Titel *Kant-Aussprüche*
zuerst 1909 im Insel Verlag in Leipzig. Der Text folgt hier
der zweiten Auflage 1913. Er wurde unter Wahrung von
Lautstand, Interpunktion sowie sprachlich-stilistischer
Eigenheiten der neuen deutschen
Rechtschreibung angepasst.

Die Deutsche Nationalbibliothek verzeichnet diese Publikation
in der Deutschen Nationalbibliografie; detaillierte bibliografische
Daten sind im Internet unter http://dnb.d-nb.de abrufbar.

© 2014 Anaconda Verlag GmbH, Köln
Alle Rechte vorbehalten.
Umschlagmotive: Immanuel Kant, Altersporträt im Profil,
Stahlstich (um 1840), nach einer Zeichnung von Hans V. F.
Schnorr von Carolsfeld (1789), © akg-images. – Immanuel Kant,
Handschriftenprobe aus »Zum ewigen Frieden« (1795),
© akg-images.
Umschlaggestaltung: Guido Klütsch, Köln
Satz und Layout: Roland Poferl Print-Design, Köln
Printed in Czech Republic 2014
ISBN 978-3-7306-0149-5
www.anacondaverlag.de
info@anacondaverlag.de

INHALT

Einführung 11

VORKRITISCHE PERIODE

Allgemeine Weltanschauung 40
   Aufgaben der Philosophie 40
   Inhalt der Philosophie 46

Sittenlehre und Erziehung 49
   Sittenlehre 49
   Erziehung 52

Religion 54
   Zeugnisse für das Dasein Gottes und die
   Unsterblichkeit der Seele 54

Menschen- und Lebenskunde 60
   Allgemeine Bemerkungen 60
   Die Temperamente 67
   Die Geschlechter und die Ehe 70

KRITISCHE PERIODE

Allgemein-kritische Grundsätze 76
   Wesen und Wert der Erkenntnis 76
   Das Wesen der Philosophie 78
   Das Problem der Metaphysik 82
   Von Unwissenheit durch Skeptizismus zum
   Kritizismus 85
   Bedeutung der freien Kritik 91
   Verhältnis der Kritik zu Moral und Religion 97
   Kants Kritik, ein Vermächtnis 99

Sittenlehre 100
   Ziel und Nutzen der Moralphilosophie 100
   Wesen und Würde des Sittlichen 103
   Freiheit des sittlichen Willens als Ausfluss des
   intelligiblen Charakters 110
   Pflicht 113
   Tugend 120
   Metaphysische Ausblicke auf ethischer Basis 125

Erziehung 130
   Erziehung und Moral 130
   Erziehung des Einzelnen und des Menschen-
   geschlechts 133

Kunst und Genie 136
   Kunst, Natur und Moral 136
   Das Genie 141

Kunst und Wissenschaft 145
Echter und unechter Stil 146
Sprache und Ausdruck 154

Religion 157
Die religiöse Gewissheit 157
Die religiöse Gesinnung 163
Geoffenbarte und reine Religion 167

Geschichte 175
Der Sinn der Geschichte 175
Die welthistorische Aufgabe der Herrschenden . 178
Krieg und ewiger Friede 182

Menschen- und Lebenskunde 185
Menschliche Schwächen und ihre Heilung 185
Geistige Fähigkeiten 188
Leidenschaften und Gefühle 193
Charakterlehre 197
Die Geschlechter 200
Die Stellung des Menschen in der Natur 203

ANHANG
GRUNDLINIEN DES KRITISCHEN SYSTEMS

Aus der Kritik der reinen Vernunft 206
Reine und empirische Erkenntnis 206
Die sinnliche Erkenntnis 209

Die Verstandeserkenntnis 213
Gebiet und Grenzen der sinnlichen und der
Verstandeserkenntnis 218
Die Vernunfterkenntnis 224
Übergang von der Kritik der theoretischen zur
Kritik der praktischen Vernunft 233

Aus der Kritik der praktischen Vernunft 238
Allgemeingültigkeit des Sittlichen 238
Die Sittlichkeit weder materiell noch empirisch . 238
Die Sittlichkeit formal, a priori und
imperativisch 240
Sittlichkeit und Glückseligkeit 244
Das praktische Postulat der Freiheit 246
Das praktische Postulat der Unsterblichkeit 251
Das praktische Postulat der Existenz Gottes 252
Die moralische Religion 254

Aus der Kritik der Urteilskraft 256
Die Urteilskraft als Norm des Gefühls, die
Vermittlerin zwischen Verstand und Vernunft,
Intellekt und Wille, Natur und Freiheit 256
Ästhetische und teleologische Urteilskraft 261
Schönheit und Geschmack 263
Allgemeingültigkeit der Geschmacksurteile 265
Das Erhabene und seine Beurteilung 267
Die teleologische Urteilskraft: Der geistige und
zweckvolle Charakter des Organischen 269

Ausdehnung des geistigen und zweckvollen
Charakters auf die anorganische Natur 272
Der Mensch aus ethischen Gründen der
Endzweck der Natur 274
Am Menschen die Kultur der letzte Zweck
der Natur 276

Quellenregister 277
Abkürzungen 285

EINFÜHRUNG

In Etwas ist jeder Deutsche
seinen großen Meistern verwandt.
RICHARD WAGNER

Nur mit Zagen entlässt der Herausgeber die folgenden
Blätter in die Öffentlichkeit. Trägt er doch hier nicht die
Verantwortung für das Schicksal seiner eigenen Gedanken,
sondern die doppelt schwere für Erfolg oder Misserfolg des
Werks eines andern; eines, der sein etwa entstelltes Bild
nicht wieder zurechtrücken, sich gegen Abneigung, Angriffe und Missverständnisse nicht mehr zu wehren vermag! Darum liegt ihm die freundliche Aufnahme der
Kant-Aussprüche sehr am Herzen; schon im gewöhnli-
chen Leben schmerzt es uns, einen Freund, den wir warm
empfehlen, kalt aufgenommen oder gar abgewiesen zu sehen. Doch steht zu hoffen, dass, wenn über den Zweck
und den sich daraus ergebenden Grundcharakter dieser
Spruchsammlung Rechenschaft gegeben ist, manch übel-
wollender Beurteiler schon an der Schwelle umkehren
und das Haus gar nicht betreten wird, das ihm nach Plan
und Bauart doch niemals ein Heim werden kann. Die
Sammlung der Kant-Aussprüche will nur zu ihrem be-
scheidenen Teil eine Pflicht erfüllen helfen, welche jeder
Deutsche den großen Männern seines Landes gegenüber
empfinden muss: zu erfahren, wer diese Männer waren, sie
in ihren eigentümlichen Leistungen kennen zu lernen, ih-

nen im Geiste nahe zu treten, sie zu bewundern und wo-
möglich – zu lieben. Von Kant aber sind außerhalb ge-
lehrter Kreise wenig mehr als der Name und ein paar
Schlagwörter aus seiner Lehre bekannt. Es liegt das an der
schweren Zugänglichkeit dieser Philosophie. Sich in sie
hineinzudenken erfordert nicht wenig Zeit und Mühe; das
macht für die meisten Menschen ihr Studium zur Un-
möglichkeit. Allen dennoch Gelegenheit zu geben, Kant
kennen zu lernen, und zwar aus seinen eigenen Worten,
ist dieser Sammlung Zweck; dass dann auch die Bewunderung und Liebe nicht ausbleiben werden, dafür lässt der
Herausgeber vertrauensvoll Kant selber sorgen.

Für Fachgelehrte sind also diese Aussprüche nicht bestimmt. Wer Kants einzelne Werke kennt, wird sich ver-
bitten, Gedanken, die durch den Zusammenhang, in den
sie gestellt sind, gesteigerte Bedeutung erfahren, noch
einmal, losgelöst aus den Verbindungen und aller frucht-
baren Beziehungen entkleidet, vorgesetzt zu bekommen.
Dagegen regen diese Gedanken vielleicht unter den Lai-
en den einen oder den andern an, ein Kantisches Werk
selbst aufzuschlagen, in dessen Tiefe sich – gewiss nie ohne Gewinn – zu versenken. Aber auch derjenige, dessen
Anlage oder Beruf ihn vermutlich niemals den Blick in
ein philosophisches System wird werfen lassen, der allen
theoretischen Spekulationen abgewandte Geist, der
Künstler, der Geschäftsmann, der Beamte, er wird, wenn
er in diesen Blättern liest, Kant nicht mehr fremd gegen-
überstehen. Vielleicht entdeckt er gerade dieses Etwas, in
dem jeder Deutsche seinen großen Meistern verwandt ist.

Doch soll niemand erwarten, auf solche Art in bequemer Weise die Kantische Philosophie als ein geschlossenes Ganze übermittelt zu bekommen. Was nur auf den dornigen und verschlungenen Wegen des fortlaufenden Textes zu erreichen ist, darf von der Auswahl allgemein verständlicher Aussprüche nicht gefordert werden. Nur darauf, dass diese Sammlung auch wirklich Kantischen Geist atme, dass sie in jedem ihrer Teile von dem lebendigen Hauch der Kantischen Weltanschauung erfüllt sei, bin ich bei ihrer Zusammenstellung bedacht gewesen. Und überdies lebt in ihr überall Kants edelgroße Persönlichkeit. Der Mensch ist aber beim Philosophen von seinem Werk nie ganz zu trennen; wer sich mit dem Menschen Kant vertraut gemacht hat, darf auch hoffen, in die Ideen des Denkers einen Blick zu tun. Und so durch die Fülle zugänglicher Bemerkungen über die verschiedenen Gebiete des Daseins (aus Kants Periode der Entwicklung und der Reife) in die Welt dieses Philosophen eingeführt, mag der willige Leser sich an die letzten Höhen und Tiefen des Kantischen Systems heranwagen, und wie das ferne Panorama einer gewaltigen Bergkette die größeren Abschnitte aus den drei kritischen Hauptwerken im »Anhang« betrachten, deren Aufeinanderfolge den Aufbau der philosophischen Grundgedanken massiv zu veranschaulichen sucht.

Doch neben und über der allgemeinen Absicht, dem Einzelnen Kant nahezubringen, verfolgt unsere Sammlung noch ein höheres, kühneres und verstecktes Ziel.

Die Kantische Lebensansicht will sich hier dem Geist unsrer Zeit zur Kenntnisnahme, vielleicht gar zur Beherzigung empfehlen. Von der Bedeutung Kants für die neuere Wissenschaft ist wiederum nicht die Rede. Diese Bedeutung steht fest. »Zurück zu Kant« ist das Losungswort nicht nur einer wissenschaftlichen Richtung geworden. Man streitet sich wohl darüber, was uns Kant sein solle und was er uns nicht sein solle; dass er uns etwas ist und sein soll, nimmt man in diesen Kreisen als selbstverständlich an. Hier aber handelt es sich darum, ob Kant auch unserer Zeit noch ein Führer durch das Leben (gewiss nicht der einzige, aber doch einer) sein könne, ob er die Lebensrichtung des heutigen Menschen noch irgendwie mitzubestimmen vermöge. Und da ist so viel gewiss: Kants Auffassung vom Reich der Wirklichkeit und der Werte ist das wohltätigste Gegengewicht für manche Strömung unsrer Tage. Da sie innig verknüpft ist mit ewigen Ideen, raubt es ihr nichts an überzeugender Kraft, dass sie nicht der zeitlichen Gegenwart Kind ist und ihre Form oft altertümlich anmutet. Gerade dem Zeitlichen in unserer Gegenwart tritt sie als lebendige Mahnung und dem Überschwänglich-Zeitlichen, dem ausschließlich »Modernen« als heilsames Zuchtmittel entgegen.

Ein überspannter *Subjektivismus* und *Individualismus* ist das Glaubensbekenntnis einer großen Bewegung, welche seit dem letzten Drittel des 19. Jahrhunderts die europäische Kultur durchflutet. Vorzüglich in der modernen Kunst hat diese Lebensansicht ihren talentvollsten Ausdruck erfahren: von der liebevollen Zergliederung des Allerindividuellsten im Menschen, seiner unwillkürlichen Assoziationen und verschwimmenden Stimmungstöne –

im modernen Roman, Drama und Gedicht – bis hinauf zur Vergötterung des selbstherrlichen Individuums im modernen Dithyrambus. Die Welt der Dinge unabhängig vom Subjekt, die Welt der Objekte schlechthin, kommt nur insoweit in Betracht, wie sie in den einzelnen Persönlichkeiten Vorstellungen und Phantasiebilder anregt, das Spiel der Gefühle und Leidenschaften auslöst und Willensbetätigungen hervorruft. Die Wahrheit wird ganz vom auffassenden Individuum abhängig gemacht, das Schöne und Gute nicht mehr in festen Verhältnissen gegründet. Dadurch geraten Werte und Wirklichkeiten ins Schwanken. Denn alles Subjektive scheint naturgemäß zunächst relativ, veränderlich und nur von individueller Geltkraft. Der gefühlsmäßige Niederschlag dieser Schwankungen kann für die Lebenshaltung nur ein gewisser Stimmungsskeptizismus sein oder ein Akt trotziger Selbstüberhebung, zwar kein zweifelnder, aber ein verzweifelter Schritt. Jener entspringt aus der Zersetzung des Ich in unzählige schwebende Einzelerlebnisse, dieser aus der Setzung des Ich zum alleinigen Richter über Werte und Wirklichkeit. Solche stimmungsmäßigen Überzeugungen bereiten der heutigen Jugend aller Kulturländer schwere und ernste Leiden. Hiergegen wüsste ich nun kein heilkräftigeres Mittel als ein Bad in dem reinen Stahlquell des Kantischen Geistes. Niemand braucht zu befürchten, dadurch in die überwundene Denkweise vergangener Zeiten zurückversetzt zu werden. Das wirklich Wahre und Wertvolle an seiner Lebensansicht, dasjenige, was mit Recht als eine Errungenschaft der neuen Zeit bezeichnet werden darf, soll dem modernen Menschen nicht entrissen, nicht verkürzt werden: dass die Erfahrungswelt, in der wir leben, nicht eine einfache Spiegelung objektiver, an sich seiender, absoluter Dinge und Verhältnisse ist, sondern auf allen wesentlichen Punkten mitbestimmt durch die Beschaffenheit des menschlichen Subjekts. In diesem Sinne hat auch Kant den Subjektivismus vertreten; ja er hat eigentlich diese Anschauungsweise in ihrer ganzen Wucht zum ersten Mal verkündet, mit einer Schärfe bis ins Einzelne und Einzelste durchgeführt und mit einer Kühnheit ihre Folgerungen gezogen, welche vielleicht den eingefleischten Stimmungsindividualisten von heute, würde er sich in sie versenken, erschrecken möchte. Aber das Auszeichnende an dem Kantischen Subjektivismus, zugleich das Stärkende und Erfrischende an ihm liegt auf einer tieferen Schicht: Für Kant ist das Subjektive keineswegs gleichbedeutend mit dem Relativen, dem Willkürlichen, Beliebigen, Gesetzlosen, Anarchischen. An jedem Subjekt sind zwei Seiten streng zu scheiden: die eine ist individuell, ist bei den einzelnen Menschen, ja bei demselben Menschen je nach der Lebenslage ganz verschieden; ihr gehören die Sinnesempfindungen, vor allem aber das weite Reich der Gefühle und Gemütsbewegungen, unsere Sympathien und Antipathien an. Diese sind individuelle Reaktionen des Bewusstseins auf die von den Dingen an sich ausgehenden Reize, sie werden empfangen, gegeben, liegen nicht von vornherein in uns, oder – in Kants Schulsprache geredet – sie sind a posteriori. Den Quellen, aus denen sie stammen, gleichen sie in keinem ihrer Bestandteile; denn die Umformung, die der Reiz durch das menschliche Bewusstsein erfährt, ist von der Art, dass von einer auch nur schattenhaften Ähnlichkeit beider Größen, des die Auffassung anregenden Dinges und der aufgefassten Vorstellung des Dinges, keine Rede sein kann. Die andere Seite hat es mit dem zu tun, was allen Subjekten gemeinsam ist, nämlich mit den Gesetzen und Formen, nach denen der Mensch die Welt der Wirklichkeit, aber auch die Welt der Schönheit und der Sittlichkeit notwendig erbaut. Diese Formen und Gesetze stammen zwar aus dem Subjekt, aber nicht aus *den* Menschen, sondern aus *dem* Menschen, dem Menschen als Gattung, nicht als Individuum. Sie sind allen Menschen in gleicher Weise zu eigen, werden nicht gegeben, sondern liegen von vornherein im Geiste bereit, sind also nicht a posteriori, sondern a priori. Darum gelten sie auch für alle Zeiten, an allen Orten und für alle Individuen. Anwendbar sind sie nur auf den empirischen Stoff des Bewusstseins, eben auf jene von Subjekt zu Subjekt wechselnden Empfindungen und Gefühle. Diese fangen sie gleichsam ein mit dem unentrinnbaren Netzwerk der Gesetzlichkeit, der sich jeder gegebene Inhalt des Bewusstseins zu fügen und einzuordnen hat. Indem sich so ein für alle gleicher und fester Zusammenhang der äußeren und inneren Wahrnehmungen bildet, entsteht die Welt der »Erscheinung«, der »Erfahrung« als geschlossener Einheit, der »Natur«, wie Kant auch mit Vorliebe sagt, die Welt der empirischen Wirklichkeit. Solche Bestandteile a priori, welche der sinnlichen Wirklichkeit im Gegensatz zu der unwirklichen Welt der Träume, Illusionen und

Phantasiebilder ihren *objektiven* Charakter verleihen, sind Raum und Zeit, mit deren gesetzmäßigen Beziehungen sich die Mathematik beschäftigt, Kategorien wie die Kausalität und der Substanzbegriff, die letzten Elemente der Naturwissenschaft. Mit der Ermittlung der Gesetze in der Erscheinungswelt hat es alle echte Erkenntnis allein zu tun, auf ihr beruht alle echte Wissenschaft. Von der Beschaffenheit der Dinge an sich, dem Reich jenseits der Erscheinungen können wir nichts wissen. In dem Nachweis für diese Behauptungen besteht die erkenntnistheoretische Großtat Kants, mit deren näherer Darlegung und Kritik wir es hier nicht zu tun haben.

Und wie er für den Begriff der *Wirklichkeit* den ruhenden Pol in der Erscheinungen Flucht auf dem Wege fand, dass er dem Objektiven innerhalb des Subjektiven eine neue Bedeutung verschaffte und das Allgemeingültig-Subjektive für das Objektive erklärte, so auch im Reich der *Werte*, des Wollens und des Fühlens. Die gedankliche Formulierung unsrer Gewissensaussagen – das Ziel seiner Moralphilosophie – gipfelt in der Aufstellung jener letzten unverleugbaren *Willens*norm, die Kant das Sittengesetz oder den kategorischen Imperativ zu nennen pflegt. Kant will nicht auf gelehrtem Wege die Moral entdecken, die ja auf ungelehrtem Wege längst entdeckt war, solange es Menschen gab. Seitdem er Rousseau gelesen, steht es für ihn fest: Das Sittliche kann kein subtiles, nur dem Gelehrten zugängliches Gut sein; ebenso wenig bedarf es der verfeinerten Gefühlsschattierungen der Vornehmen und Kultivierten zu seiner Besitzergreifung. Es wohnt in jedes Menschen Herz, auch in dem des sozial-niedrigen und intellektuell ungebildeten Mannes; und hier vielleicht am unverdorbensten und reinsten. Moralität hat mit Kultur nichts zu schaffen. Sie steht über den Zeiten und den Landen. »Wir sind im hohen Grade durch Kunst und Wissenschaft kultiviert. Wir sind zivilisiert bis zum Überlästigen, zu allerlei gesellschaftlicher Artigkeit und Anständigkeit. Aber uns schon für moralisiert zu halten, daran fehlt noch sehr viel« (Spruch 163). Sind diese Worte nur für das *achtzehnte* Jahrhundert geschrieben? – Wer aber die Erhebung gefühlsmäßig einleuchtender und in diesem Sinne jedem zugänglicher Gemütsverhältnisse zu gedanklichen Formeln für etwas Geringfügiges erachtet, wird statt aller Entgegnungen gebeten, die Spruchgruppe auf S. 100 ff. einzusehen. Es kann nach alledem nicht ausbleiben, dass der Kern solch ethischer Anschauungen von etwas im Grunde sehr Einfachem und Naivem gebildet wird: Es ist der gute alte *Pflicht*begriff, der im Mittelpunkt dieser Morallehre steht. Aber Kant zeigt uns die Pflicht in einem so neuen Lichte, umflossen von einer so strahlenden Glorie, deren Leuchtkraft dem tiefsten Menscheninnern entstammt, dass mancher, für den Pflicht und Sollen auf Grund der neuen Zeit längst überwunden und als philisterhaft abgetan gelten, wenn er hier Kants Aussprüche durchliest, bedenklich den Kopf schütteln und ernste innere Einkehr halten wird. Die Pflicht – im Kantischen Sinne – ist keine Alltagsleistung. Sie lastet als schwere Wucht auf menschlichen Schultern. Aber ihr Joch ist leicht, weil das unvergängliche Wesen des Menschen, das ihn mit allen andern Menschen verbindet, es den vergänglichen und wechselnden Augenblicksbegierden, den »Neigungen« in Kants Sprache, mit innerer Gewalt auferlegt. Denn die Pflicht weist uns an, unabhängig von unsren, ja meist wohl gegen unsre Neigungen einzig aus Achtung vor dem Sittengesetz zu handeln, d. h. unser eigenstes Wesen durchzusetzen. Das Sittengesetz aber leitet uns nicht unmittelbar zu einzelnen inhaltlich bestimmten Taten oder Unterlassungen hin, sondern zur formalen Einheit unsrer Gesinnung, zum geschlossenen Zusammenhang unsres Willenslebens, wie die Formen von Raum, Zeit und Ursächlichkeit vor dem Intellekt den geschlossenen Zusammenhang der Erscheinungswirklichkeit erstehen lassen. Auch das Sittengesetz ist daher formal und allgemeingültig, a priori und notwendig, subjektiv und objektiv zugleich. Als unumstößlicher Befehl, als unsprengbares Gebot, als kategorischer Imperativ tritt es auf, weil der allgemeinmenschliche Teil unsres Willens, der Wille zur Einheit, zur Organisation, zur Zucht, zum Charakter sich als der mächtigere erweist, als das »obere Begehrungsvermögen« gegenüber den flüchtigen Augenblicksregungen des individuellen Temperaments, der anarchischen Affekte, des »unteren Begehrungsvermögens«. So ist es wiederum das Subjekt, das sich selbst ein »du sollst« diktiert und es von keiner äußeren Autorität empfängt. Alles Gute beruht auf Grundsätzen des Willens und nicht auf Sympathie; aller sittliche Verdienst haftet am Konflikt zwischen Neigung und Pflicht. Tugend ist Kampf, nicht

Besitz; nicht Enthusiasmus, sondern Willensrichtung. Dadurch kommt ein herber, strenger, fast harter Zug in dieses Weltbild. Ob aber Kant nicht doch mit dem Satze: »Wenn wir nur wohl nachsuchen, so werden wir zu allen Handlungen, die anpreisungswürdig sind, schon ein Gesetz der Pflicht finden, welches gebietet und nicht auf unser Belieben ankommen lässt, was unserm Hange gefällig sein möchte« –, ob Kant damit, trotz aller ihm hier gewordenen Angriffe und trotz des so ganz anders gearteten Empfindens unsrer Zeit auf diesem Punkte, das Wesen der Sittlichkeit nicht doch an einer ihrer Wurzeln erfasst hat? Wie dem auch sei, mit dem Hinweis auf die hohe Bedeutung des zielbewussten, klaren Willens, der nur das vor Augen hat, was unabhängig von Ort und Zeit durch allen auch von Kant anerkannten Wandel in den tatsächlichen Äußerungen des Moralbewusstseins als ideale Aufgabe das Gleiche bleibt, wird Kant denen zum kräftigen Lebensführer, die sich aus den weichlichen Verirrungen moderner Gefühlsschwelgerei und enthusiastischer Überbietungen nicht allein auf geradere Bahnen zurechtzufinden vermögen.

Von dem gleichen gesunden und kräftigen Geist, der sich machtvoll gegen alle »schmelzenden, weichherzigen Gefühle und das Herz eher welk als stark machenden Anmaßungen« stemmt, ist die Kantische *Erziehungslehre* getragen. Und so bricht in den an Umfang armen, aber an Inhalt reichen pädagogischen Untersuchungen immer wieder die Mahnung hindurch, die Kinder nicht zu Romanhelden, sondern zu Lebenshelden zu erziehen.

Zwischen der Wissenschaft, die es mit der theoretischen Erforschung der empirischen Wirklichkeit, und der Sittlichkeit, die es mit der praktischen Gestaltung des Willens zu tun hat, tritt die *Kunst* als Vermittlerin. Schon diese Rangordnung widersetzt sich der inbrünstigen Überschätzung der Kunst, dem ausschließlichen Ästhetizismus. Durch das Schöne führt der Weg vom Wahren zum Guten. Einer individuellen Beliebigkeit ist auch die Schönheit entrückt, eine strenge, wenn auch subjektive Gesetzlichkeit bringt sie zum Ausdruck. Das Organ, mit dem wir sie auffassen, ist das *Gefühl*. Vom Angenehmen und Vergänglichen, das stets ein Interesse der sinnlichen Neigungen am Gegenstande voraussetzt, ist die Kunst durch eine weite Kluft getrennt. Das interesselose allgemeine Wohlgefallen reiner Beschaulichkeit ist das Merkmal für die Beurteilung des Schönen, und nicht an diesem oder jenem Gegenstand, sondern an der Form der Zweckmäßigkeit, wo immer sie sich zeigt, hängt der ästhetische Wert. Im Erhabenen aber tritt uns die enge Beziehung der Kunst zur Sittlichkeit entgegen. In ihm offenbart sich dem Menschen die unfassbare Unendlichkeit der sinnlichen Welt, demütigt und beschämt seine Einbildungskraft, erhebt ihn aber grade dadurch zur Besinnung auf sein aller äußeren Unermesslichkeit überlegenes inneres Leben und die Unbezwinglichkeit seiner moralischen Bestimmung. Darum soll die Kunst nicht etwa selbst moralisieren, sie soll nur irgendwie mit moralischen Ideen »in Verbindung gebracht werden«, was da, wo sie den inneren Kern des Lebens berührt (wo sie *große* Kunst ist), schon von selbst geschieht. Das sind die Ideen, die Goethe von der Majestät des Kantischen Geistes überzeugten, die Quellen, denen wir den reißenden Strom der Schiller'schen Ästhetik verdanken. Inzwischen saß Kant weit von Weimar entfernt, ignorierte Goethe und Schiller und las Pope und Wieland. Es ist kaum zu begreifen, wie Kant, selbst eine durchaus unkünstlerische Natur und ohne alle eingehende Kenntnis von mustergültigen Kunstwerken, ja selbst ohne Geschmack, so viel tiefere Blicke in das Wesen der Kunst hat tun können als unsre feinsinnigen und sich überall einfühlenden Kunstkenner. Was er über die Eigenart des Genies sagt, ist für alle Zeiten, und wie er die falsche Genialität, die »Geniemänner, besser Genieaffen genannt« und die »enthusiastischen Autoren« verspottet, für unsere Tage insbesondere geschrieben.

Mit gewaltigen Quadern hatte Kant den Eingang in das Reich der Dinge an sich auf allen Gebieten versperrt und in die strenge Gesetzlichkeit der von unsrer Auffassung abhängigen Erscheinungswelt jene Ruhe und Festigkeit verlegt, die vergangene Zeiten nur in einer vom Subjekt losgelösten, in einer absoluten Wirklichkeit zu finden glaubten. Dazu zwang ihn sein kritisches Gewissen. Es ist kein Zufall, dass in den Titeln seiner Hauptwerke immer das Wort *Kritik* an der Spitze steht. Den Geist der Kritik zu üben hat er uns vorbildlich gelehrt. Die vertiefte und wahrhaft philosophische Kritik besteht aber nicht in dem raschen Absprechen für oder wider noch in einer dialektisch-klügelnden Zersetzung aller

Ansichten, die uns begegnen. Sie ist nicht Geschwätz. In methodischem und besonnen-prüfendem Forschen steigt sie überall zu den Grundlagen und Elementen der Erkenntnis, der Welt und des Lebens herab. Kants Hauptwerke sind in diesem Sinne durchaus elementare Bücher; sie handeln von den Elementen der Wissenschaft, der Moral, der Kunst und der Religion. Eine solche Kritik vertieft nicht nur, sie macht auch tapfer. Vor nichts schreckt sie zurück; alles muss sich ihr unterwerfen, auch dürfen sich »Religion durch ihre Heiligkeit und Gesetzgebung durch ihre Majestät« ihr nicht entziehen (Spruch 106). So hat Kant die schönste Frucht der Aufklärungszeit, die Freiheit zu denken, zu uns herübergerettet. Weder der staatliche Zwang noch der Gewissenszwang noch die Missachtung der nüchternen Vernunftprüfung durch eine falsche Genialität, welche »wir gemeine Menschen Schwärmerei, jene Günstlinge der gütigen Natur aber Erleuchtung« nennen, dürfen die Denkfreiheit antasten. Belehrten uns nicht einige stilistische Wendungen eines Bessern, man möchte glauben, auch diese Ausführungen (Seite 91 ff.) seien für unsre Tage eigens geschrieben. Aber die Grenzen der Aufklärung hat Kant wohl gesehen; er selbst war es, der sie zum ersten Mal klar und scharf gesteckt hat. Diese Grenzbestimmung betrachtete er immer als das vornehmste Werk der Kritik. Es lässt sich nicht alles klären. Aber nur, wer zu den Quellen der Erkenntnis hinabsteigt, kann den Ort genau bestimmen, an dem menschliches Wissen sich zu bescheiden habe. Der Geist Kantischer Kritik macht tapfer und bescheiden zugleich.

Diese Kluft zwischen Wissen und ewigem Nichtwissen hat Kant zwischen der sinnlichen Welt der Erscheinungen und der übersinnlichen Welt der Dinge an sich gezogen. So ist eine »Philosophie der Unwissenheit« das erste Ergebnis der Kritik. Aber es ist nicht das letzte. Zwar lässt uns die Kantische Lebensansicht nicht auf den Standpunkt zurückkehren, auf dem man von einer absolut objektiven Welt, die unabhängig vom Subjekt besteht, endlich oder unendlich ist und in der die Werte des Guten und Schönen gelagert sind, als von etwas Selbstverständlichem redet; aber sie lehrt uns, dass der Subjektivismus nicht notwendig zum Individualismus und Relativismus zu führen braucht, dass es auch am Subjekt Ewiges, Unwandelbares, Notwendiges und Gesetzmäßiges gibt. Damit bietet sie sich allen denen als Anker und Halt an, welche die Brücke, die zur naiven alten Auffassung zurückführt, hinter sich abgebrochen und doch auf dem Lande der neuen Weltansicht unter dem scheinbaren Fluss alles Festen, der Zersetzung alles Ewig-Wertvollen schwer zu leiden haben. Und derer sind nicht wenige. In dem Gesetzmäßigen, Allgemeingültigen, das Kant in neuer Bedeutung hervorkehrt, lässt sich gut ruhn; ganz abgesehen davon, dass schon seine strenge und systematische Behandlung des Subjektiven an sich beruhigend und kräftigend wirkt und alle bedenklichen Folgen eines unkritischen Subjektivismus im Keime erstickt.

Aber auch mit dieser Leistung gibt sich die Denkkraft des Philosophen noch nicht zufrieden. Unter dem Druck der kritischen Ergebnisse hebt sich sein Riesengeist mit schweren Flügeln zu jenen *übersinnlichen* Gefilden, in denen die unbesonnene Menschheit mit harmlos-phantastischem Leichtsinn in allen Richtungen irrend zu schweben pflegt. Das dem Wissen auf ewig verschlossene Tor muss auf anderm Wege zu sprengen, sein eiserner Riegel wenigstens in bescheidenem Maße zu lüften sein. Auch der »Allzermalmer« der Metaphysik kann dem metaphysischen Bedürfnis nicht widerstehen, für dessen Unerbittlichkeit er selbst (vgl. Spruch 87/88) so eindringliche Worte und später Schopenhauer den endgültig erlösenden Ausdruck fand. Der Ort, von dem ein Blick in die Welt der Dinge an sich gestattet ist, liegt nicht im Reiche der Wirklichkeit, der »Natur«, wie wir sie erkennen, sondern im Reich der *Werte*, der »Freiheit«, das wir wollen. In der sinnlichen Welt der Erscheinungen leben wir unser irdisches Dasein, der Zugehörigkeit zu einer übersinnlichen Welt sind wir uns unmittelbar durch das sittliche Gewissen bewusst. Hier ist der einzige Punkt, auf dem uns eine unmittelbare Erfahrung, ein »Urfaktum des Bewusstseins« die Identität dessen, was wir erleben, mit dem, was wir sind, verbürgt. Unser Ich an sich, unser intelligibler Charakter tritt im kategorischen Imperativ ungetrübt in die Erscheinung. Aber der sittliche Wille stellt Forderungen, deren Erfüllbarkeit nicht mehr erfahrbar ist; die Forderung, unabhängig von der Naturkausalität zu handeln, die Forderung der Freiheit; die Forderung nach einem endgültigen Ausgleich zwischen Glück und Verdienst, den nur ein allweiser, allmächtiger, allgütiger Gott einst jenseits der Erscheinungswelt zu bewirken vermag;

die Forderung der Möglichkeit, auch nach unserm irdischen Tode den empirisch aufgehobenen sittlichen Fortschritt zu vollenden, die Forderung der Unsterblichkeit. Die Erfüllbarkeit dieser »Postulate« kann nicht theoretisch gewusst, sie kann nur praktisch geglaubt werden. Der *moralische Glaube*, dessen Gewissheitshöhe nach Kant völlig die Höhe der strengsten Erkenntnis erreicht und nicht mit der Unsicherheit von Meinungen oder Ansichten zu verwechseln ist, wird zum Zauberschlüssel für die Burg der Metaphysik, die auf anderm Wege unaufschließbar ist. Da aber nur grade so viel Licht aus den Tiefen menschlichen Willenslebens auf die dem Intellekt unerreichbaren Lande fällt wie zur Verwirklichung der letzten Ziele unsres Gemüts vonnöten ist, so ist *Religion* die Halle, in der sich von den Geheimnissen des Daseins, soweit unsre sittliche Betätigung deren Offenbarung bedarf, der Schleier leise lüftet. Religion besteht nur zu Recht, soweit unsre moralischen Bedürfnisse sie als Ergänzung der natürlichen Welterklärung verlangen. Daraus folgt, dass es keinen andern Gottesdienst geben kann außer dem guten Lebenswandel. In der Religion, wie sie Kant versteht, ist für eine mystische Weihrauchstimmung, in welcher die ältesten und allerjüngsten Zeiten sich zusammenfinden, kein Platz.

Bei diesem dunklen und beschwerlichen Aufstieg von der Moral zur Religion zeigt Kant trotz aller Großartigkeit der Gedanken eine gewisse Gebundenheit und Erschöpfung. Aus dem Willen der Menschheit lassen sich nun einmal nicht echte Überzeugungen ableiten, nenne man sie praktischer Glaube oder sonstwie. Und der Inhalt dieser Überzeugungen ist doch auch mehr historischer Überlieferung als ewigen Notwendigkeiten entnommen. Es ist, als ob der alternde Denker seine Manneskraft an die kritischen Voruntersuchungen verschwendet habe und, von der Sehnsucht nach einer allumspannenden Philosophie durchdrungen, mit trotziger Gebärde der Zukunft eine Aufgabe weise, die er selbst ganz zu lösen nicht mehr imstande war. Hier gilt es an der *Metaphysik* festzuhalten, aber für ihren Betrieb das reine intellektuelle Gewissen zurückzuerobern. Von Kant belehrt, sollten wir einsehen, dass eine Kenntnis der Welt jenseits der Erscheinungsgrenzen zwar weder a priori noch mit vollendeter Gewissheit zu erreichen ist, dass aber durch die besonnene Ausdeutung der Erfahrung als Ganzes eine Theorie über die unerfahrbare Wirklichkeit innerhalb beschränkter Genauigkeitsgrenzen mit gutem Gewissen entworfen werden darf. Wird eine abgeschlossene, endgültige, vollendete Metaphysik für die Menschheit vielleicht für immer tatsächlich eine ungepflückte Frucht bedeuten, so bleibt sie doch grundsätzlich als ideale Aufgabe bestehen, und uns erwächst die Pflicht, der Erreichung dieses Ideals sich immer mehr anzunähern. Mit Gewaltmaßregeln, mit sittlichen Forderungen, die den Glauben an ihre Erfüllbarkeit ertrotzen, wird sie sich freilich nicht lösen lassen. Um so mehr werden wir im Anschluss an Kant die *Religion* als Krönung der Sittlichkeit fassen dürfen, in dem Sinne: dass der besonnene und zielbewusste Grundwille unsres Wesens sich als Organ des Gesamtseins betätigt, von dem Bewusstsein getragen, mitzuwirken und mitzukämpfen an dem Aufbau des Ganzen, für das es keinen Namen gibt. Alle Überzeugungen aber über die Struktur dieses Daseins, auch über die Existenz und Beschaffenheit Gottes sind theoretischer Natur, sind nicht der Religion, sondern der Philosophie zuzuweisen.

Und die Fühlung mit Kant ginge auch dann noch nicht verloren. Die dritte und letzte der großen Kritiken, das Lieblingswerk Goethes, die Kritik der Urteilskraft, zieht in ihrem ersten, ästhetischen Teile auch die Kunst in den Bereich jener Mächte, in denen Gesetzlichkeiten, die unabhängig von der Auffassung des Subjekts bestehen, sich zwar nicht treu spiegeln, aber ahnungsvoll ergriffen werden. Eine der tiefsinnigsten Absätze dieser Schrift lautet: »Nun sage ich: Das Schöne ist das Symbol des Sittlich-Guten; und auch nur in dieser Rücksicht (einer Beziehung, die jedermann natürlich ist, und die auch jedermann andern als Pflicht zumutet) gefällt es, mit einem Anspruch auf jeder andern Beistimmung, woher sich das Gemüt zugleich einer gewissen Veredlung und Erhebung über die bloße Empfänglichkeit einer Lust durch Sinneseindrücke bewusst ist und anderer Wert auch nach einer ähnlichen Maxime ihrer Urteilskraft schätzet. Das ist das *Intelligible*, worauf, wie der vorige Paragraph Anzeige tat, der Geschmack hinaussieht, wozu nämlich selbst unsre oberen Erkenntnisvermögen zusammenstimmen, und ohne welches zwischen ihrer Natur, verglichen mit den Ansprüchen, die der Geschmack macht, lauter Widersprüche erwachsen würden. In diesem Vermögen sieht sich die Urteilskraft nicht, wie sonst in empirischer Beurteilung, einer Heteronomie der Erfahrungsgesetze unterworfen; sie gibt in Ansehung der Gegenstände eines so reinen Wohlgefallens ihr selbst das Gesetz, so wie die Vernunft es in Ansehung des Begehrungsvermögens tut, und sieht sich, sowohl wegen dieser inneren Möglichkeit im Subjekte als wegen der äußeren Möglichkeit einer damit übereinstimmenden Natur, auf etwas im Subjekte selbst und außer ihm, was nicht Natur, auch nicht Freiheit, doch aber mit dem Grunde der letzteren, nämlich dem Übersinnlichen verknüpft ist, bezogen, in welchem das theoretische Vermögen mit dem praktischen auf gemeinschaftliche und unbekannte Art zur Einheit verbunden ist«*. In dem zweiten Teil des nämlichen Werkes aber enden die Ausblicke in das innere Gefüge der Welt trotz alles kritischen Vorbehalts und das Verständnis erschwerender Einschränkungen doch schließlich mit einer Auffassung von den letzten Elementen, den obersten Gesetzen und der höchsten Einheit des Seins und Werdens hinter und über der Erscheinungswelt. Der objektive Faktor gelangt zu immer selbständigerer Bedeutung und wird von der Philosophie zwar nicht mehr im Sinne der alten zuversichtlich-dogmatischen Metaphysik, aber aus dem Geiste einer neuen vorsichtig-kritischen Metaphysik gedeutet. Von der Stelle, an der sich die Beschaffenheit des absoluten Wesens des Ich in der Ethik als sittlicher Willensakt entschleiert hat-

---

* Kritik der Urteilskraft S. 364/65.

te, sehen wir allmählich die Nebel von dem übersinnlichen Charakter auch der übrigen Geschöpfe und Dinge weichen. Das Verhalten der Organismen zwingt unsre Vernunft, alles Lebendige von zielstrebigen Kräften getragen zu denken, ja den ganzen kausalen Mechanismus der anorganischen Natur als bloßes Mittel für die Zwecke der organischen Entwicklung zu fassen. Und die »moralische Überzeugung« führt zu dem Glauben, dass der Mensch an sich als vernünftiger Wille auch letzter Zweck alles Daseins sei. Indem so die theoretische und praktische Vernunft zu den gleichen metaphysischen Ergebnissen gelangen – denn die theoretische Erklärung der Erscheinungen aus Zweckursachen, die doch außerhalb des menschlichen Handelns nie selbst in die Erscheinung und Erfahrung treten, ist ein metaphysisches Vorgehen –, ergibt sich die Möglichkeit, Kants Lehren über sich selbst hinaus fortzuführen und die Metaphysik als theoretische Erkenntnis wieder in ihre Rechte einzusetzen. Der große Denker selbst hat diese Folgerung nicht gezogen; aber die immer umfassenderen Bestimmungen über das Wesen der Welt, zu denen ihn die Gedanken seines dritten Hauptwerks drängten, weisen uns den Weg, den wir zu gehen haben.

Das ist auch der Geist, von dem Kants *Geschichtsauffassung* getragen ist. Den Gedanken der Entwicklung, auf den das 19. Jahrhundert als auf seine ureigene Tat so stolz zu blicken pflegt, hat der Philosoph des 18. Jahrhunderts mit eindringlicher Wucht überall in den Vordergrund gestellt. Der Fortschritt führt vom Zustand einer animalischen, instinktiven, unfreien Natur zu der wachsenden Herrschaft einer humanen, zielbewussten, freien Kultur. Im Einzelnen, in den Völkern, der Menschheit, der Welt setzt sich dieser Prozess gegen alle zufälligen Hemmungen und Widersprüche durch. Auch hier ist der metaphysische Einschlag unverkennbar. Denn der Zustand, dem das geschichtliche Getriebe entgegenstrebt, ist die Verwirklichung der letzten Zwecke der intelligiblen Ursachen in der Welt der Erfahrung und der Erscheinung. Die Herbeiführung eines »weltbürgerlichen Zustands« ist die höchste »Absicht der Natur«, und alle vergänglichen und unzulänglichen Formen der Gesetzgebung, der Künste, Wissenschaften und Religionen sind nur Stufen auf der Treppe, die aus den dunklen und dumpfen Vorstadien zu immer hellerem und reinerem Durchbruch der Ideen und Ideale aufsteigt. So lehrt uns Kant die gesamte Entwicklung als das Nahen des »Reiches Gottes« auf Erden begreifen und mit echt geschichtlichem Sinn den Wert jeder einzelnen historischen Erscheinung an ihrer Beziehung zu andern messen, d. h. an dem Grade, in dem sie die Gesamtrichtung des Fortschritts fördert oder kreuzt.

Herausgehoben aus der strengen Gliederung der Gebiete sehen wir endlich all diese Gedanken sich in den *Menschen- und Lebenskund*e überschriebenen Kapiteln unsrer Sammlung der bunten Mannigfaltigkeit des Individuellen gegenüber behaupten. Mit einem nassen, einem trocknen Auge lässt Kant Menschen und Leben an sich vorüberziehen, überschüttet sie oft mit übermütigen, stets mit geistvollen Bemerkungen, und hinter dem Humor verbirgt sich der ernste Tiefblick, mit dem er Komödien und Tragödien des Daseins im Lichte seiner scheinbar so weltfremden Philosophie erschaut.

Das ungefähr sind die Gründe, aus denen Kantische Urteile über allgemeine Weltanschauung, über Moral, Kunst und Religion, Erziehung, Geschichte und Menschenkunde, die Lebensrichtung auch – und gerade – des heutigen Menschen mitzubestimmen vermögen. Auch sie sind »Unzeitgemäße Betrachtungen«, insofern sie mancher Strömung der Zeit schnurstracks zuwiderlaufen; und doch sind sie in hohem Grade zeitgemäß, eben weil sie das enthalten, was der Zeit fehlt. Ist die in weiten Kreisen wachsende Neigung (mag sie unbewusst oder bewusst, versteckt oder offen zutage treten) zum Individualismus und Relativismus, zum Ästhetizismus und der daraus folgenden Überwertung von Gefühl und Stimmung gegenüber Willen und Verstand, ist mit einem Wort diese neue Romantik aus dem letzten Viertel des 19. Jahrhunderts, welche selbst »den Schmerz des Lebens noch zum Genuss macht«, nur ein Zeichen der Niedergangsbewegung, wie manche wollen, so mögen Kantische Aussprüche hier teils zum Trost, teils zur Mahnung dienen. Ist sie aber ein Tropfen, vielleicht der erste eines neuen Wellenberges in der Kulturentwicklung, trifft es nicht zu, was Goethe sagt, dass alle im Rückschreiten und in der Auflösung begriffenen Epochen subjektiv sind, dagegen alle fortschreitenden Epochen eine objektive Richtung haben, so ist die Kantische Weisheit hier erst recht an ihrem Platze; denn eine geistige Wandlung im Einzelnen wie in den Massen ist nur dann sieghaft, wenn sie die klassische Gestaltung der entgegenstehenden Bestrebungen nicht durch billiges Ablehnen, sondern durch innere Verarbeitung überwindet. Eines aber vor allem zeigt uns Kant, was die überreflektierte und doch von der Sehnsucht nach Naivität so tief durchdrungene Zeit fast wie ein Wunder gemahnen muss: dass man der kritischste Geist und doch fest in sich zusammengehalten, in seinem Wollen eindeutig bestimmt, in seinem Fühlen erhaben und einfach, im Denken tief und bescheiden sein könne.

Das ist der Geist, der den Gehalt der folgenden Sammlung ausmacht. Dem gegenüber hat es wenig auf sich, dass die *Form* der Sprüche oft schwerfällig und umständlich genug ausfällt. Kants Denkart ist zäh, lässt nicht locker, begnügt sich nicht mit dem Glanz einer goldenen Einsicht; vielmehr zieht Kant solcher Einsicht, wenn sie sich ihm von ferne zeigt, selbst zu Leibe, sucht sie in nächste Nähe zu rücken, sollte darüber auch Glanz und Schimmer verloren gehen.

Dafür darf man hier sicher sein, dass kein Satz der geistreichen Laune des Augenblicks entsprang, ein jeder vielmehr das Vollgewicht strenger vorangegangener Geistesarbeit in sich trägt. Die Kant-Aussprüche sind Sentenzen in dem Sinne, wie Kant selbst gelegentlich diesen Ausdruck erklärt hat: »Sätze, die sich empfehlen und ihr Ansehen oft Jahrhunderte hindurch erhalten als Produkte einer reifen Urteilskraft durch den Nachdruck der Gedanken, die darin liegen.« – Gewissen Schriften sollte man, wie bei Musikstücken, das Zeitmaß vorsetzen, in dem sie aufgefasst sein wollen; bei den Kant-Aussprüchen könnte dies nur das Largo sein. Je langsamer man sie liest, umso schneller wird man sie verstehen; je schwerer man sie nimmt, umso leichter werden sie erscheinen.

Was endlich die *literarischen* Prinzipien dieser Sammlung anlangt, so sind nur eigene Aussprüche Kants aus seinen sämtlichen veröffentlichten Werken, Reflexionen, Kollegnachschriften usw. wortgetreu zusammengetragen. Die einzige Abänderung, welche sich der Herausgeber erlaubte, besteht in der Umstellung, Umformung oder Fortlassung von Verbindungswörtern, welche durch die Loslösung aus dem Zusammenhang gefordert wurden. Wo der Sinn den Zusatz eines Wortes verlangt, ist dieses in eckige Klammern eingeschlossen; wo Sätze des Originaltextes fortgelassen sind, machen drei Punkte [in eckigen Klammern] die Stelle kenntlich.

Für die Orthographie ist die Schreibweise unsrer Zeit gewählt worden, um nicht durch den leisesten Anstoß an Äußerlichkeiten das ohnehin nicht leichte Verständnis des Inhalts zu erschweren. Von der Interpunktion gilt Ähnliches. Über ein Komma vor einem komparativen ›als‹ z. B. stolpert der moderne Mensch, während der Reichtum der Interpunktionszeichen im Ganzen bei Kants oft sehr langatmigen Sätzen die Auffassung erleichtert und daher beibehalten wurde. Die von Kant so beliebten Sperrungen* dienen meist der Hervorhebung be-

---

* In dieser Ausgabe kursiv wiedergegeben. (Anm. d. Red.)

stimmter Stellen aus dem Ganzen einer Schrift oder einer überflüssigen optischen Hervorhebung schon sprachlich betonter Antithesen, sind also für unsere Zwecke entbehrlich und deshalb auch nur dort nicht gelöscht worden, wo sie der Stil des betreffenden Satzes selbst erfordert. Die Gesichtspunkte, nach denen die Gliederung der Spruchgruppen erfolgte, wurden zur Erleichterung der Übersicht durch Zwischenüberschriften vor dem ersten Spruch jeder Gruppe in Kursivschrift kenntlich gemacht.

Die Trennung der *vorkritischen* von der *kritischen* Periode an Stelle einer Einteilung nach rein stofflichen Gesichtspunkten geschah, weil Kant, ehe er die Grundgedanken seines Systems in der Kritik der reinen Vernunft erarbeitet hatte, in der sogenannten vorkritischen Periode seiner Entwicklung einer anders gefärbten Weltanschauung huldigte, die man im Wesentlichen als die der Aufklärungsphilosophie des 18. Jahrhunderts bezeichnen darf. Jeder feinfühlige Leser würde daher mit Recht eine Vermischung beider Perioden, der Unkundige als Störung, deren Grund er nicht kennt, der Kundige als Stillosigkeit empfinden. Die Sprüche der vorkritischen Periode aber bilden, da sie schon in vielem zu Kants endgültiger Lebensansicht hinüberweisen und zugleich auch weit zugänglicher und gefälliger gehalten sind, das geeignetste Präludium zu den schwierigeren, aber gehaltvolleren des zweiten Teils. Wer auf die leichteste Weise sich mit Kant vertraut machen will, muss sich durch die »Menschen- und Lebenskunde« überschriebenen Abschnitte in die andern Partien einführen lassen. Im »*Anhang*« endlich wurde der Versuch gewagt, den willigen Leser in die großen Zusammenhänge des kritischen Systems selbst einzuführen. Umfassendere Abschnitte, den drei Hauptwerken entnommen, bauen sich übereinander in dem Sinne auf, in dem der Herausgeber den Verlauf der Grundlinien dieser vieldeutigen und vielgedeuteten Philosophie erblickt. Das Schlussverzeichnis, das für jeden Ausspruch die Quelle in Kants Schriften nachweist, regt vielleicht den einen oder den andern an, einen Spruch, der ihm besonders zusagt, im Zusammenhang nachzulesen. Dann ereignet es sich wohl, dass er, die elenden Schranken einer solchen Sammlung erkennend, diese beiseitelegt und sich in ein Originalwerk Kants tiefer versenkt. Es wäre der schönste Lohn, der dem Herausgeber für seine Arbeit werden könnte.

Raoul Richter

VORKRITISCHE
PERIODE

ALLGEMEINE WELTANSCHAUUNG

Der Irrtum ist niemals, alles ineinander gerechnet,
nützlicher als die Wahrheit;
aber die Unwissenheit ist es oft.

Aufgaben der Philosophie

1 | Man wird deutlich einsehen, dass es der Philosophie sehr unnatürlich sei, eine Brotkunst zu sein, indem es ihrer wesentlichen Beschaffenheit widerstreitet, sich dem Wahne der Nachfrage und dem Gesetze der Mode zu bequemen, und dass nur die Notdurft, deren Gewalt noch über die Philosophie ist, sie nötigen kann, sich in die Form des gemeinen Beifalls zu schmiegen.

2 | Die Eitelkeit der Wissenschaft entschuldigt gerne ihre Beschäftigung mit dem Vorwande der Wichtigkeit, und so gibt man auch hier gemeiniglich vor, dass die Vernunfteinsicht von der geistigen Natur der Seele zu der Überzeugung von dem Dasein nach dem Tode, diese aber zum Bewegungsgrunde eines tugendhaften Lebens sehr nötig sei; die müßige Neubegierde setzt aber hinzu, dass die Wahrhaftigkeit der Erscheinungen abgeschiedener Seelen von allem diesen sogar einen Beweis aus der Erfahrung abgeben könne. Allein die wahre Weisheit ist die Begleiterin der Einfalt, und, da bei ihr das Herz dem Verstande die Vorschrift gibt, so macht sie gemeiniglich die großen Zurüstungen der Gelehrsamkeit entbehrlich, und

ihre Zwecke bedürfen nicht solcher Mittel, die nimmermehr in aller Menschen Gewalt sein können. Wie? Ist es denn nur darum gut, tugendhaft zu sein, weil es eine andere Welt gibt, oder werden die Handlungen nicht vielmehr dereinst belohnt werden, weil sie an sich selbst gut und tugendhaft waren? Enthält das Herz des Menschen nicht unmittelbare sittliche Vorschriften, und muss man, um ihn allhier seiner Bestimmung gemäß zu bewegen, durchaus die Maschinen an eine andere Welt ansetzen? Kann derjenige wohl redlich, kann er wohl tugendhaft heißen, welcher sich gern seinen Lieblingslastern ergeben würde, wenn ihn nur keine künftige Strafe schreckte, und wird man nicht vielmehr sagen müssen, dass er zwar die Ausübung der Bosheit scheue, die lasterhafte Gesinnung aber in seiner Seele nähre, dass er den Vorteil der tugendähnlichen Handlungen liebe, die Tugend selbst aber hasse? Und in der Tat lehrt die Erfahrung auch, dass so viele, welche von der künftigen Welt belehrt und überzeugt sind, gleichwohl dem Laster und der Niederträchtigkeit ergeben, nur auf Mittel sinnen, den drohenden Folgen der Zukunft arglistig auszuweichen; aber es hat wohl niemals eine rechtschaffene Seele gelebt, welche den Gedanken hätte ertragen können, dass mit dem Tode alles zu Ende sei, und deren edle Gesinnung sich nicht zur Hoffnung der Zukunft erhoben hätte. Daher scheint es der menschlichen Natur und der Reinigkeit der Sitten gemäßer zu sein, die Erwartung der künftigen Welt auf die Empfindungen einer wohlgearteten Seele, als umgekehrt ihr Wohlverhalten auf die Hoffnung der andern Welt zu gründen. So ist auch der moralische Glaube bewandt, dessen Einfalt mancher Spitzfindigkeit des Vernünftelns überhoben sein kann, und welcher einzig und allein dem Menschen in jeglichem Zustande angemessen ist, indem er ihn ohne Umschweif zu seinen wahren Zwecken führt. Lasst uns demnach alle lärmende Lehrverfassungen von so entfernten Gegenständen der Spekulation und der Sorge müßiger Köpfe überlassen. Sie sind uns in der Tat gleichgültig, und der augenblickliche Schein der Gründe für oder dawider mag vielleicht über den Beifall der Schulen, schwerlich aber etwas über das künftige Schicksal der Redlichen entscheiden. Es war auch die menschliche Vernunft nicht gnugsam dazu beflügelt, dass sie so hohe Wolken teilen sollte, die uns die Geheimnisse der andern Welt aus den Augen ziehen, und den Wissbegierigen, die sich nach derselben so angelegentlich erkundigen, kann man den einfältigen, aber sehr natürlichen Bescheid geben, dass es wohl am ratsamsten sei, wenn sie sich zu gedulden beliebten, bis sie werden dahin kommen. Da aber unser Schicksal in der künftigen Welt vermutlich sehr darauf ankommen mag, wie wir unsern Posten in der gegenwärtigen verwaltet haben, so schließe ich mit demjenigen, was Voltaire seinen ehrlichen Candide, nach so viel unnützen Schulstreitigkeiten, zum Beschlusse sagen lässt: Lasst uns unser Glück besorgen, in den Garten gehen und arbeiten.

3 | Man bedient sich der Weltweisheit sehr schlecht, wenn man sie dazu gebraucht, die Grundsätze der gesunden Vernunft umzukehren, und man tut ihr wenig Ehre

an, wenn man, um solche Bemühungen zu widerlegen, es noch nötig findet, ihre Waffen aufzubieten.

4 | Die wissenswürdigen Dinge häufen sich zu unseren Zeiten. Bald wird unsere Fähigkeit zu schwach und unsere Lebenszeit zu kurz sein, nur den nützlichsten Teil daraus zu fassen. Es bieten sich Reichtümer im Überflusse dar, welche einzunehmen wir manchen unnützen Plunder wieder wegwerfen müssen. Es wäre besser gewesen, sich niemals damit zu belästigen.

5 | Die philosophischen Erkenntnisse haben mehrenteils das Schicksal der Meinungen und sind wie die Meteore, deren Glanz nichts für ihre Dauer verspricht.

6 | Das methodische Geschwätz der hohen Schulen ist oftmals nur ein Einverständnis, durch veränderliche Wortbedeutungen einer schwer zu lösenden Frage auszuweichen, weil das bequeme und mehrenteils vernünftige: ich weiß nicht, auf Akademien nicht leichtlich gehört wird.

7 | Einem jeden Vorwitze nachzuhängen und der Erkenntnissucht keine anderen Grenzen zu verstatten als das Unvermögen, ist ein Eifer, welcher der Gelehrsamkeit nicht übel ansteht. Allein unter unzähligen Aufgaben, die sich selbst darbieten, diejenige auswählen, deren Auflösung dem Menschen angelegen ist, ist das Verdienst der Weisheit. Wenn die Wissenschaft ihren Kreis durchlaufen hat, so gelangt sie natürlicherweise zu dem Punkte eines bescheidenen Misstrauens und sagt, unwillig über sich selbst: Wie viel Dinge gibt es doch, die ich nicht einsehe! Aber die durch Erfahrung gereifte Vernunft, welche zur Weisheit wird, spricht in dem Munde des Sokrates mitten unter den Waren eines Jahrmarkts mit heiterer Seele: Wie viel Dinge gibt es doch, die ich alle nicht brauche! Auf solche Art fließen endlich zwei Bestrebungen von so unähnlicher Natur in eine zusammen, ob sie gleich anfangs nach sehr verschiedenen Richtungen ausgingen, indem die erste eitel und unzufrieden, die zweite aber gesetzt und gnügsam ist.

8 | Weil in den gesitteten Verhältnissen so viel unnatürliche Begierden sich hervorfinden, so entspringt auch gelegentlich die Veranlassung zur Tugend, und weil so viel Üppigkeit im Genusse und im Wissen sich hervorfindet, so entspringt die Wissenschaft. Im natürlichen Zustande kann man gut sein ohne Tugend und vernünftig ohne Wissenschaft.

9 | Ich bin selbst aus Neigung ein Forscher. Ich fühle den ganzen Durst nach Erkenntnis und die begierige Unruhe, darin weiterzukommen, oder auch die Zufriedenheit bei jedem Fortschritte. Es war eine Zeit, da ich glaubte, dieses alles könnte die Ehre der Menschheit machen, und ich verachtete den Pöbel, der von nichts weiß. Rousseau hat mich zurechtgebracht. Dieser verblendete Vorzug verschwindet; ich lerne die Menschen ehren und würde mich viel unnützer finden als die gemeinen Arbeiter, wenn ich nicht glaubte, dass diese Betrachtung allen übrigen einen Wert geben könne, die Rechte der Menschheit herzustellen.

10 | Die Fragen von der geistigen Natur, von der Frei-
heit und Vorherbestimmung, dem künftigen Zustande u.
dergl. bringen anfänglich alle Kräfte des Verstandes in Bewegung und ziehen den Menschen durch ihre Vortreff-
lichkeit in den Wetteifer der Spekulation, welche ohne
Unterschied klügelt und entscheidet, lehrt oder wider-
legt, wie es die Scheineinsicht jedes Mal mit sich bringt.
Wenn diese Nachforschung aber in Philosophie aus-
schlägt, die über ihr eigen Verfahren urteilt und die nicht
die Gegenstände allein, sondern deren Verhältnis zu dem
Verstande des Menschen kennt, so ziehen sich die Grenzen enger zusammen, und die Marksteine werden gelegt,
welche die Nachforschung aus ihrem eigentümlichen
Bezirke niemals mehr ausschweifen lassen.

11 | Die Metaphysik, in welche ich das Schicksal habe
verliebt zu sein, ob ich mich gleich von ihr nur selten ei-
niger Gunstbezeigungen rühmen kann, leistet zweierlei
Vorteile. Der erste ist, denen Aufgaben ein Gnüge zu tun,
die das forschende Gemüt aufwirft, wenn es verborgene-
ren Eigenschaften der Dinge durch Vernunft nachspäht.
Aber hier täuscht der Ausgang nur gar zu oft die Hoffnung, und ist diesmal auch unseren begierigen Händen
entgangen [...] Der andere Vorteil ist der Natur des
menschlichen Verstandes mehr angemessen und besteht
darin: einzusehen, ob die Aufgabe aus demjenigen, was
man wissen kann, auch bestimmt sei, und welches Verhältnis die Frage zu den Erfahrungsbegriffen habe, darauf
sich alle unsere Urteile jederzeit stützen müssen. Insofern

ist die Metaphysik eine Wissenschaft von den Grenzen der menschlichen Vernunft, und da ein kleines Land jederzeit viel Grenze hat, überhaupt auch mehr daran liegt, seine Besitzungen wohl zu kennen und zu behaupten, als blindlings auf Eroberungen auszugehen, so ist dieser Nutzen der erwähnten Wissenschaft der unbekannteste und zugleich der wichtigste, wie er denn auch nur ziemlich spät und nach langer Erfahrung erreicht wird.

Inhalt der Philosophie

12 | Ich bin gar sehr überführt, dass unvollendete Versuche, im abstrakten Erkenntnisse problematisch vorgetragen, dem Wachstum der höheren Weltweisheit sehr zuträglich sein können, weil ein anderer sehr oft den Aufschluss in einer tief verborgenen Frage leichter antrifft als derjenige, der ihm dazu Anlass gibt, und dessen Bestrebungen vielleicht nur die Hälfte der Schwierigkeiten haben überwinden können.

13 | Die Berufung auf immaterielle Prinzipien ist eine Zuflucht der faulen Philosophie und darum auch die Erklärungsart in diesem Geschmacke nach aller Möglichkeit zu vermeiden, damit diejenigen Gründe der Welterscheinungen, welche auf den Bewegungsgesetzen der bloßen Materie beruhen und welche auch einzig und allein der Begreiflichkeit fähig sind, in ihrem ganzen Umfange erkannt werden.

14 | Das Veralten eines Wesens ist in dem Ablauf seiner Veränderungen nicht ein Abschnitt, der äußere und gewaltsame Ursachen zum Grunde hat. Ebendieselben Ursachen, durch welche ein Ding zur Vollkommenheit gelangt und darin erhalten wird, bringen es durch unmerkliche Stufen der Veränderungen seinem Untergange wieder nahe. Es ist eine natürliche Schattierung in der Fortsetzung seines Daseins und eine Folge ebenderselben Gründe, dadurch seine Ausbildung bewirkt worden, dass es endlich verfallen und untergehen muss. Alle Naturdinge sind diesem Gesetze unterworfen, dass derselbe Mechanismus, der im Anfange an ihrer Vollkommenheit arbeitete, nachdem sie den Punkt derselben erreicht haben, weil er fortfährt, das Ding zu verändern, selbiges nach und nach wieder von den Bedingungen der guten Verfassung entfernt und dem Verderben mit unvermerkten Schritten endlich überliefert. Dieses Verfahren der Natur zeigt sich deutlich an der Ökonomie des Pflanzen- und Tierreichs. Ebenderselbe Trieb, der die Bäume wachsen macht, bringt ihnen den Tod, wenn sie ihr Wachstum vollendet haben […] Eben der Mechanismus, wodurch das Tier oder der Mensch lebt und aufwächst, bringt ihm endlich den Tod, wenn das Wachstum vollendet ist.

15 | Die Natur, ohnerachtet sie eine wesentliche Bestimmung zur Vollkommenheit und Ordnung hat, fasst in dem Umfange ihrer Mannigfaltigkeit alle möglichen Abwechselungen, sogar bis auf die Mängel und Abweichungen in sich. Ebendieselbe unbeschränkte Fruchtbarkeit derselben hat die bewohnten Himmelskugeln sowohl als die Kometen, die nützlichen Berge und die schädlichen Klippen, die bewohnbaren Landschaften und öden Wüsteneien, die Tugenden und Laster hervorgebracht.

16 | Unermessliche Räume und Ewigkeiten werden wohl nur vor dem Auge des Allwissenden die Reichtümer der Schöpfung in ihrem ganzen Umfange eröffnen; ich aber aus dem Gesichtspunkte, worin ich mich befinde, bewaffnet durch die Einsicht, die meinem schwachen Verstande verliehen ist, werde um mich schauen, soweit ich kann, und immer mehr einsehen lernen: dass das Ganze das Beste sei, und alles um des Ganzen willen gut sei.

17 | An der Natur liegt es niemals, wenn wir nicht mit einem guten Anstande erscheinen, sondern daran, dass man sie verkehren will.

18 | Mich dünkt, man könne hier in gewissem Verstande ohne Vermessenheit sagen: Gebet mir Materie, ich will eine Welt daraus bauen! Das ist: Gebet mir Materie, ich will euch zeigen, wie eine Welt daraus entstehen soll […] Kann man aber wohl von den geringsten Pflanzen oder einem Insekte sich solcher Vorteile rühmen? Ist man imstande zu sagen: Gebt mir Materie, ich will euch zeigen, wie eine Raupe erzeugt werden könne?

SITTENLEHRE UND ERZIEHUNG

Die Weichlichkeit rottet mehr die Tugend aus
als die Liederlichkeit.

Sittenlehre

19 | Die moralische Weisheit hat dieses besondere Schicksal, dass sie noch eher, wie die Metaphysik, den Schein der Wissenschaft und einiges Ansehen von Gründlichkeit annimmt, wenngleich keine von beiden bei ihr anzutreffen ist; wovon die Ursache darinnen liegt, dass die Unterscheidung des Guten und Bösen in den Handlungen und das Urteil über die sittliche Rechtmäßigkeit geradezu und ohne den Umschweif der Beweise von dem menschlichen Herzen durch dasjenige, was man Sentiment nennt, leicht und richtig erkannt werden kann; daher, weil die Frage mehrenteils schon vor den Vernunftgründen entschieden ist, welches in der Metaphysik sich nicht so verhält, kein Wunder ist, dass man sich nicht sonderlich schwierig bezeigt, Gründe, die nur einigen Schein der Tüchtigkeit haben, als tauglich durchgehen zu lassen. Um deswillen ist nichts gemeiner als der Titel eines Moralphilosophen und nichts seltener als einen solchen Namen zu verdienen.

20 | Da so viel läppische Bedürfnisse uns weichlich machen, so kann uns der bloße ungekünstelte moralische Trieb nicht genug Kräfte geben; daher etwas Phantastisches dazukommen muss.

21 | Ganze Nationen können das Beispiel von einem Menschen überhaupt abgeben. Man findet niemals große Tugenden, wo nicht zugleich große Ausschweifungen damit vereinbart sind, wie bei den Engländern.

22 | Es gibt gar keine unmittelbare Neigung zu moralischen bösen Handlungen, wohl aber eine unmittelbare zu guten.

23 | Gehört nicht ein gewisser Mittelstand zwischen der Weisheit und Unvernunft zu der unglücklichen Fähigkeit, sündigen zu können?

24 | Die Begriffe der realen Entgegensetzung haben auch ihre nützliche Anwendung in der praktischen Weltweisheit. Untugend (demeritum) ist nicht lediglich eine Verneinung, sondern eine negative Tugend (meritum negativum). Denn Untugend kann nur stattfinden, insoferne als in einem Wesen ein inneres Gesetz ist (entweder bloß das Gewissen oder auch das Bewusstsein eines positiven Gesetzes), welchem entgegengehandelt wird.

25 | Wer durch eine moralische Empfindung als durch einen Grundsatz mehr erhitzt wird, als es andere nach ihrem matten und öfters unedlen Gefühl sich vorstellen können, ist in ihrer Vorstellung ein Phantast. Ich stelle den Aristides unter Wucherer, den Epiktet unter Hofleute und den Johann Jakob Rousseau unter die Doktoren der Sorbonne. Mich deucht, ich höre ein lautes Hohngelächter, und hundert Stimmen rufen: Welche Phantasten! Dieser zweideutige Anschein von Phantasterei in an sich guten moralischen Empfindungen ist der Enthusiasmus, und es ist niemals ohne denselben in der Welt etwas Großes ausgerichtet worden.

26 | Wahre Tugend kann nur auf Grundsätze gepfropft werden, welche, je allgemeiner sie sind, desto erhabener und edler wird. Diese Grundsätze sind nicht spekulativische Regeln, sondern das Bewusstsein eines Gefühls, das in jedem menschlichen Busen lebt und sich viel weiter als auf die besonderen Gründe des Mitleidens und der Gefälligkeit erstreckt. Ich glaube, ich fasse alles zusammen, wenn ich sage: Es sei das Gefühl von der Schönheit und der Würde der menschlichen Natur. Das erstere ist ein Grund der allgemeinen Wohlgewogenheit, das zweite der allgemeinen Achtung; und wenn dieses Gefühl die größte Vollkommenheit in irgendeinem menschlichen Herzen hätte, so würde dieser Mensch sich zwar auch selbst lieben und schätzen, aber nur insofern er einer von allen ist, auf die sein ausgebreitetes und edles Gefühl sich ausdehnt. Nur indem man einer so erweiterten Neigung seine besondere unterordnet, können unsere gütigen Triebe proportioniert angewandt werden und den edlen Anstand zuwege bringen, der die Schönheit der Tugend ist.

27 | Diejenigen, welche aus der Tugendlehre eine Lehre der Frömmigkeit machen, machen aus dem Teile ein Ganzes; denn die Frömmigkeit ist nur eine Art von Tugend.

28 | Kann wohl etwas verkehrter sein, als den Kindern, die kaum in diese Welt treten, gleich von der andern etwas vorzureden?

29 | Alle Unterweisung der Jugend hat dieses Beschwerliche an sich, dass man genötigt ist, mit der Einsicht den Jahren vorzueilen, und, ohne die Reife des Verstandes abzuwarten, solche Erkenntnisse erteilen soll, die nach der natürlichen Ordnung nur von einer geübteren und versuchten Vernunft könnten begriffen werden. Daher entspringen die ewigen Vorurteile der Schulen, welche hartnäckiger und öfters abgeschmackter sind als die gemeinen, und die frühkluge Geschwätzigkeit junger Denker, die blinder ist als irgendein anderer Eigendünkel und unheilbarer als die Unwissenheit.

30 | Von einem Lehrer wird erwartet, dass er an seinem Zuhörer erstlich den verständigen, dann den vernünftigen Mann und endlich den Gelehrten bilde. Ein solches Verfahren hat den Vorteil, dass, wenn der Lehrling gleich niemals zu der letzten Stufe gelangen sollte, wie es gemeiniglich geschieht, er dennoch durch die Unterweisung gewonnen hat, und wo nicht für die Schule, doch für das Leben geübter und klüger geworden.

31 | Wenn man diese Methode umkehrt, so erschnappt der Schüler eine Art von Vernunft, ehe noch der Ver-

stand an ihm ausgebildet wurde, und trägt erborgte Wissenschaft, die an ihm gleichsam nur geklebt und nicht gewachsen ist, wobei seine Gemütsfähigkeit noch so unfruchtbar wie jemals, aber zugleich durch den Wahn von Weisheit viel verderbter geworden ist. Dieses ist die Ursache, weswegen man nicht selten Gelehrte (eigentlich Studierte) antrifft, die wenig Verstand zeigen, und warum die Akademien mehr abgeschmackte Köpfe in die Welt schicken als irgendein anderer Stand des gemeinen Wesens.

32 | Die eigentümliche Methode des Unterrichts in der Weltweisheit ist zetetisch, wie sie einige Alte nannten (von ζητεῖν), d. i. forschend, und wird nur bei schon geübterer Vernunft in verschiedenen Stücken dogmatisch, d. i. entschieden. Auch soll der philosophische Verfasser, den man etwa bei der Unterweisung zum Grunde legt, nicht wie das Urbild des Urteils, sondern nur als eine Veranlassung, selbst über ihn, ja sogar wider ihn zu urteilen, angesehen werden, und die Methode, selbst nachzudenken und zu schließen ist es, deren Fertigkeit der Lehrling eigentlich sucht, die ihm auch nur allein nützlich sein kann, und wovon die etwa zugleich erworbenen entschiedenen Einsichten als zufällige Folgen angesehen werden müssen, zu deren reichem Überflusse er nur die fruchtbare Wurzel in sich zu pflanzen hat.

RELIGION

Es ist durchaus nötig,
dass man sich vom Dasein Gottes überzeuge;
es ist aber nicht ebenso nötig,
dass man es demonstriere.

Zeugnisse für das Dasein Gottes und die Unsterblichkeit der Seele

33 | Alle Arten, das Dasein Gottes aus den Wirkungen desselben zu erkennen, lassen sich auf die drei folgenden bringen. Entweder man gelangt zu dieser Erkenntnis durch die Wahrnehmung desjenigen, was die Ordnung der Natur unterbricht und diejenige Macht unmittelbar bezeichnet, welcher die Natur unterworfen ist, diese Überzeugung wird durch Wunder veranlasst; oder die zufällige Ordnung der Natur, von der man deutlich einsieht, dass sie auf vielerlei andere Art möglich war, in der gleichwohl große Kunst, Macht und Güte hervorleuchtet, führt auf den göttlichen Urheber; oder drittens die notwendige Einheit, die in der Natur wahrgenommen wird, und die wesentliche Ordnung der Dinge, welche großen Regeln der Vollkommenheit gemäß ist, kurz das, was in der Regelmäßigkeit der Natur Notwendiges ist, leitet auf ein oberstes Principium nicht allein dieses Daseins, sondern selbst aller Möglichkeit.

Wenn Menschen völlig verwildert sind oder eine halsstarrige Bosheit ihre Augen verschließt, alsdenn scheint das erstere Mittel einzig und allein einige Gewalt an sich zu haben, sie vom Dasein des höchsten Wesens zu überführen. Dagegen findet die richtige Betrachtung einer wohlgearteten Seele an so viel zufälliger Schönheit und zweckmäßiger Verbindung, wie die Ordnung der Natur darbietet, Beweistümer genug, einen mit großer Weisheit und Macht begleiteten Willen daraus abzunehmen, und es sind zu dieser Überzeugung, soferne sie zum tugendhaften Verhalten hinlänglich, das ist, moralisch gewiss sein soll, die gemeinen Begriffe des Verstandes hinreichend. Zu der dritten Art zu schließen, wird notwendigerweise Weltweisheit erfordert, und es ist auch einzig und allein ein höherer Grad derselben fähig, mit einer Klarheit und Überzeugung, die der Größe der Wahrheit gemäß ist, zu dem nämlichen Gegenstande zu gelangen.

34 | Erweitert eure Absichten, soviel ihr könnt, über die unermesslichen Nutzen, die ein Geschöpf in tausendfacher Beziehung, wenigstens der Möglichkeit nach, darbietet (der einzige Kokosbaum schafft dem Indianer unzählige), verknüpft in dergleichen Beziehungen die entlegensten Glieder der Schöpfung miteinander. Wenn ihr die Produkte der unmittelbar künstlichen Anstalten geziemend bewundert habt, so unterlasset nicht, auch in dem ergötzenden Anblick der fruchtbaren Beziehung, die die Möglichkeiten der erschaffenen Dinge auf durchgängige Harmonie haben, und der ungekünstelten Abfolge so mannigfaltiger Schönheit, die sich von selbst darbietet, diejenige Macht zu bewundern und anzubeten, in deren ewiger Grundquelle die Wesen der Dinge zu einem vortrefflichen Plane gleichsam bereit daliegen.

35 | Wenn ich unter andern die mikroskopischen Beobachtungen […] erwäge, und sehr zahlreiche Tiergeschlechter in einem einzigen Wassertropfen, räuberische Arten, mit Werkzeugen des Verderbens ausgerüstet, die von noch mächtigeren Tyrannen dieser Wasserwelt zerstört werden, indem sie geflissen sind, andere zu verfolgen; wenn ich die Ränke, die Gewalt und die Szene des Aufruhrs in einem Tropfen Materie ansehe, und erhebe von da meine Augen in die Höhe, um den unermesslichen Raum von Welten wie von Stäubchen wimmeln zu sehen, so kann keine menschliche Sprache das Gefühl ausdrücken, was ein solcher Gedanke erregt, und alle subtile metaphysische Zergliederung weicht sehr weit der Erhabenheit und Würde, die einer solchen Anschauung eigen ist.

36 | Wenn man von dem Himmel als dem Sitze der Seligen redet, so setzt die gemeine Vorstellung ihn gern über sich, hoch in dem unermesslichen Weltraume. Man bedenkt aber nicht, dass unsere Erde, aus diesen Gegenden angesehen, auch als einer von den Sternen des Himmels erscheine, und dass die Bewohner anderer Welten mit eben so gutem Grunde nach uns hinzeigen könnten und sagen: Sehet da den Wohnplatz ewiger Freuden und einen himmlischen Aufenthalt, welcher zubereitet ist, uns dereinst zu empfangen. Ein wunderlicher Wahn nämlich

macht, dass der hohe Flug, den die Hoffnung nimmt, immer mit dem Begriffe des Steigens verbunden ist, ohne zu bedenken, dass, so hoch man auch gestiegen ist, man doch wieder sinken müsse, um allenfalls in einer andern Welt festen Fuß zu fassen. Nach den angeführten Begriffen aber würde der Himmel eigentlich die Geisterwelt sein oder, wenn man will, der selige Teil derselben, und diese würde man weder über sich noch unter sich zu suchen haben, weil ein solches immaterielles Ganze nicht nach den Entfernungen oder Nahheiten gegen körperliche Dinge, sondern in geistigen Verknüpfungen seiner Teile untereinander vorgestellt werden muss.

37 | Die Trüglichkeit einer Waage, die nach bürgerlichen Gesetzen ein Maß der Handlung sein soll, wird entdeckt, wenn man Ware und Gewicht ihre Schalen vertauschen lässt, und die Parteilichkeit der Verstandeswaage offenbart sich durch ebendenselben Kunstgriff, ohne welchen man auch in philosophischen Urteilen nimmermehr ein einstimmiges Fazit aus den verglichenen Abwiegungen heraus bekommen kann. Ich habe meine Seele von Vorurteilen gereinigt, ich habe eine jede blinde Ergebenheit vertilgt, welche sich jemals einschlich, um manchem eingebildeten Wissen in mir Eingang zu verschaffen. Jetzo ist mir nichts angelegen, nichts ehrwürdig als was durch den Weg der Aufrichtigkeit in einem ruhigen und für alle Gründe zugänglichen Gemüte Platz nimmt; es mag mein voriges Urteil bestätigen oder aufheben, mich bestimmen oder unentschieden lassen. Wo ich etwas antreffe, das mich belehrt, da eigne ich es mir zu. Das Urteil desjenigen, der meine Gründe widerlegt, ist mein Urteil, nachdem ich es vorerst gegen die Schale der Selbstliebe und nachher in derselben gegen meine vermeintlichen Gründe abgewogen und in ihm einen größeren Gehalt gefunden habe. Sonst betrachtete ich den allgemeinen menschlichen Verstand bloß aus dem Standpunkte des meinigen; jetzt setze ich mich in die Stelle einer fremden und äußeren Vernunft und beobachte meine Urteile samt ihren geheimsten Anlässen aus dem Gesichtspunkte anderer. Die Vergleichung beider Beobachtungen gibt zwar starke Parallaxen, aber sie ist auch das einzige Mittel, den optischen Betrug zu verhüten und die Begriffe an die wahren Stellen zu setzen, darin sie in Ansehung der Erkenntnisvermögen der menschlichen Natur stehen. Ich finde nicht, dass irgendeine Anhänglichkeit oder sonst eine vor der Prüfung eingeschlichene Neigung meinem Gemüte die Lenksamkeit nach allerlei Gründen für oder dawider benehme, eine einzige ausgenommen. Die Verstandeswaage ist doch nicht ganz unparteiisch, und ein Arm derselben, der die Aufschrift führt: Hoffnung der Zukunft, hat einen mechanischen Vorteil, welcher macht, dass auch leichte Gründe, welche in die ihm angehörige Schale fallen, die Spekulationen von an sich größerem Gewichte auf der andern Seite in die Höhe ziehen. Dieses ist die einzige Unrichtigkeit, die ich wohl nicht heben kann und die ich in der Tat auch niemals heben will.

38 | Die Erkenntnis von Gott ist entweder spekulativ, und diese ist ungewiss und gefährlichen Irrtümern unterworfen, oder moralisch durch den Glauben, und die denkt keine andern Eigenschaften von Gott, als die auf Moralität abzielen. Dieser Glaube ist natürlich und übernatürlich.

MENSCHEN- UND LEBENSKUNDE

Wer nicht arbeitet, verschmachtet vor langer Weile
und ist allenfalls vor Ergötzlichkeit betäubt und erschöpft,
niemals aber erquickt und befriedigt.

Allgemeine Bemerkungen

39 | Wenn es irgendeine Wissenschaft gibt, die der Mensch wirklich bedarf, so ist es die, welche ich lehre, die Stelle geziemend zu erfüllen, welche dem Menschen in der Schöpfung angewiesen ist und aus der er lernen kann, was man sein muss, um ein Mensch zu sein. Gesetzt, er hätte über sich oder unter sich täuschende Anlockungen kennen gelernt, die ihn unvermerkt aus seiner eigentümlichen Stellung gebracht haben, so wird ihn diese Unterweisung wiederum zum Stande des Menschen zurückführen, und er mag sich alsdann auch noch so klein oder mangelhaft finden, so wird er doch für seinen angewiesenen Punkt recht gut sein, weil er gerade das ist, was er sein soll.

40 | Der Mensch muss sich in die Natur schicken lernen; aber er will, dass sie sich in ihn schicken soll.

41 | Wenn man das Leben der meisten Menschen ansieht, so scheint diese Kreatur geschaffen zu sein, um wie eine Pflanze Saft in sich zu ziehen und zu wachsen, sein

Geschlecht fortzusetzen, endlich alt zu werden und zu sterben. Er erreicht unter allen Geschöpfen am wenigsten den Zweck seines Daseins, weil er seine vorzüglichen Fähigkeiten zu solchen Absichten verbraucht, die die übrigen Kreaturen mit weit minderen, und doch weit sicherer und anständiger erreichen. Er würde auch das verachtungswürdigste unter allen, zum wenigsten in den Augen der wahren Weisheit sein, wenn die Hoffnung des Künftigen ihn nicht erhübe, und den in ihm verschlossenen Kräften nicht die Periode einer völligen Auswicklung bevorstünde.

42 | In der menschlichen Natur finden sich niemals rühmliche Eigenschaften, ohne dass zugleich Abartungen derselben durch unendliche Schattierungen bis zur äußersten Unvollkommenheit übergehen sollten.

43 | Ich muss den Rousseau so lange lesen, bis mich die Schönheit des Ausdrucks gar nicht mehr stört, und dann kann ich allererst ihn mit Vernunft übersehen. Dass große Leute nur in der Ferne schimmern und dass ein Fürst vor seinem Kammerdiener viel verliert, kommt daher, weil kein Mensch groß ist.

44 | Wovon man frühzeitig als ein Kind sehr viel weiß, davon ist man sicher, späterhin und im Alter nichts zu wissen, und der Mann der Gründlichkeit wird zuletzt höchstens der Sophist seines Jugendwahns.

45 | Es ist ein gewisser Geist der Kleinigkeiten (esprit des bagatelles), welcher eine Art von feinem Gefühl anzeigt, welches aber gerade auf das Gegenteil von dem Erhabenen abzielt. Ein Geschmack für etwas, weil es sehr künstlich und mühsam ist, Verse, die sich vor- und rückwärts lesen lassen, Rätsel, Uhren in Ringen, Flohketten etc., etc.; ein Geschmack für alles, was abgezirkelt und auf peinliche Weise ordentlich, obzwar ohne Nutzen ist, z. B. Bücher, die fein zierlich in langen Reihen im Bücherschranke stehen, und ein leerer Kopf, der sie ansieht und sich erfreut; Zimmer, die wie optische Kasten geziert und überaus sauber gewaschen sind, zusamt einem ungastfreien und mürrischen Wirte, der sie bewohnt. Ein Geschmack an allem demjenigen, was selten ist, so wenig wie es auch sonst innern Wert haben mag, Epiktets Lampe, ein Handschuh von König Karl dem Zwölften; in gewisser Art schlägt die Münzensucht mit hierauf ein. Solche Personen stehen sehr im Verdachte, dass sie in den Wissenschaften Grübler und Grillenfänger, in den Sitten aber für alles das, was auf freie Art schön oder edel ist, ohne Gefühl sein werden.

46 | Das Vorurteil ist recht für den Menschen gemacht, es tut der Bequemlichkeit und der Eigenliebe Vorschub, zweien Eigenschaften, die man nicht ohne die Menschheit ablegt. Derjenige, der von Vorurteilen eingenommen ist, erhebt gewisse Männer, die es umsonst sein würde zu verkleinern und zu sich herunter zu lassen, über alle andere zu einer unersteiglichen Höhe. Dieser Vorzug be-

decket alles Übrige mit dem Scheine einer vollkomme-
nen Gleichheit, und lässt ihn den Unterschied nicht ge-
wahr werden, der unter diesen annoch herrschet, und der
ihn sonst der verdrießlichen Beobachtung aussetzen würde, zu sehen, wie vielfach man noch von denjenigen
übertroffen werde, die noch innerhalb der Mittelmäßig-
keit befindlich sind.

47 | Subtile Irrtümer sind ein Reiz für die Eigenliebe,
welche die eigene Stärke gerne fühlt; offenbare Wahrhei-
ten hingegen werden so leicht und durch einen so gemeinen Verstand eingesehen, dass es ihnen endlich so
geht, wie jenen Gesängen, welche man nicht mehr ertragen kann, sobald sie aus dem Munde des Pöbels erschal-
len. Mit einem Worte: Man schätzt gewisse Erkenntnisse
öfters nicht darum hoch, weil sie richtig sind, sondern
weil sie uns was kosten, und man hat nicht gerne die
Wahrheit gutes Kaufs.

48 | Ein kleiner Teil derer, die sich das Urteil über Wer-
ke des Geistes anmaßen, wirft kühne Blicke auf das Ganze eines Versuchs und betrachtet vornehmlich die Beziehung, die die Hauptstücke zu einem tüchtigen Bau haben
könnten, wenn man gewisse Mängel ergänzte oder Fehler verbesserte. Diese Art Leser ist es, deren Urteil der
menschlichen Erkenntnis vornehmlich nutzbar ist. Was
die übrigen anlangt, welche, unvermögend, eine Verknüpfung im Großen zu übersehen, an einem oder andern kleinen Teile grüblerisch geheftet sind, unbeküm-

mert, ob der Tadel, den es etwa verdiente, auch den Wert des Ganzen anfechte, und ob nicht Verbesserungen in einzelnen Stücken den Hauptplan, der nur in Teilen fehlerhaft ist, erhalten können, diese, die nur immer bestrebt sind, einen jeden angefangenen Bau in Trümmer zu verwandeln, können zwar um ihrer Menge willen zu fürchten sein, allein ihr Urteil ist, was die Entscheidung des wahren Wertes anlangt, bei Vernünftigen von wenig Bedeutung.

49 | Wer bei einer schönen Musik lange Weile hat, gibt starke Vermutung, dass die Schönheiten der Schreibart und die feinen Bezauberungen der Liebe wenig Gewalt über ihn haben werden.

50 | Ich möchte edleren Seelen wohl vorschlagen, das Gefühl in Ansehung derer Eigenschaften, die ihnen selbst zukommen, oder derer Handlungen, die sie selber tun, so sehr zu verfeinern, als sie können, dagegen in Ansehung dessen, was sie genießen oder von andern erwarten, den Geschmack in seiner Einfalt zu erhalten; wenn ich nur einsähe, wie dieses zu leisten möglich sei. In dem Falle aber, dass es anginge, würden sie andere glücklich machen und auch selbst glücklich sein. Es ist niemals aus den Augen zu lassen, dass, in welcher Art es auch sei, man keine sehr hohen Ansprüche auf die Glückseligkeiten des Lebens und die Vollkommenheit der Menschen machen müsse; denn derjenige, welcher jederzeit nur etwas Mittelmäßiges erwartet, hat den Vorteil, dass der Erfolg selten seine Hoffnung widerlegt, dagegen bisweilen ihn auch wohl unvermutete Vollkommenheiten überraschen.

51 | Es ist mehrenteils umsonst, das kleine Maß seiner Kraft auf alle windichte Entwürfe ausdehnen zu wollen. Daher gebeut die Klugheit [...], den Zuschnitt der Entwürfe den Kräften angemessen zu machen, und wenn man das Große nicht füglich erreichen kann, sich auf das Mittelmäßige einzuschränken.

52 | Man kann entweder seine üppige Neigung einschränken, oder, indem man sie beibehält, Gegenmittel wider ihre Wirkungen erfinden. Zu den letzteren gehören Wissenschaften und Verachtung des Lebens.

53 | Selbst die feinste Eitelkeit, wenn sie sich wohl versteht, wird bemerken, dass nicht weniger Verdienst dazu gehört, sich überzeugen zu lassen als selbst zu überzeugen, und dass jene Handlung vielleicht mehr wahre Ehre macht, insoferne mehr Entsagung und Selbstprüfung dazu als zu der andern erfordert wird.

54 | Ich kann einen anderen niemals überzeugen als durch seine eigenen Gedanken. Ich muss also voraussetzen, der andere habe einen guten und richtigen Verstand; sonst ist es vergeblich zu hoffen, er werde durch meine Gründe können gewonnen werden. Ebenso kann ich niemand moralisch rühren als durch seine eigenen Emp-

findungen; ich muss also voraussetzen, der andere habe eine gewisse Bonität des Herzens; sonst wird er bei meiner Schilderung des Lasters niemals Abscheu und bei meiner Anpreisung der Tugend niemals eine Triebfeder dazu in sich fühlen.

55 | Ich kann niemand besser machen als durch den Rest des Guten, das in ihm ist; ich kann niemand klüger machen als durch den Rest der Klugheit, die in ihm ist.

56 | Ich stehe in der Einbildung, es sei zuweilen nicht unnütz, ein gewisses edles Vertrauen in seine eigenen Kräfte zu setzen. Eine Zuversicht von der Art belebt alle unsere Bemühungen und erteilet ihnen einen gewissen Schwung, welcher der Untersuchung der Wahrheit sehr beförderlich ist.

57 | Unsere innere Empfindung und die darauf gegründeten Urteile des Vernunftähnlichen führen, solange sie unverderbt sind, eben dahin, wo die Vernunft hinleiten würde, wenn sie erleuchteter und ausgebreiteter wäre.

58 | Das arkadische Schäferleben und unser geliebtes Hofleben ist beides abgeschmackt und unnatürlich, obzwar anlockend. Denn niemals kann wahres Vergnügen da stattfinden, wo man es zur Beschäftigung macht. Die Erholungen von einer Beschäftigung, die selten, aber kurz und ohne Zurüstung sind, sind allein dauerhaft und von echtem Geschmacke.

59 | Man schätzt manchen viel zu hoch, als dass man ihn lieben könnte. Er flößt Bewunderung ein; aber er ist zu weit über uns, als dass wir mit der Vertraulichkeit der Liebe uns ihm zu nähern getrauen.

60 | Eine Ursache, weswegen die Vorstellung des Todes die Wirkung nicht tut, die sie haben könnte, ist, weil wir von Natur als geschäftige Wesen billig gar nicht daran denken sollen.

Die Temperamente

61 | Der, dessen Gefühl ins Melancholische einschlägt, wird nicht darum so genannt, weil er, der Freuden des Lebens beraubt, sich in finsterer Schwermut härmt, sondern weil seine Empfindungen, wenn sie über einen gewissen Grad vergrößert würden oder durch einige Ursachen eine falsche Richtung bekämen, auf dieselbe leichter als auf einen andern Zustand auslaufen würden. Er hat vorzüglich ein Gefühl für das Erhabene. Selbst die Schönheit, für welche er ebenso wohl Empfindung hat, muss ihn nicht allein reizen, sondern, indem sie ihm zugleich Bewunderung einflößt, rühren. Der Genuss der Vergnügen ist bei ihm ernsthafter, aber um deswillen nicht geringer. Alle Rührungen des Erhabenen haben mehr Bezauberndes an sich als die gaukelnden Reize des Schönen. Sein Wohlbefinden wird eher Zufriedenheit als Lustigkeit sein. Er ist standhaft. Um deswillen ordnet er

seine Empfindungen unter Grundsätze. Sie sind desto weniger dem Unbestande und der Veränderung unterworfen, je allgemeiner dieser Grundsatz ist, welchem sie untergeordnet werden, und je erweiterter also das hohe Gefühl ist, welches die niederen unter sich befasst.

62 | Der Mensch von melancholischer Gemütsverfassung bekümmert sich wenig darum, was andere urteilen, was sie für gut oder für wahr halten; er stützt sich desfalls bloß auf seine eigene Einsicht. Weil die Bewegungsgründe in ihm die Natur der Grundsätze annehmen, so ist er nicht leicht auf andere Gedanken zu bringen; seine Standhaftigkeit artet auch zuweilen in Eigensinn aus. Er sieht den Wechsel der Moden mit Gleichgültigkeit und ihren Schimmer mit Verachtung an. Freundschaft ist erhaben und daher für sein Gefühl. Er kann vielleicht einen veränderlichen Freund verlieren; allein dieser verliert ihn nicht ebenso bald. Selbst das Andenken der erloschenen Freundschaft ist ihm noch ehrwürdig. Gesprächigkeit ist schön, gedankenvolle Verschwiegenheit erhaben. Er ist ein guter Verwahrer seiner und anderer Geheimnisse. Wahrhaftigkeit ist erhaben, und er hasst Lügen oder Verstellung. Er hat ein hohes Gefühl von der Würde der menschlichen Natur. Er schätzt sich selbst und hält einen Menschen für ein Geschöpf, das da Achtung verdient. Er erduldet keine verworfene Untertänigkeit und atmet Freiheit in einem edlen Busen. Alle Ketten, von den vergoldeten an, die man am Hofe trägt, bis zu dem schweren Eisen des Galeerensklaven, sind ihm abscheulich. Er ist ein strenger Richter seiner selbst und anderer und nicht selten seiner sowohl als der Welt überdrüssig.

63 | Der von sanguinischer Gemütsverfassung hat ein herrschendes Gefühl für das Schöne. Seine Freuden sind daher lachend und lebhaft. Wenn er nicht lustig ist, so ist er missvergnügt und kennt wenig die zufriedene Stille. Mannigfaltigkeit ist schön, und er liebt die Veränderung. Er sucht die Freude in sich und um sich, belustigt andere und ist ein guter Gesellschafter. Er hat viel moralische Sympathie. Anderer Fröhlichkeit macht ihn vergnügt und ihr Leid weichherzig. Sein sittliches Gefühl ist schön, allein ohne Grundsätze, und hängt jederzeit unmittelbar von dem gegenwärtigen Eindrucke ab, den die Gegenstände auf ihn machen. Er ist ein Freund von allen Menschen, oder, welches einerlei sagen will, eigentlich niemals ein Freund, ob er zwar gutherzig und wohlwollend ist. Er verstellt sich nicht. Er wird euch heute mit seiner Freundlichkeit und guten Art unterhalten, morgen, wenn ihr krank oder im Unglücke seid, wahres und ungeheucheltes Beileid empfinden, aber sich sachte davonschleichen, bis sich die Umstände geändert haben. Er muss niemals Richter sein. Die Gesetze sind ihm gemeiniglich zu strenge, und er lässt sich durch Tränen bestechen. Er ist ein schlimmer Heiliger, niemals recht gut und niemals recht böse. Er schweift öfters aus und ist lasterhaft, mehr aus Gefälligkeit als aus Neigung. Er ist freigebig und wohltätig, aber ein schlechter Zahler dessen, was er schuldig ist, weil er wohl viel Empfindung für Güte, aber wenig für Gerechtigkeit hat. Niemand hat eine so gute Meinung von seinem eigenen Herzen als er. Wenn ihr ihn gleich nicht hochachtet, so werdet ihr ihn doch lieben müssen.

Die Geschlechter und die Ehe

64 | Mühsames Lernen oder peinliches Grübeln, wenn es gleich ein Frauenzimmer darin hoch bringen sollte, vertilgen die Vorzüge, die ihrem Geschlechte eigentümlich sind, und können dieselben wohl um der Seltenheit willen zum Gegenstande einer kalten Bewunderung machen; aber sie werden zugleich die Reize schwächen, wodurch sie ihre große Gewalt über das andere Geschlecht ausüben. Ein Frauenzimmer, das den Kopf voll Griechisch hat, wie die Frau Dacier, oder über die Mechanik gründliche Streitigkeiten führt, wie die Marquisin von Chastelet, mag nur immerhin noch einen Bart dazu haben; denn dieser würde vielleicht die Miene des Tiefsinnes noch kenntlicher ausdrücken, um welchen sie sich bewerben.

65 | Die Frauen werden in der Geschichte sich nicht den Kopf mit Schlachten und in der Erdbeschreibung nicht mit Festungen anfüllen; denn es schickt sich für sie ebenso wenig, dass sie nach Schießpulver, als für die Mannspersonen, dass sie nach Bisam riechen sollen.

66 | Der Inhalt der großen Wissenschaft des Frauenzimmers ist vielmehr der Mensch, und unter den Menschen der Mann. Ihre Weltweisheit ist nicht Vernünfteln, sondern Empfinden.

67 | Die Tugend des Frauenzimmers ist eine schöne Tugend. Die des männlichen Geschlechts soll eine edle Tugend sein. Sie werden das Böse vermeiden, nicht weil es unrecht, sondern weil es hässlich ist, und tugendhafte Handlungen bedeuten bei ihnen solche, die sittlich schön sind. Nichts von Sollen, nichts von Müssen, nichts von Schuldigkeit. Das Frauenzimmer ist aller Befehle und alles mürrischen Zwanges unleidlich. Sie tun etwas nur darum, weil es ihnen so beliebt, und die Kunst besteht darin, zu machen, dass ihnen nur dasjenige beliebe, was gut ist [...] Selbst viele von ihren Schwachheiten sind, so zu reden, schöne Fehler. Beleidigung oder Unglück bewegen ihre zarte Seele zur Wehmut. Der Mann muss niemals andere als großmütige Tränen weinen. Die, so er in Schmerzen oder über Glücksumstände vergießt, machen ihn verächtlich.

68 | Das Frauenzimmer hat ein vorzügliches Gefühl für das Schöne, sofern es ihnen selbst zukommt; aber für das Edle, insoweit es am männlichen Geschlechte angetroffen wird. Der Mann dagegen hat ein entschiedenes Gefühl für das Edle, das zu seinen Eigenschaften gehört; für das Schöne aber, insofern es an dem Frauenzimmer anzutreffen ist. Daraus muss folgen, dass die Zwecke der Natur darauf gehen, den Mann durch die Geschlechterneigung noch mehr zu veredeln und das Frauenzimmer durch ebendieselbe noch mehr zu verschönern.

69 | Es liegt am meisten daran, dass der Mann als Mann vollkommener werde und die Frau als ein Weib, d. i., dass die Triebfedern der Geschlechterneigung dem Winke der Natur gemäß wirken, den einen noch mehr zu veredeln und die Eigenschaften der anderen zu verschönern. Wenn alles aufs Äußerste kömmt, so wird der Mann, dreist auf seine Verdienste, sagen können: Wenn ihr mich gleich nicht liebt, so will ich euch zwingen, mich hochzuachten, und das Frauenzimmer, sicher der Macht ihrer Reize, wird antworten: Wenn ihr uns gleich nicht innerlich hochschätzet, so zwingen wir euch doch, uns zu lieben.

70 | Ein Mensch, welcher tändelt, ist jederzeit ohne Gefühl, sowohl der wahren Achtung als auch der zärtlichen Liebe. Ich möchte wohl, um wer weiß wie viel, dasjenige nicht gesagt haben, was Rousseau so verwegen behauptet: dass ein Frauenzimmer niemals etwas mehr als ein großes Kind werde.

71 | Herrsche über den Wahn und sei ein Mann; damit deine Frau dich unter allen Menschen am höchsten schätze, so sei selbst kein Knecht von den Meinungen anderer. Damit deine Frau dich ehre, so sehe sie nicht in dir die Sklaverei der Meinungen anderer. Sei häuslich; es herrsche in deiner Geselligkeit nicht Aufwand, sondern Geschmack und Bequemlichkeit, nicht Überfluss sowohl in Wahl der Gäste als der Gerichte.

72 | Die Schamhaftigkeit ist ein Geheimnis der Natur, sowohl einer Neigung Schranken zu setzen, die sehr unbändig ist, und, indem sie den Ruf der Natur für sich hat, sich immer mit guten sittlichen Eigenschaften zu vertragen scheint, wenn sie gleich ausschweift. Sie ist demnach als ein Supplement der Grundsätze höchst nötig; denn es gibt keinen Fall, da die Neigung so leicht zum Sophisten wird, gefällige Grundsätze zu erklügeln als hier. Sie dient aber auch zugleich, um einen geheimnisvollen Vorhang selbst vor die geziemendsten und nötigsten Zwecke der Natur zu ziehen, damit die gar zu gemeine Bekanntschaft mit denselben, nicht Ekel oder zum mindesten Gleichgültigkeit veranlasse, in Ansehung der Endabsichten eines Triebes, worauf die feinsten und lebhaftesten Neigungen der menschlichen Natur gepfropft sind. Diese Eigenschaft ist dem schönen Geschlechte vorzüglich eigen und ihm sehr anständig.

73 | In dem ehelichen Leben soll das vereinigte Paar gleichsam eine einzige moralische Person ausmachen, welche durch den Verstand des Mannes und den Geschmack der Frauen belebt und regiert wird […] Es ist also in einem solchen Verhältnisse ein Vorzugsstreit läppisch, und wo er sich ereignet, das sicherste Merkmal eines plumpen oder ungleich gepaarten Geschmackes.

Wenn es dahin kömmt, dass die Rede vom Rechte des Befehlshabers ist, so ist die Sache schon äußerst verderbt; denn wo die ganze Verbindung eigentlich nur auf Neigung errichtet ist, da ist sie schon halb zerrissen, sobald sich das Sollen anfängt hören zu lassen.

KRITISCHE PERIODE

ALLGEMEIN-KRITISCHE
GRUNDSÄTZE

Die Philosophie der Unwissenheit ist sehr nützlich,
aber auch schwer, weil sie bis auf die Quellen
der Erkenntnis gehen muss.

Wesen und Wert der Erkenntnis

74 | Wenn Einsicht und Wissenschaft auf die Neige ge-
hen, alsdenn und nicht eher sich auf den gemeinen
Menschenverstand zu berufen, das ist eine von den sub-
tilen Erfindungen neuerer Zeiten, dabei es der schalste
Schwätzer mit dem gründlichsten Kopfe getrost aufneh-
men und es mit ihm aushalten kann. Solange aber noch
ein kleiner Rest von Einsicht da ist, wird man sich wohl
hüten, diese Nothilfe zu ergreifen. Und beim Lichte be-
sehen, ist diese Appellation nichts anderes als eine Beru-
fung auf das Urteil der Menge; ein Zuklatschen, über das
der Philosoph errötet, der populäre Witzling aber tri-
umphiert und trotzig tut. Ich sollte aber doch denken,
Hume habe auf einen gesunden Verstand ebenso wohl
Anspruch machen können als Beattie, und noch überdem auf das, was dieser gewiss nicht besaß, nämlich eine
kritische Vernunft, die den gemeinen Verstand in
Schranken hält, damit er sich nicht in Spekulationen
versteige, oder wenn bloß von diesen die Rede ist, nichts
zu entscheiden begehre, weil er sich über seine Grund-

sätze nicht zu rechtfertigen versteht; denn nur so allein wird er ein gesunder Verstand bleiben. Meißel und Schlägel können ganz wohl dazu dienen, ein Stück Zimmerholz zu bearbeiten, aber zum Kupferstechen muss man die Radiernadel brauchen.

75 | Schlechthin und in aller Absicht unnütz und unbrauchbar ist doch keine Erkenntnis, ob wir gleich seinen Nutzen nicht immer einsehen können. – Es ist daher ein ebenso unweiser als ungerechter Vorwurf, der großen Männern, welche mit mühsamem Fleiße die Wissenschaften bearbeiten, von schalen Köpfen gemacht wird, wenn diese hierbei fragen: Wozu ist das nütze? – Diese Frage muss man, indem man sich mit Wissenschaften beschäftigen will, gar nicht einmal aufwerfen. Gesetzt, eine Wissenschaft könnte nur über irgendein mögliches Objekt Aufschlüsse geben, so wäre sie um deswillen schon nützlich genug. Jede logisch vollkommene Erkenntnis hat immer irgendeinen möglichen Nutzen, der, obgleich uns bis jetzt unbekannt, doch vielleicht von der Nachkommenschaft wird gefunden werden. – Hätte man bei Kultur der Wissenschaften immer nur auf den materiellen Gewinn, den Nutzen derselben gesehen, so würden wir keine Arithmetik und Geometrie haben. Unser Verstand ist auch überdies so eingerichtet, dass er in der bloßen Einsicht Befriedigung findet und mehr noch als in dem Nutzen, der daraus entspringt. Dieses merkte schon Plato an. Der Mensch fühlt seine eigene Vortrefflichkeit dabei; er empfindet, was es heiße, Verstand haben. Men-

schen, die das nicht empfinden, müssen die Tiere benei-
den. Der innere Wert, den Erkenntnisse durch logische
Vollkommenheit haben, ist mit ihrem äußeren – dem
Werte in der Anwendung – nicht zu vergleichen.

Das Wesen der Philosophie

76 | Philosophie ist das System der philosophischen Er-
kenntnisse oder der Vernunfterkenntnisse aus Begriffen.
Das ist der Schulbegriff von dieser Wissenschaft. Nach
dem Weltbegriffe ist sie die Wissenschaft von den letzten
Zwecken der menschlichen Vernunft. Dieser hohe Begriff gibt der Philosophie Würde, d. i. einen absoluten
Wert. Und wirklich ist sie es auch, die allein nur innern
Wert hat und allen andern Erkenntnissen erst einen Wert
gibt.

77 | Wissenschaft (kritisch gesucht und methodisch ein-
geleitet) ist die enge Pforte, die zur Weisheitslehre führt,
wenn unter dieser nicht bloß verstanden wird, was man
tun, sondern was Lehrern zur Richtschnur dienen soll,
um den Weg zur Weisheit, den jedermann gehen soll, gut
und kenntlich zu bahnen und andere vor Irrwegen zu si-
chern; eine Wissenschaft, deren Aufbewahrerin jederzeit
die Philosophie bleiben muss, an deren subtiler Untersuchung das Publikum keinen Anteil, wohl aber an den
Lehren zu nehmen hat, die ihm nach einer solchen Bearbeitung allererst recht hell einleuchten können.

78 | Der Mathematiker, der Naturkündiger, der Logiker sind, so vortrefflich die ersteren auch überhaupt im Vernunfterkenntnisse, die zweiten besonders im philosophischen Erkenntnisse Fortgang haben mögen, doch nur Vernunftkünstler. Es gibt noch einen Lehrer im Ideal, der alle diese ansetzt, sie als Werkzeuge nutzt, um die wesentlichen Zwecke der menschlichen Vernunft zu befördern. Diesen allein müssten wir den Philosophen nennen.

79 | Der praktische Philosoph, der Lehrer der Weisheit durch Lehre und Beispiel, ist der eigentliche Philosoph. Denn Philosophie ist die Idee einer vollkommenen Weisheit, die uns die letzten Zwecke der menschlichen Vernunft zeigt.

80 | Der die Wissenschaft hasst, um desto mehr aber die Weisheit liebt, den nennt man einen Misologen. Die Misologie entspringt gemeiniglich aus einer Leerheit von wissenschaftlichen Kenntnissen und einer gewissen damit verbundenen Art von Eitelkeit. Zuweilen verfallen aber auch diejenigen in den Fehler der Misologie, welche anfangs mit großem Fleiße und Glücke den Wissenschaften nachgegangen waren, am Ende aber in ihrem ganzen Wissen keine Befriedigung fanden.

Philosophie ist die einzige Wissenschaft, die uns diese innere Genugtuung zu verschaffen weiß; denn sie schließt gleichsam den wissenschaftlichen Zirkel und durch sie erhalten sodann erst die Wissenschaften Ordnung und Zusammenhang.

81 | Die bloße Polyhistorie ist eine zyklopische Gelehrsamkeit, der ein Auge fehlt – das Auge der Philosophie.

82 | Weil die Philosophie alles brauchen kann, was der Literator oder der schwärmende Originalgeist liefert, so schätzt er [der Philosoph] alles, was eine gewisse Seelenkraft in ihrer Größe beweist. Überdem ist er gewohnt, die Standpunkte verschieden zu nehmen und misstraut selber seinem Urteil über das Vorzüglichste, weil er die Unbegreiflichkeit des Ganzen vor Augen hat. Daher Philosophie demütig macht, oder vielmehr sich nach der Idee und nicht im Vergleich mit andern zu messen.

83 | Im Grunde ist wohl alle Philosophie prosaisch; und ein Vorschlag, jetzt wiederum poetisch zu philosophieren, möchte so wohl aufgenommen werden als der für den Kaufmann: seine Handelsbücher künftig nicht in Prose, sondern in Versen zu schreiben.

84 | Philosophie ist eine bloße Idee von einer möglichen Wissenschaft, die nirgend in concreto gegeben ist, welcher man sich aber auf mancherlei Wegen zu nähern sucht, so lange, bis der einzige, sehr durch Sinnlichkeit verwachsene Fußsteig entdeckt wird, und das bisher verfehlte Nachbild, so weit als es Menschen vergönnt ist, dem Urbilde gleich zu machen gelingt. Bis dahin kann man keine Philosophie lernen; denn wo ist sie, wer hat sie im Besitze, und woran lässt sie sich erkennen? Man kann nur philosophieren lernen, d. i. das Talent der Vernunft in der Befolgung ihrer allgemeinen Prinzipien an gewissen vorhandenen Versuchen üben, doch immer mit Vorbehalt des Rechts der Vernunft, jene selbst in ihren Quellen zu untersuchen und zu bestätigen oder zu verwerfen.

85 | Mathematik, Naturwissenschaft, Gesetze, Künste, selbst Moral etc. füllen die Seele noch nicht gänzlich aus; es bleibt immer noch ein Raum in ihr übrig, der für die bloße reine und spekulative Vernunft abgestochen ist und dessen Leere uns zwingt, in Fratzen oder Tändelwerk oder auch Schwärmerei, dem Scheine nach Beschäftigung und Unterhaltung, im Grunde aber nur Zerstreuung zu suchen, um den beschwerlichen Ruf der Vernunft zu übertäuben, die ihrer Bestimmung gemäß etwas verlangt, was sie für sich selbst befriedige und nicht bloß zum Behuf anderer Absichten oder zum Interesse der Neigungen in Geschäftigkeit versetze. Daher hat eine Betrachtung, die sich bloß mit diesem Umfange der für sich selbst bestehenden Vernunft beschäftigt, darum, weil eben in demselben alle andere Kenntnisse, sogar Zwecke zusammen und sich in ein Ganzes vereinigen müssen, wie ich mit Grund vermute, für jedermann, der es nur versucht hat, seine Begriffe so zu erweitern, einen großen Reiz, und ich darf wohl sagen, einen größeren, als jedes andere theoretische Wissen, welches man gegen jenes nicht leichtlich eintauschen würde.

86 | Metaphysik sowohl der Natur als der Sitten, vornehmlich die Kritik der sich auf eigenen Flügeln wagenden Vernunft, welche vorübend (propädeutisch) vorhergeht, machen eigentlich allein dasjenige aus, was wir im echten Verstande Philosophie nennen können. Diese bezieht alles auf Weisheit, aber durch den Weg der Wissenschaften, den einzigen, der, wenn er einmal gebahnt ist, niemals verwächst und keine Verirrungen verstattet. Mathematik, Naturwissenschaft, selbst die empirische Kenntnis des Menschen haben einen hohen Wert als Mittel, größtenteils zu zufälligen, am Ende aber doch zu notwendigen und wesentlichen Zwecken der Menschheit, aber alsdenn nur durch Vermittlung einer Vernunfterkenntnis aus bloßen Begriffen, die, man mag sie benennen wie man will, eigentlich nichts als Metaphysik ist.

87 | Metaphysik ist, wenngleich nicht als Wissenschaft, doch als Naturanlage (metaphysica naturalis) wirklich. Denn die menschliche Vernunft geht unaufhaltsam, ohne dass bloße Eitelkeit des Vielwissens sie dazu bewegt, durch eigenes Bedürfnis getrieben bis zu solchen Fragen fort, die durch keinen Erfahrungsgebrauch der Vernunft und daher entlehnte Prinzipien beantwortet werden können, und so ist wirklich in allen Menschen, sobald Vernunft sich in ihnen bis zur Spekulation erweitert, irgendeine Metaphysik zu aller Zeit gewesen und wird auch immer darin bleiben.

88 | Metaphysik ist vielleicht mehr wie irgendeine andere Wissenschaft durch die Natur selbst ihren Grundzügen nach in uns gelegt und kann gar nicht als das Produkt einer beliebigen Wahl oder als zufällige Erweiterung beim Fortgange der Erfahrungen (von denen sie sich gänzlich abtrennt) angesehen werden.

89 | Alle falsche Kunst, alle eitle Weisheit dauert ihre Zeit; denn endlich zerstört sie sich selbst, und die höchste Kultur derselben ist zugleich der Zeitpunkt ihres Unterganges. Dass in Ansehung der Metaphysik diese Zeit jetzt da sei, beweist der Zustand, in welchen sie bei allem Eifer, womit sonst Wissenschaften aller Art bearbeitet werden, unter allen gelehrten Völkern verfallen ist. Die alte Einrichtung der Universitätsstudien erhält noch ihren Schatten, eine einzige Akademie der Wissenschaften bewegt noch dann und wann durch ausgesetzte Preise, einen und anderen Versuch darin zu machen; aber unter gründliche Wissenschaften wird sie nicht mehr gezählt, und man mag selbst urteilen, wie etwa ein geistreicher Mann, den man einen großen Metaphysiker nennen wollte, diesen wohlgemeinten, aber kaum von jemanden beneideten Lobspruch aufnehmen würde.

90 | Nun aber stehen die Sachen der ganzen spekulativen Philosophie so, dass sie auf dem Punkte sind, völlig zu erlöschen, obgleich die menschliche Vernunft an ihnen mit nie erlöschender Neigung hängt, die nur darum, weil sie unaufhörlich getäuscht wird, es jetzt, obgleich vergeblich, versucht, sich in Gleichgültigkeit zu verwandeln.

91 | Alle Übergänge von einer Neigung zu der ihr entgegengesetzten gehen durch den Zustand der Gleichgültigkeit, und dieser Zeitpunkt ist der gefährlichste für einen Verfasser, aber, wie mich dünkt, doch der günstigste für die Wissenschaft. Denn wenn durch gänzliche Trennung vormaliger Verbindungen der Parteigeist erloschen ist, so sind die Gemüter in der besten Verfassung, nun allmählich Vorschläge zur Verbindung nach einem anderen Plane anzuhören.

92 | Dass der Geist des Menschen metaphysische Untersuchungen einmal gänzlich aufgeben werde, ist ebenso wenig zu erwarten, als dass wir, um nicht immer unreine Luft zu schöpfen, das Atemholen einmal lieber ganz und gar einstellen würden. Es wird also in der Welt jederzeit, und was noch mehr ist, bei jedem, vornehmlich dem nachdenkenden Menschen Metaphysik sein, die, in Ermangelung eines öffentlichen Richtmaßes, jeder sich nach seiner Art zuschneiden wird. Nun kann das, was bis daher Metaphysik geheißen hat, keinem prüfenden Kopfe ein Gnüge tun; ihr aber gänzlich zu entsagen, ist doch auch unmöglich; also muss endlich eine Kritik der reinen Vernunft selbst versucht, oder, wenn eine da ist, untersucht und in allgemeine Prüfung gezogen werden, weil es sonst kein Mittel gibt, diesem dringenden Bedürfnis, welche noch etwas mehr als bloße Wissbegierde ist, abzuhelfen.

93 | Definitionen anspitzen, lahme Beweise mit neuen Krücken versehen, dem Cento der Metaphysik neue Lap-

pen oder einen veränderten Zuschnitt geben, das findet man noch wohl, aber das verlangt die Welt nicht. Metaphysischer Behauptungen ist die Welt satt; man will die Möglichkeit dieser Wissenschaft, die Quellen, aus denen Gewissheit in derselben abgeleitet werden könne, und sichere Kriterien, den dialektischen Schein der reinen Vernunft von der Wahrheit zu unterscheiden.

Von Unwissenheit durch Skeptizismus zum Kritizismus

94 | Die Natur hat uns zwar viele Kenntnisse versagt, sie lässt uns über so manches in einer unvermeidlichen Unwissenheit; aber den Irrtum verursacht sie doch nicht. Zu diesem verleitet uns unser eigener Hang zu urteilen und zu entscheiden, auch da, wo wir wegen unserer Begrenztheit zu urteilen und zu entscheiden nicht vermögend sind.

95 | Man kann sich seine Unwissenheit niemals anders vorstellen als durch die Wissenschaft, so wie ein Blinder sich die Finsternis nicht vorstellen kann, als bis er sehend geworden.

96 | Die Beobachtungen und Berechnungen der Sternkundigen haben uns viel Bewundernswürdiges gelehrt, aber das Wichtigste ist wohl, dass sie uns den Abgrund der Unwissenheit aufgedeckt haben, den die menschliche Vernunft ohne diese Kenntnisse sich niemals so groß hätte vorstellen können, und worüber das Nachdenken eine

große Veränderung in der Bestimmung der Endabsichten unseres Vernunftgebrauchs hervorbringen muss.

97 | Es ist schon ein großer und nötiger Beweis der Klugheit und Einsicht, zu wissen, was man vernünftiger Weise fragen solle. Denn wenn die Frage an sich ungereimt ist und unnötige Antworten verlangt, so hat sie, außer der Beschämung dessen, der sie aufwirft, bisweilen noch den Nachteil, den unbehutsamen Anhörer derselben zu ungereimten Antworten zu verleiten und den belachenswerten Anblick zu geben, dass einer (wie die Alten sagten) den Bock melkt, der andere ein Sieb unterhält.

98 | Es ist ein gewöhnliches Schicksal der menschlichen Vernunft in der Spekulation, ihr Gebäude so früh wie möglich fertig zu machen und hintennach allererst zu untersuchen, ob auch der Grund dazu gut gelegt sei.

99 | Dass in Abwiegung der Vernunftgründe einer bloßen Spekulation alles ehrlich zugehen müsse, ist wohl das Wenigste, was man fordern kann. Könnte man aber auch nur auf dieses Wenige sicher rechnen, so wäre der Streit der spekulativen Vernunft über die wichtigen Fragen von Gott, der Unsterblichkeit (der Seele) und der Freiheit entweder längst entschieden oder würde sehr bald zu Ende gebracht werden. So steht öfters die Lauterkeit der Gesinnung im umgekehrten Verhältnisse der Gutartigkeit der Sache selbst, und diese hat vielleicht mehr aufrichtige und redliche Gegner als Verteidiger.

100 | Der Empirismus ist aller Popularität gänzlich zuwider, ob man gleich glauben sollte, der gemeine Verstand werde einen Entwurf begierig aufnehmen, der ihn durch nichts als Erfahrungserkenntnisse und deren vernunftmäßigen Zusammenhang zu befriedigen verspricht, anstatt dass die transzendentale Dogmatik ihn nötigt, zu Begriffen hinaufzusteigen, welche die Einsicht und das Vernunftvermögen der im Denken geübtesten Köpfe weit übersteigen. Aber eben dieses ist sein Bewegungsgrund. Denn er befindet sich als denn in einem Zustande, in welchem sich auch der Gelehrteste über ihn nichts herausnehmen kann. Wenn er wenig oder nichts davon versteht, so kann sich doch auch niemand rühmen, viel mehr davon zu verstehen, und, ob er gleich hierüber nicht so schulgerecht als andere sprechen kann, so kann er doch darüber unendlich mehr vernünfteln, weil er unter lauter Ideen herumwandelt, über die man eben darum am beredtsten ist, weil man *davon nichts weiß*; anstatt, dass er über der Nachforschung der Natur ganz verstummen und seine Unwissenheit gestehen müsste. Gemächlichkeit und Eitelkeit also sind schon eine starke Empfehlung dieser Grundsätze. Überdem, ob es gleich einem Philosophen sehr schwer wird, etwas als Grundsatz anzunehmen, ohne deshalb sich selbst Rechenschaft geben zu können, oder gar Begriffe, deren objektive Realität nicht eingesehen werden kann, einzuführen, so ist doch dem gemeinen Verstande nichts gewöhnlicher. Er will etwas haben, womit er zuversichtlich anfangen könne. Die Schwierigkeit, eine solche Voraussetzung selbst zu begreifen, beunruhigt ihn nicht, weil sie ihm (der nicht weiß, was Begreifen heißt) niemals in den Sinn kommt, und er hält das für bekannt, was ihm durch öfteren Gebrauch geläufig ist. Zuletzt aber verschwindet alles spekulative Interesse bei ihm vor dem praktischen, und er bildet sich ein, das einzusehen und zu wissen, was anzunehmen oder zu glauben ihn seine Besorgnisse oder Hoffnungen antreiben.

101 | Könnte sich ein Mensch von allem Interesse lossagen und die Behauptungen der Vernunft gleichgültig gegen alle Folgen, bloß nach dem Gehalte ihrer Gründe in Betrachtung ziehen, so würde ein solcher, gesetzt, dass er keinen Ausweg wüsste, anders aus dem Gedränge zu kommen, als dass er sich zu einer oder andern der strittigen Lehren bekennete, in einem unaufhörlich schwankenden Zustande sein. Heute würde es ihm überzeugend vorkommen, der menschliche Wille sei frei; morgen, wenn er die unauflösliche Naturkette in Betrachtung zöge, würde er dafür halten, die Freiheit sei nichts als Selbsttäuschung und alles sei bloß Natur. Wenn es nun aber zum Tun und Handeln käme, so würde dieses Spiel der bloß spekulativen Vernunft, wie Schattenbilder eines Traums, verschwinden, und er würde seine Prinzipien bloß nach dem praktischen Interesse wählen. Weil es aber doch einem nachdenkenden und forschenden Wesen anständig ist, gewisse Zeiten lediglich der Prüfung seiner eigenen Vernunft zu widmen, hierbei aber alle Parteilichkeit gänzlich auszuziehen und so seine Bemerkungen anderen zur Beurteilung öffentlich mitzuteilen, so kann es niemandem verargt noch weniger verwehrt werden, die Sätze und Gegensätze, so wie sie sich, durch keine Drohung geschreckt, vor Geschworenen von seinem eigenen Stande (nämlich dem Stande schwacher Menschen) verteidigen können, auftreten zu lassen.

102 | Der Skeptizismus ist ein Ruheplatz für die menschliche Vernunft, da sie sich über ihre dogmatische Wanderung besinnen und den Entwurf von der Gegend machen kann, wo sie sich befindet, um ihren Weg fernerhin mit mehrerer Sicherheit wählen zu können, aber nicht ein Wohnplatz zum beständigen Aufenthalte; denn dieser kann nur in einer völligen Gewissheit angetroffen werden, es sei nun der Erkenntnis der Gegenstände selbst, oder der Grenzen, innerhalb denen alle unsere Erkenntnis von Gegenständen eingeschlossen ist.

103 | Die Einwürfe, die zu fürchten sein möchten, liegen in uns selbst. Wir müssen sie, gleich alten, aber niemals verjährenden Ansprüchen hervorsuchen, um einen ewigen Frieden auf deren Vernichtung zu gründen. Äußere Ruhe ist nur scheinbar. Der Keim der Anfechtungen, der in der Natur der Menschenvernunft liegt, muss ausgerottet werden; wie können wir ihn aber ausrotten, wenn wir ihm nicht Freiheit, ja selbst Nahrung geben, Kraut auszuschießen, um sich dadurch zu entdecken, und es nachher mit der Wurzel zu vertilgen? Sinnet demnach selbst auf Einwürfe, auf die noch kein Gegner gefallen ist,

und leihet ihm sogar Waffen, oder räumet ihm den günstigsten Platz ein, den er sich nur wünschen kann. Es ist hierbei gar nichts zu fürchten, wohl aber zu hoffen, nämlich, dass ihr euch einen in alle Zukunft niemals mehr anzufechtenden Besitz verschaffen werdet.

104 | Wenn einer Wissenschaft geholfen werden soll, so müssen alle Schwierigkeiten aufgedeckt und sogar diejenigen aufgesucht werden, die ihr noch so ingeheim im Wege liegen; denn jede derselben ruft ein Hilfsmittel auf, welches ohne der Wissenschaft einen Zuwachs, es sei an Umfang oder an Bestimmtheit, zu verschaffen, nicht gefunden werden kann, wodurch also selbst die Hindernisse Beförderungsmittel der Gründlichkeit der Wissenschaft werden. Dagegen, werden die Schwierigkeiten absichtlich verdeckt oder bloß durch Palliativmittel gehoben, so brechen sie, über kurz oder lang, in unheilbare Übel aus, welche die Wissenschaft in einem gänzlichen Skeptizismus zugrunde richten.

105 | Diese Methode, einem Streite der Behauptungen zuzusehen oder vielmehr ihn selbst zu veranlassen, nicht um endlich zum Vorteile des einen oder des andern Teils zu entscheiden, sondern um zu untersuchen, ob der Gegenstand desselben nicht vielleicht ein bloßes Blendwerk sei, wonach jeder vergeblich hascht und bei welchem er nichts gewinnen kann, wenn ihm gleich gar nicht widerstanden würde, dieses Verfahren, sage ich, kann man die skeptische Methode nennen. Sie ist vom Skeptizismus

gänzlich unterschieden, einem Grundsatze einer kunst-
mäßigen und szientifischen Unwissenheit, welcher die
Grundlagen aller Erkenntnis untergräbt, um wo möglich
überall keine Zuverlässigkeit und Sicherheit derselben
übrig zu lassen. Denn die skeptische Methode geht auf
Gewissheit dadurch, dass sie in einem solchen, auf beiden
Seiten redlich gemeinten und mit Verstande geführten
Streite den Punkt des Missverständnisses zu entdecken
sucht, um, wie weise Gesetzgeber tun, aus der Verlegenheit der Richter bei Rechtshändeln für sich selbst Beleh-
rung von dem Mangelhaften und nicht genau Bestimmten in ihren Gesetzen zu ziehen.

Bedeutung der freien Kritik

106 | Unser Zeitalter ist das eigentliche Zeitalter der
Kritik, der sich alles unterwerfen muss. Religion, durch
ihre Heiligkeit, und Gesetzgebung, durch ihre Majestät,
wollen sich gemeiniglich derselben entziehen. Aber alsdann erregen sie gerechten Verdacht wider sich und können auf unverstellte Achtung nicht Anspruch machen,
die die Vernunft nur demjenigen bewilligt, was ihre freie
und öffentliche Prüfung hat aushalten können.

107 | Was ist nun hiebei zu tun, vornehmlich in Anse-
hung der Gefahr, die daraus dem gemeinen Besten zu
drohen scheinet? Nichts ist natürlicher, nichts billiger als
die Entschließung, die ihr deshalb zu nehmen habt. Lasst

diese Leute nur machen; wenn sie Talent, wenn sie tiefe und neue Nachforschung, mit einem Worte, wenn sie nur Vernunft zeigen, so gewinnt jederzeit die Vernunft. Wenn ihr andere Mittel ergreift als die einer zwanglosen Vernunft, wenn ihr über Hochverrat schreiet, das gemeine Wesen, das sich auf so subtile Bearbeitungen gar nicht versteht, gleichsam als zum Feuerlöschen zusammenruft, so macht ihr euch lächerlich. Denn es ist die Rede gar nicht davon, was dem gemeinen Besten hierunter vorteilhaft oder nachteilig sei, sondern nur, wie weit die Vernunft es wohl in ihrer von allem Interesse abstrahierenden Spekulation bringen könne, und ob man auf diese überhaupt etwas rechnen oder sie lieber gegen das Praktische gar aufgeben müsse. Anstatt also mit dem Schwerte dreinzuschlagen, so sehet vielmehr von dem sicheren Sitze der Kritik diesem Streite ruhig zu, der für die Kämpfenden mühsam, für euch unterhaltend, und, bei einem gewiss unblutigen Ausgange, für eure Einsichten ersprießlich ausfallen muss. Denn es ist sehr was Ungereimtes, von der Vernunft Aufklärung zu erwarten und ihr doch vorher vorzuschreiben, auf welche Seite sie notwendig ausfallen müsse. Überdem wird Vernunft schon von selbst durch Vernunft so wohl gebändigt und in Schranken gehalten, dass ihr gar nicht nötig habt, Scharwachen aufzubieten, um demjenigen Teile, dessen besorgliche Obermacht euch gefährlich scheint, bürgerlichen Widerstand entgegenzusetzen. In dieser Dialektik gibt's keinen Sieg, über den ihr besorgt zu sein Ursache hättet.

108 | Alles, was die Natur selbst anordnet, ist zu irgend-einer Absicht gut. Selbst Gifte dienen dazu, andere Gifte, welche sich in unseren eigenen Säften erzeugen, zu über-wältigen, und dürfen daher in einer vollständigen Samm-lung von Heilmitteln (Offizin) nicht fehlen. Die Einwür-fe wider die Überredungen und den Eigendünkel unserer bloß spekulativen Vernunft sind selbst durch die Natur dieser Vernunft aufgegeben und müssen also ihre gute Bestimmung und Absicht haben, die man nicht in den Wind schlagen muss. Wozu hat uns die Vorsehung man-che Gegenstände, ob sie gleich mit unserem höchsten In-teresse zusammenhängen, so hoch gestellt, dass uns fast nur vergönnt ist, sie in einer undeutlichen und von uns selbst bezweifelten Wahrnehmung anzutreffen, dadurch ausspähende Blicke mehr gereizt als befriedigt werden? Ob es nun nützlich sei, in Ansehung solcher Aussichten dreiste Bestimmungen zu wagen, ist wenigstens zweifel-haft, vielleicht gar schädlich. Allemal aber und ohne Zweifel ist es nützlich, die forschende sowohl als prüfen-de Vernunft in völlige Freiheit zu versetzen, damit sie un-gehindert ihr eigen Interesse besorgen könne, welches eben sowohl dadurch befördert wird, dass sie ihren Ein-sichten Schranken setzt, als dass sie solche erweitert, und welches allemal leidet, wenn sich fremde Hände einmen-gen, um sie wider ihren natürlichen Gang nach erzwun-genen Absichten zu lenken.

109 | Der Freiheit zu denken ist erstlich der bürgerliche Zwang entgegengesetzt. Zwar sagt man: Die Freiheit zu sprechen oder zu schreiben könne uns zwar durch obere Gewalt, aber die Freiheit zu denken durch sie gar nicht genommen werden. Allein wie viel und mit welcher Richtigkeit würden wir wohl denken, wenn wir nicht gleichsam in Gemeinschaft mit andern, denen wir unsere und die uns ihre Gedanken mitteilen, dächten! Also kann man wohl sagen, dass diejenige äußere Gewalt, welche die Freiheit, seine Gedanken öffentlich mitzuteilen, den Menschen entreißt, ihnen auch die Freiheit zu denken nehme; das einzige Kleinod, das uns bei allen bürgerlichen Lasten noch übrigbleibt, und wodurch allein wider alle Übel dieses Zustandes noch Rat geschafft werden kann.

Zweitens wird die Freiheit zu denken auch in der Bedeutung genommen, dass ihr der Gewissenszwang entgegengesetzt ist; wo ohne alle äußere Gewalt in Sachen der Religion sich Bürger über andere zu Vormündern aufwerfen, und, statt Argument, durch vorgeschriebene, mit ängstlicher Furcht vor der Gefahr einer eigenen Untersuchung begleitete Glaubensformeln, alle Prüfung der Vernunft durch frühen Eindruck auf die Gemüter zu verbannen wissen.

Drittens bedeutet auch Freiheit im Denken die Unterwerfung der Vernunft unter keine andere Gesetze, als die sie sich selbst gibt; und ihr Gegenteil ist die Maxime eines gesetzlosen Gebrauchs der Vernunft (um dadurch, wie das Genie wähnt, weiter zu sehen als unter der Einschränkung durch Gesetze). Die Folge davon ist natürlicher Weise diese: dass, wenn die Vernunft dem Gesetze nicht unterworfen sein will, das sie sich selbst gibt, sie sich unter das Joch der Gesetze beugen muss, die ihr ein anderer gibt; denn ohne irgendein Gesetz kann gar nichts, selbst nicht der größte Unsinn, sein Spiel lange treiben. Also ist die unvermeidliche Folge der erklärten Gesetzlosigkeit im Denken (einer Befreiung von den Einschränkungen durch die Vernunft) diese: dass Freiheit zu denken zuletzt dadurch eingebüßt und, weil nicht etwa Unglück, sondern wahrer Übermut daran schuld ist, im eigentlichen Sinne des Worts verscherzt wird.

Der Gang der Dinge ist ungefähr dieser. Zuerst gefällt sich das Genie sehr in seinem kühnen Schwunge, da es den Faden, woran es sonst die Vernunft lenkte, abgestreift hat. Es bezaubert bald auch andere durch Machtsprüche und große Erwartungen und scheint sich selbst nunmehr auf einen Thron gesetzt zu haben, den langsame, schwerfällige Vernunft so schlecht zierte; wobei es gleichwohl immer die Sprache derselben führt. Die alsdann angenommene Maxime der Ungültigkeit einer zuoberst gesetzgebenden Vernunft nennen wir gemeine Menschen Schwärmerei; jene Günstlinge der gütigen Natur aber Erleuchtung. Weil indessen bald eine Sprachverwirrung unter diesen selbst entspringen muss, indem, da Vernunft allein für jedermann gültig gebieten kann, jetzt jeder seiner Eingebung folgt, so müssen zuletzt aus inneren Eingebungen durch äußere Zeugnisse bewährte Fakta, aus Traditionen, die anfänglich selbst gewählt waren, mit der Zeit aufgedrungene Urkunden, mit einem Worte, die gänzliche Unterwerfung der Vernunft unter Fakta, d. i.

der Aberglaube, entspringen, weil dieser sich doch wenigstens in eine gesetzliche Form, und dadurch in einen Ruhestand bringen lässt.

110 | Freunde des Menschengeschlechts und dessen, was ihm am heiligsten ist! Nehmt an, was euch nach sorgfältiger und aufrichtiger Prüfung am glaubwürdigsten scheint, es mögen nun Fakta, es mögen Vernunftgründe sein; nur streitet der Vernunft nicht das, was sie zum höchsten Gut auf Erden macht, nämlich das Vorrecht ab, der letzte Probierstein der Wahrheit zu sein. Widrigenfalls werdet ihr, dieser Freiheit unwürdig, sie auch sicherlich einbüßen, und dieses Unglück noch dazu dem übrigen schuldlosen Teile über den Hals ziehen, der sonst wohlgesinnt gewesen wäre, sich seiner Freiheit gesetzmäßig und dadurch auch zweckmäßig zum Weltbesten zu bedienen!

111 | So viel ist gewiss: Wer einmal Kritik gekostet hat, den ekelt auf immer alles dogmatische Gewäsche, womit er vorher aus Not vorliebnahm, weil seine Vernunft etwas bedurfte und nichts Besseres zu ihrer Unterhaltung finden konnte.

112 | Aufklärung ist der Ausgang des Menschen aus seiner selbstverschuldeten Unmündigkeit. Unmündigkeit ist das Unvermögen, sich seines Verstandes ohne Leitung eines anderen zu bedienen. Selbstverschuldet ist diese Unmündigkeit, wenn die Ursache derselben nicht am Man-

gel des Verstandes, sondern der Entschließung und des Mutes liegt, sich seiner ohne Leitung eines andern zu bedienen. Sapere aude! Habe Mut, dich deines eigenen Verstandes zu bedienen! ist also der Wahlspruch der Aufklärung.

113 | Ein Mensch kann zwar für seine Person und auch alsdann nur auf einige Zeit in dem, was ihm zu wissen obliegt, die Aufklärung aufschieben; aber auf sie Verzicht zu tun, es sei für seine Person, mehr aber noch für die Nachkommenschaft, heißt die heiligen Rechte der Menschheit verletzen und mit Füßen treten.

114 | Es ist niemals zu spät, vernünftig und weise zu werden; es ist aber jederzeit schwerer, wenn die Einsicht spät kommt, sie in Gang zu bringen.

Verhältnis der Kritik zu Moral und Religion

115 | Dass man in Erklärung der Erscheinungen so zu Werke gehen müsse, als ob das Feld der Untersuchung durch keine Grenze oder Anfang der Welt abgeschnitten sei; den Stoff der Welt so annehmen, wie er sein muss, wenn wir von ihm durch Erfahrung belehrt werden wollen; dass keine andere Erzeugung der Begebenheiten, als wie sie durch unveränderliche Naturgesetze bestimmt werden, und endlich keine von der Welt unterschiedene Ursache müsse gebraucht werden, sind noch jetzt sehr richtige, aber wenig beobachtete Grundsätze, die spekulative Philosophie zu erweitern, so wie auch die Prinzipien der Moral unabhängig von fremden Hilfsquellen auszufinden, ohne dass darum derjenige, welcher verlangt, jene dogmatische Sätze, solange als wir mit der bloßen Spekulation beschäftigt sind, zu ignorieren, darum beschuldigt werden darf, er wolle sie leugnen.

116 | Wenn wir statt der konstitutiven Prinzipien der Erkenntnis übersinnlicher Objekte, deren Einsicht uns doch unmöglich ist, unser Urteil auf die regulativen, sich an dem möglichen praktischen Gebrauch derselben begnügenden Prinzipien einschränkten, so würde es in gar vielen Stücken mit der menschlichen Weisheit besser stehen, und nicht vermeintliches Wissen dessen, wovon man im Grunde nichts weiß, grundlose, obzwar eine Zeitlang schimmernde Vernünftelei zum endlich sich doch einmal daraus hervorfindenden Nachteil der Moralität ausbrüten.

117 | Ich musste das Wissen aufheben, um zum *Glauben* Platz zu bekommen, und der Dogmatismus der Metaphysik, d. i. das Vorurteil, in ihr ohne Kritik der reinen Vernunft fortzukommen, ist die wahre Quelle alles der Moralität widerstreitenden Unglaubens, der jederzeit gar sehr dogmatisch ist.

118 | Indessen ist meine Meinung nicht, irgendjemandem eine bloße Befolgung meiner Sätze zuzumuten oder mir auch nur mit der Hoffnung derselben zu schmeicheln, sondern es mögen sich, wie es zutrifft, Angriffe, Wiederholungen, Einschränkungen oder auch Bestätigung, Ergänzung und Erweiterung dabei zutragen; wenn die Sache nur von Grund aus untersucht wird, so kann es jetzt nicht mehr fehlen, dass nicht ein Lehrgebäude, wenngleich nicht das meinige, dadurch zustande komme, was ein Vermächtnis für die Nachkommenschaft werden kann, dafür sie Ursache haben wird, dankbar zu sein.

SITTENLEHRE

*Alles Gute, das nicht auf moralisch gute Gesinnung gepfropft ist,
ist nichts als lauter Schein und schimmerndes Elend.*

Ziel und Nutzen der Moralphilosophie

119 | Es ist eine herrliche Sache um die Unschuld, nur ist
es auch wiederum sehr schlimm, dass sie sich nicht wohl
bewahren lässt und leicht verführt wird. Deswegen bedarf
selbst die Weisheit – die sonst wohl mehr im Tun und Lassen als im Wissen besteht – doch auch der Wissenschaft,
nicht um von ihr zu lernen, sondern ihrer Vorschrift Eingang und Dauerhaftigkeit zu verschaffen. Der Mensch
fühlt in sich selbst ein mächtiges Gegengewicht gegen alle Gebote der Pflicht, die ihm die Vernunft so hochach-
tungswürdig vorstellt, an seinen Bedürfnissen und Neigungen, deren ganze Befriedigung er unter dem Namen
der Glückseligkeit zusammenfasst. Nun gebietet die Vernunft, ohne doch dabei den Neigungen etwas zu verhei-
ßen, unnachlasslich, mithin gleichsam mit Zurücksetzung
und Nichtachtung jener so ungestümen und dabei so bil-
lig scheinenden Ansprüche (die sich durch kein Gebot
wollen aufheben lassen), ihre Vorschriften. Hieraus entspringt aber eine natürliche Dialektik, d. i. ein Hang, wider jene strengen Gesetze der Pflicht zu vernünfteln und
ihre Gültigkeit, wenigstens ihre Reinigkeit und Strenge in
Zweifel zu ziehen und sie wo möglich unsern Wünschen

und Neigungen angemessener zu machen, d. i. sie im Grunde zu verderben und um ihre ganze Würde zu bringen, welches denn doch selbst die gemeine praktische Vernunft am Ende nicht gutheißen kann.

So wird also die gemeine Menschenvernunft nicht durch irgendein Bedürfnis der Spekulation (welches ihr, solange sie sich genügt, bloße gesunde Vernunft zu sein, niemals anwandelt), sondern selbst aus praktischen Gründen angetrieben, aus ihrem Kreise zu gehen und einen Schritt ins Feld der praktischen Philosophie zu tun, um daselbst, wegen der Quelle ihres Prinzips und richtigen Bestimmung desselben in Gegenhaltung mit den Maximen, die sich auf Bedürfnis und Neigung fußen, Erkundigung und deutliche Anweisung zu bekommen, damit sie aus der Verlegenheit wegen beiderseitiger Ansprüche herauskomme und nicht Gefahr laufe, durch die Zweideutigkeit, in die sie leicht gerät, um alle echte sittliche Grundsätze gebracht zu werden.

120 | Die Herablassung zu Volksbegriffen ist allerdings sehr rühmlich, wenn die Erhebung zu den Prinzipien der freien Vernunft zuvor geschehen und zur völligen Befriedigung erreicht ist, und das würde heißen, die Lehre der Sitten zuvor auf Metaphysik gründen, ihr aber, wenn sie feststeht, nachher durch Popularität Eingang verschaffen. Es ist aber äußerst ungereimt, dieser in der ersten Untersuchung, worauf alle Richtigkeit der Grundsätze ankommt, schon willfahren zu wollen. Nicht allein, dass dieses Verfahren auf das höchst seltene Verdienst einer wahren

philosophischen Popularität niemals Anspruch machen kann, indem es gar keine Kunst ist, gemeinverständlich zu sein, wenn man dabei auf alle gründliche Einsicht Verzicht tut; so bringt es einen ekelhaften Mischmasch von zusammengestoppelten Beobachtungen und halbvernünftelnden Prinzipien zum Vorschein, daran sich schale Köpfe laben, weil es doch etwas gar Brauchbares fürs alltägliche Geschwätz ist, wo Einsehende aber Verwirrung fühlen und unzufrieden, ohne sich doch helfen zu können, ihre Augen wegwenden, obgleich Philosophen, die das Blendwerk ganz wohl durchschauen, wenig Gehör finden, wenn sie auf einige Zeit von der vorgeblichen Popularität abrufen, um nur allererst nach erworbener bestimmter Einsicht mit Recht populär sein zu dürfen.

121 | Wenn man fragt: was denn eigentlich die *reine* Sittlichkeit ist, an der, als dem Probemetall, man jeder Handlung moralischen Gehalt prüfen müsse, so muss ich gestehen, dass nur Philosophen die Entscheidung dieser Frage zweifelhaft machen können; denn in der gemeinen Menschenvernunft ist sie, zwar nicht durch abgezogene allgemeine Formeln, aber doch durch den gewöhnlichen Gebrauch, gleichsam als der Unterschied zwischen der rechten und linken Hand, längst entschieden.

122 | Ein Rezensent, der etwas zum Tadel dieser Schrift* sagen wollte, hat es besser getroffen, als er wohl selbst ge-

* Gemeint ist Kants »Grundlegung zur Metaphysik der Sitten«.

meint haben mag, indem er sagt: dass darin kein neues Prinzip der Moralität, sondern nur eine *neue Formel* aufgestellt worden. Wer wollte aber auch einen neuen Grundsatz aller Sittlichkeit einführen, und diese gleichsam zuerst erfinden? Gleich als ob vor ihm die Welt, in dem was Pflicht sei, unwissend oder in durchgängigem Irrtume gewesen wäre. Wer aber weiß, was dem Mathematiker eine Formel bedeutet, die das, was zu tun sei, um eine Aufgabe zu befolgen, ganz genau bestimmt und nicht verfehlen lässt, wird eine Formel, welche dieses in Ansehung aller Pflicht überhaupt tut, nicht für etwas Unbedeutendes und Entbehrliches halten.

Wesen und Würde des Sittlichen

123 | In Betracht der Natur gibt uns Erfahrung die Regel an die Hand und ist der Quell der Wahrheit; in Ansehung der sittlichen Gesetze aber ist Erfahrung (leider!) die Mutter des Scheins, und es ist höchst verwerflich, die Gesetze über das, was ich *tun soll*, von demjenigen herzunehmen oder dadurch einschränken zu wollen, was *getan* wird.

124 | Man braucht eben kein Feind der Tugend, sondern nur ein kaltblütiger Beobachter zu sein, der den lebhaftesten Wunsch für das Gute nicht sofort für dessen Wirklichkeit hält, um (vornehmlich mit zunehmenden Jahren und einer durch Erfahrung teils gewitzigten, teils zum

Beobachten geschärften Urteilskraft) in gewissen Augenblicken zweifelhaft zu werden, ob auch wirklich in der Welt irgend wahre Tugend angetroffen werde. Und hier kann uns nichts vor dem gänzlichen Abfall von unseren Ideen der Pflicht bewahren und gegründete Achtung gegen ihr Gesetz in der Seele erhalten als die klare Überzeugung, dass, wenn es auch niemals Handlungen gegeben habe, die aus solchen reinen Quellen entsprungen wären, dennoch hier auch davon gar nicht die Rede sei, ob dies oder jenes geschehe, sondern die Vernunft für sich selbst und unabhängig von allen Erscheinungen gebiete, was geschehen soll, mithin Handlungen, von denen die Welt vielleicht bisher noch gar kein Beispiel gegeben hat, an deren Tunlichkeit sogar der, so alles auf Erfahrung gründet, sehr zweifeln möchte, dennoch durch Vernunft unnachlasslich geboten seien, und dass z. B. reine Redlichkeit in der Freundschaft um nichts weniger von jedem Menschen gefordert werden könne, wenn es gleich bis jetzt gar keinen redlichen Freund gegeben haben möchte, weil diese Pflicht als Pflicht überhaupt, vor aller Erfahrung, in der Idee einer den Willen durch Gründe *a priori* bestimmenden Vernunft liegt.

125 | Es ist überall nichts in der Welt, ja überhaupt auch außer derselben zu denken möglich, was ohne Einschränkung für gut könnte gehalten werden, als allein ein guter *Wille*. Verstand, Witz und Urteilskraft und wie die Talente des Geistes sonst heißen mögen, oder Mut, Entschlossenheit, Beharrlichkeit im Vorsatze, als Eigenschaften des Temperaments, sind ohne Zweifel in mancher Absicht gut und wünschenswert; aber sie können auch äußerst böse und schädlich werden, wenn der Wille, der von diesen Naturgaben Gebrauch machen soll und dessen eigentümliche Beschaffenheit darum Charakter heißt, nicht gut ist. Mit den Glücksgaben ist es ebenso bewandt. Macht, Reichtum, Ehre, selbst Gesundheit und das ganze Wohlbefinden und Zufriedenheit mit seinem Zustande, unter dem Namen der Glückseligkeit, machen Mut und hierdurch öfters auch Übermut, wo nicht ein guter Wille da ist, der den Einfluss derselben aufs Gemüt und hiermit auch das ganze Prinzip zu handeln berichtige und allgemein-zweckmäßig mache; ohne zu erwähnen, dass ein vernünftiger und unparteiischer Zuschauer sogar am Anblicke eines ununterbrochenen Wohlergehens eines Wesens, das kein Zug eines reinen und guten Willens ziert, nimmermehr ein Wohlgefallen haben kann, und so der gute Wille die unerlassliche Bedingung selbst der Würdigkeit, glücklich zu sein, auszumachen scheint.

126 | Der gute Wille ist nicht durch das, was er bewirkt oder ausrichtet, nicht durch seine Tauglichkeit zur Erreichung irgendeines vorgesetzten Zweckes, sondern allein durch das Wollen, d. i. an sich gut, und, für sich selbst betrachtet, ohne Vergleich weit höher zu schätzen als alles, was durch ihn zugunsten irgendeiner Neigung, ja, wenn man will, der Summe aller Neigungen nur immer zustande gebracht werden könnte. Wenngleich durch eine

besondere Ungunst des Schicksals oder durch kärgliche Ausstattung einer stiefmütterlichen Natur es diesem Willen gänzlich an Vermögen fehlte, seine Absicht durchzusetzen; wenn bei seiner größten Bestrebung dennoch nichts von ihm ausgerichtet würde und nur der gute Wille (freilich nicht etwa ein bloßer Wunsch, sondern als die Aufbietung aller Mittel, soweit sie in unserer Gewalt sind) übrigbliebe: So würde er wie ein Juwel doch für sich selbst glänzen als etwas, das seinen vollen Wert in sich selbst hat.

127 | Handle so, dass die Maxime deines Willens jederzeit zugleich als Prinzip einer allgemeinen Gesetzgebung gelten könne.

128 | Was ich also zu tun habe, damit mein Wollen gut sei, dazu brauche ich gar keine weit ausholende Scharfsinnigkeit. Unerfahren in Ansehung des Weltlaufs, unfähig, auf alle sich ereignende Vorfälle desselben gefasst zu sein, frage ich mich nur: Kannst du auch wollen, dass deine Maxime ein allgemeines Gesetz werde? Wo nicht, ist sie verwerflich, und zwar nicht um eines dir oder auch anderen daraus bevorstehenden Nachteils willen, sondern weil sie nicht als Prinzip in eine mögliche allgemeine Gesetzgebung passen kann; für diese aber zwingt mir die Vernunft unmittelbare Achtung ab, von der ich zwar jetzt noch nicht einsehe, worauf sie sich gründe (welches der Philosoph untersuchen mag), wenigstens aber doch so viel verstehe: dass es eine Schätzung des Wertes sei, wel-

cher allen Wert dessen, was durch Neigung angepriesen wird, weit überwiegt, und dass die Notwendigkeit meiner Handlungen aus *reiner* Achtung fürs praktische Gesetz dasjenige sei, was die Pflicht ausmacht, der jeder andere Bewegungsgrund weichen muss, weil sie die Bedingung eines *an sich* guten Willens ist, dessen Wert über alles geht.

129 | Eines ist in unserer Seele, welches, wenn wir es gehörig ins Auge fassen, wir nicht aufhören können, mit der höchsten Verwunderung zu betrachten, und wo die Bewunderung rechtmäßig, zugleich auch seelenerhebend ist; und das ist: die ursprüngliche moralische Anlage in uns überhaupt.

130 | Es ist etwas in uns, was zu bewundern wir niemals aufhören können, wenn wir es einmal ins Auge gefasst haben, und dieses ist zugleich dasjenige, was die Menschheit in der Idee zu einer Würde erhebt, die man am Menschen, als Gegenstande der Erfahrung, nicht vermuten sollte. Dass wir den moralischen Gesetzen unterworfene und zu deren Beobachtung selbst mit Aufopferung aller ihnen widerstreitenden Lebensannehmlichkeiten durch unsere Vernunft bestimmte Wesen sind, darüber wundert man sich nicht, weil es objektiv in der natürlichen Ordnung der Dinge als Objekt der reinen Vernunft liegt, jenen Gesetzen zu gehorchen, ohne dass es dem gemeinen und gesunden Verstande nur einmal einfällt, zu fragen, woher uns jene Gesetze kommen mögen, um vielleicht, bis wir ihren Ursprung wissen, die Befolgung derselben

aufzuschieben oder wohl gar seine Wahrheit zu bezweifeln. – Aber dass wir auch das Vermögen dazu haben, der Moral mit unserer sinnlichen Natur so große Opfer zu bringen, dass wir das auch können, wovon wir ganz leicht und klar begreifen, dass wir es sollen, diese Überlegenheit des übersinnlichen Menschen in uns über den sinnlichen, desjenigen, gegen den der letztere (wenn es zum Widerstreit kommt) nichts ist, ob dieser zwar in seinen eigenen Augen alles ist, diese moralische, von der Menschheit unzertrennliche Anlage in uns ist ein Gegenstand der höchsten Bewunderung, die, je länger man dieses wahre (nicht erdachte) Ideal ansieht, nur immer desto höher steigt: So dass diejenigen wohl zu entschuldigen sind, welche, durch die Unbegreiflichkeit desselben verleitet, dieses Übersinnliche in uns, weil es doch praktisch ist, für übernatürlich, d. i. für etwas, was gar nicht in unserer Macht steht und uns als eigen zugehört, sondern vielmehr für den Einfluss von einem andern und höheren Geiste halten; worin sie aber sehr fehlen, weil die Wirkung dieses Vermögens alsdann nicht unsere Tat sein, mithin uns auch nicht zugerechnet werden könnte, das Vermögen dazu also nicht das unsrige sein würde.

131 | Was sich auf die allgemeinen menschlichen Neigungen und Bedürfnisse bezieht, hat einen Marktpreis; das, was, auch ohne ein Bedürfnis vorauszusetzen, einem gewissen Geschmacke, d. i. einem Wohlgefallen am bloßen zwecklosen Spiel unserer Gemütskräfte gemäß ist, einen Affektionspreis; das aber, was die Bedingung ausmacht, unter der allein etwas Zweck an sich selbst sein kann, hat nicht bloß einen relativen Wert, d. i. einen Preis, sondern einen innern Wert, d. i. Würde.

132 | Geschicklichkeit und Fleiß im Arbeiten haben einen Marktpreis; Witz, lebhafte Einbildungskraft und Launen einen Affektionspreis; dagegen Treue im Versprechen, Wohlwollen aus Grundsätzen (nicht aus Instinkt) haben einen innern Wert. Die Natur sowohl als Kunst enthalten nichts, was sie, in Ermangelung derselben, an ihre Stelle setzen könnten; denn ihr Wert besteht nicht in Wirkungen, die daraus entspringen, im Vorteil und Nutzen, den sie schaffen, sondern in den Gesinnungen, d. i. den Maximen des Willens, die sich auf diese Art in Handlungen zu offenbaren bereit sind, obgleich auch der Erfolg sie nicht begünstigte. Diese Handlungen bedürfen auch keiner Empfehlung von irgendeiner subjektiven Disposition oder Geschmack, sie mit unmittelbarer Gunst und Wohlgefallen anzusehen, keines unmittelbaren Hanges oder Gefühles für dieselbe; sie stellen den Willen, der sie ausübt, als Gegenstand einer unmittelbaren Achtung dar, dazu nichts als Vernunft gefordert wird, um sie dem Willen aufzuerlegen, nicht von ihm zu erschmeicheln, welches letztere bei Pflichten ohnedem ein Widerspruch wäre. Diese Schätzung gibt also den Wert einer solchen Denkungsart als Würde zu erkennen und setzt sie über allen Preis unendlich weg, mit dem sie gar nicht in Anschlag und Vergleichung gebracht werden kann, ohne sich gleichsam an der Heiligkeit derselben zu vergreifen.

133 | Bei dem, was moralisch gut sein soll, ist es nicht genug, dass es dem sittlichen Gesetze *gemäß* sei, sondern es muss auch um *desselben willen* geschehen; widrigenfalls ist jene Gemäßheit nur sehr zufällig und misslich, weil der unsittliche Grund zwar dann und wann gesetzmäßige, mehrmalen aber gesetzwidrige Handlungen hervorbringen wird.

134 | Wir sind zwar gesetzgebende Glieder eines durch Freiheit möglichen, durch praktische Vernunft uns zur Achtung vorgestellten Reichs der Sitten, aber doch zugleich Untertanen, nicht das Oberhaupt desselben, und die Verkennung unserer niederen Stufe, als Geschöpfe, und Weigerung des Eigendünkels gegen das Ansehen des heiligen Gesetzes, ist schon eine Abtrünnigkeit von demselben, dem Geiste nach, wenngleich der Buchstabe desselben erfüllt würde.

Freiheit des sittlichen Willens als Ausfluss des intelligiblen Charakters

135 | Man kann einräumen, dass, wenn es für uns möglich wäre, in eines Menschen Denkungsart, so wie sie sich durch innere sowohl als äußere Handlungen zeigt, so tiefe Einsicht zu haben, dass jede, auch die mindeste Triebfeder dazu uns bekannt würde, im gleichen alle auf diese wirkenden äußeren Veranlassungen, man eines Menschen Verhalten auf die Zukunft mit Gewissheit, so wie eine

Mond- oder Sonnenfinsternis, ausrechnen könnte, und dennoch dabei behaupten, dass der Mensch frei sei. Wenn wir nämlich noch eines anderen Blicks (der uns aber freilich gar nicht verliehen ist, sondern an dessen Statt wir nur den Vernunftbegriff haben), nämlich einer intellektuellen Anschauung desselben Subjekts fähig wären, so würden wir doch innewerden, dass diese ganze Kette von Erscheinungen in Ansehung dessen, was nur immer das moralische Gesetz angehen kann, von der Spontaneität des Subjekts, als Dinges an sich selbst, abhängt, von deren Bestimmung sich gar keine physische Erklärung geben lässt.

136 | Es ist dem Menschen nicht möglich, so in die Tiefe seines eigenen Herzens einzuschauen, dass er jemals von der Reinigkeit seiner moralischen Absicht und der Lauterkeit seiner Gesinnung auch nur in *einer* Handlung völlig gewiss sein könnte; wenn er gleich über die Legalität derselben gar nicht zweifelhaft ist. Vielmals wird Schwäche, welche einem Menschen das Wagstück eines Verbrechens abrät, von demselben für Tugend (die den Begriff von Stärke gibt) gehalten, und wie viele mögen ein langes schuldloses Leben geführt haben, die nur Glückliche sind, so vielen Versuchungen entgangen zu sein; wie viel reiner moralischer Gehalt bei jeder Tat in der Gesinnung gelegen habe, das bleibt ihnen selbst verborgen.

137 | Die eigentliche Moralität der Handlungen (Verdienst und Schuld) bleibt uns, selbst die unseres eigenen Verhaltens, gänzlich verborgen. Unsere Zurechnungen können nur auf den empirischen Charakter bezogen werden. Wie viel aber davon reine Wirkung der Freiheit, wie viel der bloßen Natur und dem unverschuldeten Fehler des Temperaments oder dessen glücklicher Beschaffenheit zuzuschreiben sei, kann niemand ergründen und daher auch nicht nach völliger Gerechtigkeit richten.

138 | Der gewöhnliche Sinnspruch Ende gut, alles gut, kann auf moralische Fälle zwar angewandt werden, aber nur, wenn unter dem guten Ende dasjenige verstanden wird, da der Mensch ein wahrhaftig guter Mensch wird. Aber woran will er sich als einen solchen erkennen, da er es nur aus dem darauf folgenden beharrlich guten Lebenswandel schließen kann, für diesen aber am Ende des Lebens keine Zeit mehr da ist? Von der Glückseligkeit kann dieser Spruch eher eingeräumt werden, aber auch nur in Beziehung auf den Standpunkt, aus dem er sein Leben ansieht, nicht aus dem Anfange, sondern dem Ende desselben, indem er von da auf jenen zurücksieht. Überstandene Leiden lassen keine peinigende Rückerinnerung übrig, wenn man sich schon geborgen sieht, sondern vielmehr ein Frohsein, welches den Genuss des nun eintretenden Glücks nur um desto schmackhafter macht; weil Vergnügen oder Schmerzen (als zur Sinnlichkeit gehörig), in der Zeitreihe enthalten, mit ihr auch verschwinden, und mit dem nun existierenden Lebensgenuss nicht ein

Ganzes ausmachen, sondern durch diesen, als den nach-folgenden, verdrängt werden. Wendet man aber densel-ben Satz auf die Beurteilung des moralischen Werts des bis dahin geführten Lebens an, so kann der Mensch sehr Unrecht haben, es so zu beurteilen, ob er gleich dasselbe mit einem ganz guten Wandel beschlossen hat. Denn das moralisch subjektive Prinzip der Gesinnung, wonach sein Leben beurteilt werden muss, ist (als etwas Übersinnli-ches) nicht von der Art, dass sein Dasein im Zeitabschnit-te teilbar, sondern nur als absolute Einheit gedacht wer-den kann, und da wir die Gesinnungen nur aus den Handlungen (als Erscheinungen derselben) schließen können, so wird das Leben zum Behuf dieser Schätzung nur als Zeiteinheit, d. i. als ein Ganzes in Betrachtung kommen; da dann die Vorwürfe aus dem ersten Teil des Lebens (vor der Besserung) ebenso laut mitsprechen als der Beifall im letzteren und den triumphierenden Ton: Ende gut, alles gut gar sehr dämpfen möchten.

Pflicht

139 | Was Pflicht sei, bietet sich jedermann von selbst dar; was aber wahren dauerhaften Vorteil bringe, ist alle-mal, wenn dieser auf das ganze Dasein erstreckt werden soll, in undurchdringliches Dunkel eingehüllt und erfor-dert viel Klugheit, um die praktische darauf gestimmte Regel durch geschickte Ausnahmen auch nur auf erträg-liche Art den Zwecken des Lebens anzupassen. Gleichwohl gebietet das sittliche Gesetz jedermann, und zwar die pünktlichste Befolgung. Es muss also zu der Beurteilung dessen, was nach ihm zu tun sei, nicht so schwer sein, dass nicht der gemeinste und ungeübteste Verstand selbst ohne Weltklugheit damit umzugehen wüsste.

140 | Pflicht! Du erhabener großer Name, der du nichts Beliebtes, was Einschmeichelung bei sich führt, in dir fassest, sondern Unterwerfung verlangst, doch auch nichts drohest, was natürliche Abneigung im Gemüte erregte und schreckte, um den Willen zu bewegen, sondern bloß ein Gesetz aufstellst, welches von selbst im Gemüte Eingang findet, und doch sich selbst wider Willen Verehrung (wenngleich nicht immer Befolgung) erwirbt, vor dem alle Neigungen verstummen, wenn sie gleich ingeheim ihm entgegen wirken, welches ist der deiner würdige Ursprung, und wo findet man die Wurzel deiner edlen Abkunft, welche alle Verwandtschaft mit Neigungen stolz ausschlägt, und von welcher Wurzel abzustammen die unnachlassliche Bedingung desjenigen Wertes ist, den sich Menschen allein selbst geben können?

Es kann nichts minderes sein, als was den Menschen über sich selbst (als einen Teil der Sinnenwelt) erhebt, was ihn an eine Ordnung der Dinge knüpft, die nur der Verstand denken kann, und die zugleich die ganze Sinnenwelt, mit ihr das empirisch-bestimmbare Dasein des Menschen in der Zeit und das Ganze aller Zwecke (welches allein solchen unbedingten praktischen Gesetzen, als das moralische, angemessen ist) unter sich hat. Es ist nichts anderes als die Persönlichkeit, d. i. die Freiheit und Unabhängigkeit von dem Mechanismus der ganzen Natur, doch zugleich als ein Vermögen eines Wesens betrachtet, welches eigentümlichen, nämlich von seiner eigenen Vernunft gegebenen reinen praktischen Gesetzen, die Person also, als zur Sinnenwelt gehörig, ihrer eigenen Persönlichkeit unterworfen ist, sofern sie zugleich zur intelligiblen Welt gehört; da es denn nicht zu verwundern ist, wenn der Mensch, als zu beiden Welten gehörig, sein eigenes Wesen, in Beziehung auf seine zweite und höchste Bestimmung, nicht anders als mit Verehrung und die Gesetze derselben mit der höchsten Achtung betrachten muss.

141 | Die Ehrwürdigkeit der Pflicht hat nichts mit Lebensgenuss zu schaffen; sie hat ihr eigentümliches Gesetz, auch ihr eigentümliches Gericht, und wenn man auch beide noch so sehr zusammenschütteln wollte, um sie vermischt, gleichsam als Arzneimittel, der kranken Seele zuzureichen, so scheiden sie sich doch alsbald von selbst, und, tun sie es nicht, so wirkt das erste gar nicht; wenn aber auch das physische Leben hierbei einige Kraft gewönne, so würde doch das moralische ohne Rettung dahinschwinden.

142 | Handlungen, aus denen große uneigennützige, teilnehmende Gesinnung und Menschlichkeit hervorleuchtet, zu preisen, ist ganz ratsam. Aber man muss hier nicht sowohl auf die Seelenerhebung, die sehr flüchtig und vorübergehend ist, als vielmehr auf die Herzensunterwerfung unter Pflicht, wovon ein längerer Eindruck erwartet werden kann, weil sie Grundsätze (jene aber nur Aufwallungen) mit sich führt, aufmerksam machen. Man darf nur ein wenig nachsinnen, man wird immer eine Schuld finden, die er sich irgend wodurch in Ansehung des Menschengeschlechts aufgeladen hat (sollte es auch nur die sein, dass man durch die Ungleichheit der Menschen in der bürgerlichen Verfassung Vorteile genießt, um deren willen andere desto mehr entbehren müssen), um durch die eigenliebige Einbildung des Verdienstlichen den Gedanken an Pflicht nicht zu verdrängen.

143 | Alle *Gefühle*, vornehmlich die, so ungewohnte Anstrengung bewirken sollen, müssen in dem Augenblicke, da sie in ihrer Heftigkeit sind und ehe sie verbrausen, ihre Wirkung tun, sonst tun sie nichts; indem das Herz natürlicherweise zu seiner natürlichen gemäßigten Lebensbewegung zurückkehrt und sonach in die Mattigkeit verfällt, die ihm vorher eigen war; weil zwar etwas, was es reizte, nichts aber, das es stärkte, an dasselbe gebracht war. Grundsätze müssen auf Begriffe errichtet werden, auf alle andere Grundlage können nur Anwandlungen zustande kommen, die der Person keinen moralischen Wert, ja nicht einmal eine Zuversicht auf sich selbst verschaffen können, ohne die das Bewusstsein seiner moralischen Gesinnung und eines solchen Charakters, das höchste Gut im Menschen, gar nicht stattfinden kann. Diese Begriffe nun, wenn sie subjektiv praktisch werden sollen, müssen nicht bei den objektiven Gesetzen der Sittlichkeit stehen bleiben, um sie zu bewundern und in Beziehung auf die Menschheit hochzuschätzen, sondern ihre Vorstellung in Relation auf den Menschen und auf sein Individuum betrachten; da denn jenes Gesetz in einer zwar höchst achtungswürdigen, aber nicht so gefälligen Gestalt erscheint, als ob es zu dem Elemente gehört, daran er natürlicherweise gewohnt ist, sondern wie es ihn nötiget, dieses oft nicht ohne Selbstverleugnung zu verlassen, und sich in ein höheres zu begeben, darin er sich mit unaufhörlicher Besorgnis des Rückfalls nur mit Mühe erhalten kann. Mit einem Worte, das moralische Gesetz verlangt Befolgung aus Pflicht, nicht aus Vorliebe, die man gar nicht voraussetzen kann und soll.

144 | Es ist lauter moralische Schwärmerei und Steigerung des Eigendünkels, wozu man die Gemüter durch Aufmunterung zu Handlungen, als edler, erhabener und großmütiger stimmt, dadurch man sie in den Wahn versetzt, als wäre es nicht Pflicht, d. i. Achtung fürs Gesetz, dessen Joch (das gleichwohl, weil es uns Vernunft selbst auferlegt, sanft ist) sie, wenngleich ungern, tragen müssten, was den Bestimmungsgrund ihrer Handlungen ausmachte; und welches sie immer noch demütigt, indem sie es befolgen (ihm gehorchen); sondern als ob jene Handlungen nicht aus Pflicht, sondern als barer Verdienst von ihnen erwartet würden. Denn nicht allein, dass sie durch Nachahmung solcher Taten, nämlich aus solchem Prinzip, nicht im mindesten dem Geiste des Gesetzes ein Genüge getan hätten, welcher in der dem Gesetze sich unterwerfenden Gesinnung, nicht in der Gesetzmäßigkeit der Handlung (das Prinzip möge sein, welches es auch wolle) besteht, und die Triebfeder pathologisch (in der Sympathie oder auch Philautie), nicht moralisch (im Gesetze) setzen; so bringen sie auf diese Art eine windige, überfliegende, phantastische Denkungsart hervor, sich mit einer freiwilligen Gutartigkeit ihres Gemüts, das weder Sporns noch Zügel bedürfe, für welches gar nicht einmal ein Gebot nötig sei, zu schmeicheln, und darüber ihrer Schuldigkeit, an welche sie doch eher denken sollten als an Verdienst, zu vergessen. Es lassen sich wohl Handlungen anderer, die mit großer Aufopferung, und zwar bloß um der Pflicht willen geschehen sind, unter dem Namen edler und erhabener Taten preisen, und doch auch nur sofern Spuren da sind, welche vermuten lassen, dass sie ganz aus Achtung für seine Pflicht, nicht aus Herzensaufwallungen geschehen sind. Will man jemandem aber sie als Beispiele der Nachfolge vorstellen, so muss durchaus die Achtung für Pflicht (als das einzige echte moralische Gefühl) zur Triebfeder gebraucht werden: die ernste heilige Vorschrift, die es nicht unserer eitlen Selbstliebe überlässt, mit pathologischen Antrieben (sofern sie der Moralität analogisch sind) zu tändeln und uns auf verdienstlichen Wert was zugute zu tun. Wenn wir nur wohl nachsuchen, so werden wir zu allen Handlungen, die anpreisungswürdig sind, schon ein Gesetz der Pflicht finden, welches gebietet und nicht auf unser Belieben ankommen lässt, was unserem Hange gefällig sein möchte.

145 | Was doch die Ursache sein möge, warum die Lehren der Tugend, so viel Überzeugendes sie auch für die Vernunft haben, doch so wenig ausrichten? Meine Antwort [...] ist keine andere, als dass die Lehrer selbst ihre Begriffe nicht ins Reine gebracht haben und, indem sie es zu gut machen wollen, dadurch, dass sie allerwärts Bewegursachen zum sittlich Guten auftreiben, um die Arznei recht kräftig zu machen, sie sie verderben. Denn die gemeinste Beobachtung zeigt, dass, wenn man eine Handlung der Rechtschaffenheit vorstellt, wie sie von aller Absicht auf irgendeinen Vorteil, in dieser oder einer anderen Welt, abgesondert, selbst unter den größten Versuchungen der Not oder Anlockung mit standhafter Seele ausgeübt worden, sie jede ähnliche Handlung, die nur im mindesten durch eine fremde Triebfeder affiziert war, weit hinter sich lasse und verdunkle, die Seele erhebe und den Wunsch errege, auch so handeln zu können. Selbst Kinder von mittlerem Alter fühlen diesen Eindruck, und ihnen sollte man Pflichten auch niemals anders vorstellen.

146 | Die Moralität besteht keineswegs in der Gutartigkeit des Herzens, sondern in dem guten Charakter; und den soll sie bilden.

147 | Tugend ist moralische Gesinnung im Kampfe und nicht Heiligkeit im vermeinten Besitze einer völligen Reinigkeit der Gesinnungen des Willens.

148 | Die Tugend in ihrer eigentlichen Gestalt erblicken ist nichts anderes, als die Sittlichkeit, von aller Beimischung des Sinnlichen und allem unechten Schmuck des Lohns oder der Selbstliebe entkleidet, darzustellen. Wie sehr sie alsdenn alles Übrige, was den Neigungen reizend erscheint, verdunkele, kann jeder vermittelst des mindesten Versuchs seiner nicht ganz für alle Abstraktion verdorbenen Vernunft leicht innewerden.

149 | Tugend ist die moralische Stärke in Befolgung seiner Pflicht, die niemals zur Gewohnheit werden, sondern immer ganz neu und ursprünglich aus der Denkungsart hervorgehen soll.

150 | Angewohnheit ist niemals, selbst nicht in guten Handlungen, vollkommen zu billigen […] Das Gute hört dadurch auf Tugend zu sein.

151 | Die Tugend ist immer im Fortschreiten und hebt doch auch immer von vorne an.

152 | Fontenelle sagt: Vor einem Vornehmen bücke ich mich, aber mein Geist bückt sich nicht. Ich kann hinzu setzen: Vor einem niedrigen, bürgerlich-gemeinen Mann, an dem ich eine Rechtschaffenheit des Charakters in einem gewissen Maße, als ich mir von mir selbst nicht bewusst bin, wahrnehme, bückt sich mein Geist, ich mag wollen oder nicht, und den Kopf noch so hoch tragen, um ihn meinen Vorrang nicht übersehen zu lassen.

153 | Phantasisch-tugendhaft kann der genannt werden, der keine in Ansehung der Moralität gleichgültigen Dinge (adiaphora) einräumt und sich alle seine Schritte und Tritte mit Pflichten als mit Fußangeln bestreut und es nicht gleichgültig findet, ob man sich mit Fleisch oder Fisch, mit Bier oder Wein, wenn einem beides bekommt, nähre; eine Mikrologie, welche, wenn man sie in die Lehre der Tugend aufnähme, die Herrschaft derselben zur Tyrannei machen würde.

154 | Wohltun ist im Fall, dass jemand reich (mit Mitteln zur Glückseligkeit anderer überflüssig, d. i. über sein eigenes Bedürfnis versehen) ist, von dem Wohltäter selbst fast nicht einmal für eine verdienstliche Pflicht zu halten; ob er zwar dadurch zugleich den anderen verbindet. Das Vergnügen, was er sich hiermit selbst macht, welches ihm keine Aufopferung kostet, ist eine Art, in moralischen Gefühlen zu schwelgen.

155 | Größer ist diese Tugend [der Wohltätigkeit], wenn das Vermögen zum Wohltun beschränkt und der Wohltäter stark genug ist, die Übel, welche er anderen erspart, stillschweigend über sich zu nehmen, wo er alsdann wirklich für moralisch-reich anzusehen ist.

156 | Man kann durch keine Vergeltung einer empfangenen Wohltat über dieselbe quittieren; weil der Empfänger den Vorzug des Verdienstes, den der Geber hat, nämlich der Erste im Wohlwollen gewesen zu sein, diesem nie abgewinnen kann.

157 | Wenn das Verdienst ein Verdienst des Menschen um andere Menschen ist, ihren natürlichen und von allen Menschen dafür anerkannten Zweck zu befördern (ihre Glückseligkeit zu der seinigen zu machen), so könnte man dies das süße Verdienst nennen, dessen Bewusstsein einen moralischen Genuss verschafft, in welchem Menschen durch Mitfreude zu schwelgen geneigt sind; indessen dass das saure Verdienst, anderer Menschen wahres Wohl, auch wenn sie es für ein solches nicht erkennten, (an Unerkenntlichen, Undankbaren) doch zu befördern, eine solche Rückwirkung gemeiniglich nicht hat, sondern nur Zufriedenheit mit sich selbst bewirkt, obzwar es im letzten Falle noch größer sein würde.

158 | Die wahre Stärke der Tugend ist das Gemüt in Ruhe, mit einer überlegten und festen Entschließung ihr Gesetz in Ausübung zu bringen. Das ist der Zustand der Gesundheit im moralischen Leben; dagegen der Affekt, selbst wenn er durch die Vorstellung des Guten auf-

geregt wird, eine augenblicklich glänzende Erscheinung ist, welche Mattigkeit hinterlässt.

159 | Auf Gemächlichkeit muss die Diätetik nicht berechnet werden; denn diese Schonung seiner Kräfte und Gefühle ist Verzärtelung, d. i., sie hat Schwäche und Kraftlosigkeit zur Folge, und ein allmähliches Erlöschen der Lebenskraft aus Mangel der Übung; sowie eine Erschöpfung derselben durch zu häufigen und starken Gebrauch derselben. Der Stoizismus, als Prinzip der Diätetik (sustine et abstine), gehört also nicht bloß zur praktischen Philosophie als Tugendlehre, sondern auch zu ihr als Heilkunde. – Diese ist alsdann philosophisch, wenn bloß die Macht der Vernunft im Menschen, über seine sinnlichen Gefühle durch einen sich selbst gege-benen Grundsatz Meister zu sein, die Lebensweise bestimmt. Dagegen, wenn sie dies Empfindungen zu erregen oder abzuwehren, die Hilfe außer sich in körperlichen Mitteln (der Apotheke oder der Chirurgie) sucht, sie bloß empirisch und mechanisch ist.

160 | Junger Mann! Versage dir die Befriedigung (der Lustbarkeit, der Schwelgerei, der Liebe u. dergl.), wenn auch nicht in der stoischen Absicht, ihrer gar entbehren zu wollen, sondern in der feinen epikurischen, um einen immer noch wachsenden Genuss im Prospekt zu haben. Dieses Kargen mit der Barschaft deines Lebensgefühls macht dich durch den Aufschub des Genusses wirklich reicher, wenn du auch dem Gebrauch derselben am Ende des Lebens großenteils entsagt haben solltest. Das Be-

wusstsein, den Genuss in deiner Gewalt zu haben, ist, wie alles Idealische, fruchtbarer und weiter umfassend als alles, was den Sinn dadurch befriedigt, dass es hiermit zugleich verzehrt wird und so von der Masse des Ganzen abgeht.

161 | Es gibt eine gewisse Unlauterkeit in der menschlichen Natur, die am Ende doch, wie alles, was von der Natur kommt, eine Anlage zu guten Zwecken enthalten muss, nämlich eine Neigung, seine wahren Gesinnungen zu verhehlen und gewisse angenommene, die man für gut und rühmlich hält, zur Schau zu tragen. Ganz gewiss haben die Menschen durch diesen Hang, sowohl sich zu verhehlen als auch einen ihnen vorteilhaften Schein anzunehmen, sich nicht bloß zivilisiert, sondern nach und nach, in gewissem Maße, moralisiert, weil keiner durch die Schminke der Anständigkeit, Ehrbarkeit und Sittsamkeit durchdringen konnte, also an vermeintlich echten Beispielen des Guten, die er um sich sahe, eine Schule der Besserung für sich selbst fand. Allein diese Anlage, sich besser zu stellen als man ist, und Gesinnungen zu äußern, die man nicht hat, dient nur gleichsam provisorisch dazu, um den Menschen aus der Rohigkeit zu bringen und ihn zuerst wenigstens die Manier des Guten, das er kennt, annehmen zu lassen; denn nachher, wenn die echten Grundsätze einmal entwickelt und in die Denkungsart übergegangen sind, so muss jene Falschheit nach und nach kräftig bekämpft werden, weil sie sonst das Herz verdirbt und gute Gesinnungen unter dem Wucherkraute des schönen Scheins nicht aufkommen lässt.

162 | Selbst der Schein des Guten an anderen muss uns wert sein; weil aus diesem Spiel mit Verstellungen, welche Achtung erwerben, ohne sie vielleicht zu verdienen, endlich wohl Ernst werden kann. – Nur der Schein des Guten in uns selbst muss ohne Verschonen weggewischt und der Schleier, womit die Eigenliebe unsere moralischen Gebrechen verdeckt, abgerissen werden.

163 | Wir sind im hohen Grade durch Kunst und Wissenschaft kultiviert. Wir sind zivilisiert, bis zum Überlästigen, zu allerlei gesellschaftlicher Artigkeit und Anständigkeit. Aber uns schon für moralisiert zu halten, daran fehlt noch sehr viel.

Metaphysische Ausblicke auf ethischer Basis

164 | Es ist eine Eigentümlichkeit der christlichen Moral: das Sittlich-Gute vom Sittlich-Bösen nicht wie den Himmel von der Erde, sondern wie den Himmel von der Hölle unterschieden vorzustellen; eine Vorstellung, die zwar bildlich*, und als solche empörend, nichtsdestoweniger aber ihrem Sinn nach philosophisch richtig ist. Sie dient nämlich dazu, zu verhüten: dass das Gute und Böse, das Reich des Lichts und das Reich der Finsternis, nicht als aneinander grenzend und durch allmähliche Stu-

---

* »Bildlich« bedeutet hier nicht »symbolisch«, sondern: als das Abbild einer anschaulichen, daher abbildbaren Hölle.

fen (der größern und mindern Helligkeit) sich ineinander verlierend gedacht, sondern durch eine unermessliche Kluft voneinander getrennt vorgestellt werde. Die gänzliche Ungleichartigkeit der Grundsätze, mit denen man unter einem oder dem andern dieser zwei Reiche Untertan sein kann, und zugleich die Gefahr, die mit der Einbildung von einer nahen Verwandtschaft der Eigenschaften, die zu einem oder dem andern qualifizieren, verbunden ist, berechtigen zu dieser Vorstellungsart, die bei dem Schauderhaften, das sie in sich enthält, zugleich sehr erhaben ist.

165 | Der denkende Mensch fühlt einen Kummer, der wohl gar Sittenverderbnis werden kann, von welchem der Gedankenlose nichts weiß: nämlich Unzufriedenheit mit der Vorsehung, die den Weltlauf im Ganzen regiert, wenn er die Übel überschlägt, die das menschliche Geschlecht so sehr, und (wie es scheint) ohne Hoffnung eines Bessern drücken. Es ist aber von der größten Wichtigkeit, mit der Vorsehung zufrieden zu sein (ob sie uns gleich auf unserer Erdenwelt eine so mühsame Bahn vorgezeichnet hat): teils um unter den Mühseligkeiten immer noch Mut zu fassen, teils um, indem wir die Schuld davon aufs Schicksal schieben, nicht unsere eigene, die vielleicht die einzige Ursache aller dieser Übel sein mag, darüber aus dem Auge zu setzen und in der Selbstbesserung die Hilfe dagegen zu versäumen.

166 | Moralisch ungläubig ist der, welcher nicht dasjenige annimmt, was zu wissen zwar unmöglich, aber vorauszusetzen moralisch notwendig ist. Dieser Art des Unglaubens liegt immer Mangel an moralischem Interesse zum Grunde. Je größer die moralische Gesinnung eines Menschen ist, desto fester und lebendiger wird auch sein Glaube sein an alles dasjenige, was er aus dem moralischen Interesse in praktisch notwendiger Absicht anzunehmen und vorauszusetzen sich genötigt fühlt.

167 | Es gibt keine rationale Psychologie als Doktrin, die uns einen Zusatz zu unserer Selbsterkenntnis verschaffte, sondern nur als Disziplin, welche der spekulativen Vernunft in diesem Felde unüberschreitbare Grenzen setzt, einerseits um sich nicht dem seelenlosen Materialismus in den Schoß zu werfen, andererseits sich nicht in dem, für uns im Leben grundlosen Spiritualismus herumschwärmend zu verlieren, sondern uns vielmehr erinnert, diese Weigerung unserer Vernunft, den neugierigen über dieses Leben hinausreichenden Fragen befriedigende Antwort zu geben, als einen Wink derselben anzusehen, unsere Selbsterkenntnis von der fruchtlosen überschwänglichen Spekulation zum fruchtbaren praktischen Gebrauche anzuwenden; welcher, wenn er gleich auch nur immer auf Gegenstände der Erfahrung gerichtet ist, seine Prinzipien doch höher hernimmt und das Verhalten so bestimmt, als ob unsere Bestimmung unendlich weit über die Erfahrung, mithin über dieses Leben hinausreiche.

168 | Zwei Dinge erfüllen das Gemüt mit immer neuer und zunehmender Bewunderung und Ehrfurcht, je öfter und anhaltender sich das Nachdenken damit beschäftigt: *der bestirnte Himmel über mir und das moralische Gesetz in mir.* Beide darf ich nicht als in Dunkelheiten verhüllt oder im Überschwänglichen, außer meinem Gesichtskreise, suchen und bloß vermuten; ich sehe sie vor mir und verknüpfe sie unmittelbar mit dem Bewusstsein meiner Existenz. Das erste fängt von dem Platze an, den ich in der äußern Sinnenwelt einnehme, und erweitert die Verknüpfung, darin ich stehe, ins unabsehlich Große mit Welten über Welten und Systemen von Systemen, überdem noch in grenzenlose Zeiten ihrer periodischen Bewegung, deren Anfang und Fortdauer. Das zweite fängt von meinem unsichtbaren Selbst, meiner Persönlichkeit an, und stellt mich in einer Welt dar, die wahre Unendlichkeit hat, aber nur dem Verstande spürbar ist, und mit welcher (dadurch aber auch zugleich mit allen jenen sichtbaren Welten) ich mich, nicht wie dort in bloß zufälliger, sondern allgemeiner und notwendiger Verknüpfung erkenne. Der erstere Anblick einer zahllosen Weltenmenge vernichtet gleichsam meine Wichtigkeit, als eines tierischen Geschöpfs, das die Materie, daraus es ward, dem Planeten (einem bloßen Punkt im Weltall) wieder zurückgeben muss, nachdem es eine kurze Zeit (man weiß nicht wie) mit Lebenskraft versehen gewesen. Der zweite erhebt dagegen meinen Wert, als einer Intelligenz, unendlich, durch meine Persönlichkeit, in welcher das moralische Gesetz mir ein von der Tierheit und selbst von der ganzen Sinnenwelt unabhängiges Leben offenbart, wenigstens so viel sich aus der zweckmäßigen Bestimmung meines Daseins durch dieses Gesetz, welche nicht auf Bedingungen und Grenzen dieses Lebens eingeschränkt ist, sondern ins Unendliche geht, abnehmen lässt.

ERZIEHUNG

Der Mensch ist das einzige Geschöpf,
das erzogen werden muss.

Erziehung und Moral

169 | In unseren Zeiten, wo man mit schmelzenden, weichherzigen Gefühlen oder hochfliegenden, aufblähenden und das Herz eher welk als stark machenden Anmaßungen über das Gemüt mehr auszurichten hofft als durch die der menschlichen Unvollkommenheit und dem Fortschritte im Guten angemessnere trockne und ernsthafte Vorstellung der Pflicht, ist die Hinweisung auf diese Methode nötiger als jemals. Kindern Handlungen als edle, großmütige, verdienstliche zum Muster aufzustellen, in der Meinung, sie durch Einflößung eines Enthusiasmus für dieselben einzunehmen, ist vollends zweckwidrig. Denn da sie noch in der Beobachtung der gemeinsten Pflicht und selbst in der richtigen Beurteilung derselben so weit zurück sind, so heißt das so viel, als sie beizeiten zu Phantasten zu machen. Aber auch bei dem belehrteren und erfahrneren Teil der Menschen ist diese vermeinte Triebfeder, wo nicht von nachteiliger, wenigstens von keiner echten moralischen Wirkung aufs Herz, die man dadurch doch hat zuwege bringen wollen.

170 | Ich weiß nicht, warum die Erzieher der Jugend von diesem Hange der Vernunft, in aufgeworfenen praktischen Fragen selbst die subtilste Prüfung mit Vergnügen einzuschlagen, nicht schon längst Gebrauch gemacht haben, und, nachdem sie einen bloß moralischen Katechismus zum Grunde legten, sie nicht die Biographien alter und neuer Zeiten in der Absicht durchsuchten, um Belege zu den vorgelegten Pflichten bei der Hand zu haben, an denen sie, vornehmlich durch die Vergleichung ähnlicher Handlungen unter verschiedenen Umständen, die Beurteilung ihrer Zöglinge in Tätigkeit setzten, um den minderen oder größeren moralischen Gehalt derselben zu bemerken, als worin sie selbst die frühe Jugend, die zu aller Spekulation sonst noch unreif ist, bald sehr scharfsichtig, und dabei, weil sie den Fortschritt ihrer Urteilskraft fühlt, nicht wenig interessiert finden werden, was aber das Vornehmste ist, mit Sicherheit hoffen können, dass die öftere Übung, das Wohlverhalten in seiner ganzen Reinigkeit zu kennen und ihm Beifall zu geben, dagegen selbst die kleinste Abweichung von ihr mit Bedauern oder Verachtung zu bemerken, ob es zwar bis dahin nur als ein Spiel der Urteilskraft, in welchem Kinder miteinander wetteifern können, getrieben wird, dennoch einen dauerhaften Eindruck der Hochschätzung auf der einen und des Abscheues auf der andern Seite zurücklassen werde, welche, durch bloße Gewohnheit solche Handlungen als beifalls- oder tadelswürdig öfters anzusehen, zur Rechtschaffenheit im künftigen Lebenswandel eine gute Grundlage ausmachen würden. Nur wünsche ich sie mit Beispielen sogenannter edler (überverdienstlicher) Handlungen, mit welchen unsere empfindsamen Schriften so viel um sich werfen, zu verschonen, und alles bloß auf Pflicht und den Wert, den ein Mensch sich in seinen eigenen Augen durch das Bewusstsein, sie nicht übertreten zu haben, geben kann und muss, auszusetzen, weil, was auf leere Wünsche und Sehnsuchten nach unersteiglicher Vollkommenheit hinausläuft, lauter Romanhelden hervorbringt, die, indem sie sich auf ihr Gefühl für das überschwänglich Große viel zugute tun, sich dafür von der Beobachtung der gemeinen und gangbaren Schuldigkeit, die alsdenn ihnen nur unbedeutend klein scheint, freisprechen.

171 | Wir leben im Zeitpunkte der Disziplinierung, Kultur und Zivilisierung, aber noch lange nicht in dem Zeitpunkte der Moralisierung. Bei dem jetzigen Zustande der Menschen kann man sagen, dass das Glück der Staaten zugleich mit dem Elende der Menschen wachse. Und es ist noch die Frage, ob wir im rohen Zustande, da alle diese Kultur bei uns nicht stattfände, nicht glücklicher als in unserem jetzigen Zustande sein würden? Denn wie kann man Menschen glücklich machen, wenn man sie nicht sittlich und weise macht?

172 | Der Mensch soll seine Anlagen zum Guten erst entwickeln; die Vorsehung hat sie nicht schon fertig in ihn gelegt; es sind bloße Anlagen und ohne den Unterschied der Moralität. Sich selbst besser machen, sich selbst kultivieren, und wenn er böse ist, Moralität bei sich hervorbringen, das soll der Mensch.

173 | Es ist von der größten Wichtigkeit, dass Kinder arbeiten lernen. Der Mensch ist das einzige Tier, das arbeiten muss.

174 | Hang zur Gemächlichkeit ist für den Menschen schlimmer als alle Übel des Lebens. Es ist daher äußerst wichtig, dass Kinder von Jugend auf arbeiten lernen.

Erziehung des Einzelnen und des Menschengeschlechts

175 | Disziplin oder Zucht ändert die Tierheit in die Menschheit um. Ein Tier ist schon alles durch seinen Instinkt; eine fremde Vernunft hat bereits alles für dasselbe besorgt. Der Mensch aber braucht eigene Vernunft. Er hat keinen Instinkt und muss sich selbst den Plan seines Verhaltens machen. Weil er aber nicht sogleich imstande ist, dieses zu tun, sondern roh auf die Welt kommt, so müssen es andere für ihn tun.

176 | Erziehung ist das größeste Problem und das schwerste, was dem Menschen kann aufgegeben werden. Denn Einsicht hängt von der Erziehung und Erziehung hängt wieder von der Einsicht ab. Daher kann die Erziehung auch nur nach und nach einen Schritt vorwärts tun, und nur dadurch, dass eine Generation ihre Erfahrungen und Kenntnisse der folgenden überliefert, diese wieder etwas hinzutut und es so der folgenden übergibt, kann ein richtiger Begriff von der Erziehungsart entspringen.

177 | Die Erziehung ist eine Kunst, deren Ausübung durch viele Generationen vervollkommnet werden muss. Jede Generation, versehen mit den Kenntnissen der vorhergehenden, kann immer mehr eine Erziehung zustande bringen, die alle Naturanlagen des Menschen proportionierlich und zweckmäßig entwickelt und so die ganze Menschengattung zu ihrer Bestimmung führt.

178 | Verabsäumung der Disziplin ist ein größeres Übel als Verabsäumung der Kultur, denn diese kann noch weiterhin nachgeholt werden; Wildheit aber lässt sich nicht wegbringen, und ein Versehen in der Disziplin kann nie ersetzt werden. Vielleicht, dass die Erziehung immer besser wird und dass jede folgende Generation einen Schritt näher tun wird zur Vervollkommnung der Menschheit; denn hinter der Edukation steckt das große Geheimnis der Vollkommenheit der menschlichen Natur. Von jetzt an kann dieses geschehen. Denn nun erst fängt man an, richtig zu urteilen und deutlich einzusehen, was eigentlich zu einer guten Erziehung gehöre. Es ist entzückend, sich vorzustellen, dass die menschliche Natur immer besser durch Erziehung werde entwickelt werden, und dass man diese in eine Form bringen kann, die der Menschheit angemessen ist. Dies eröffnet uns den Prospekt zu einem künftigen glücklichern Menschengeschlechte.

179 | Ein Prinzip der Erziehungskunst, das besonders solche Männer, die Pläne zur Erziehung machen, vor Augen haben sollten, ist: Kinder sollen nicht dem gegenwärtigen, sondern dem zukünftig möglich bessern Zustande des menschlichen Geschlechts, das ist: der Idee der Menschheit und deren ganzer Bestimmung angemessen erzogen werden. Dieses Prinzip ist von großer Wichtigkeit. Eltern erziehen gemeiniglich ihre Kinder nur so, dass sie in die gegenwärtige Welt, sei sie auch verderbt, passen. Sie sollten sie aber besser erziehen, damit ein zukünftiger besserer Zustand dadurch hervorgebracht werde.

180 | Die Menschengattung soll die ganze Naturanlage der Menschheit, durch ihre eigene Bemühung, nach und nach von selbst herausbringen.

KUNST UND GENIE

Talent zu Einfällen ist nicht Genie zu Ideen.

Kunst, Natur und Moral

181 | Wen die Schönheit der Natur unmittelbar interessiert, bei dem hat man Ursache, wenigstens eine Anlage zu guter moralischer Gesinnung zu vermuten.

182 | Ich räume gerne ein, dass das Interesse am Schönen der Kunst (wozu ich auch den künstlichen Gebrauch der Naturschönheiten zum Putze, mithin zur Eitelkeit, rechne) gar keinen Beweis einer dem Moralischguten anhänglichen oder auch nur dazu geneigten Denkungsart abgebe. Dagegen aber behaupte ich, dass ein unmittelbares Interesse an der Schönheit der Natur zu nehmen (nicht bloß Geschmack haben, um sie zu beurteilen) jederzeit ein Kennzeichen einer guten Seele sei; und dass, wenn dieses Interesse habituell ist, es wenigstens eine dem moralischen Gefühl günstige Gemütsstimmung anzeige, wenn es sich mit der Beschauung der Natur gerne verbindet.

183 | Der Vorzug der Naturschönheit vor der Kunstschönheit, wenn jene gleich durch diese der Form nach sogar übertroffen würde, dennoch allein ein unmittelbares Interesse zu erwecken, stimmt mit der geläuterten und gründlichen Denkungsart aller Menschen überein, die ihr sittliches Gefühl kultiviert haben. Wenn ein Mann, der Geschmack genug hat, um über Produkte der schönen Kunst mit der größten Richtigkeit und Feinheit zu urteilen, das Zimmer gern verlässt, in welchem jene, die Eitelkeit und allenfalls gesellschaftliche Freuden unterhaltenden Schönheiten anzutreffen sind, und sich zum Schönen der Natur wendet, um hier gleichsam Wollust für seinen Geist in einem Gedankengange zu finden, den er sich nie völlig entwickeln kann, so werden wir diese seine Wahl selber mit Hochachtung betrachten und in ihm eine schöne Seele voraussetzen, auf die kein Kunstkenner und Liebhaber, um des Interesses willen, das er an seinen Gegenständen nimmt, Anspruch machen kann.

184 | Kühne überhangende, gleichsam drohende Felsen, am Himmel sich auftürmende Donnerwolken, mit Blitzen und Krachen einherziehend, Vulkane in ihrer ganzen zerstörenden Gewalt, Orkane mit ihrer zurückgelassenen Verwüstung, der grenzenlose Ozean in Empörung gesetzt, ein hoher Wasserfall eines mächtigen Flusses u. dgl. machen unser Vermögen zu widerstehen, in Vergleichung mit ihrer Macht, zur unbedeutenden Kleinigkeit. Aber ihr Anblick wird nur um desto anziehender, je furchtbarer er ist, wenn wir uns nur in Sicherheit befinden; und wir nennen diese Gegenstände gern erhaben, weil sie die Seelenstärke über ihr gewöhnliches Mittelmaß erhöhen und ein Vermögen zu widerstehen von ganz anderer Art in uns entdecken lassen, welches uns Mut macht, uns mit der scheinbaren Allgewalt der Natur messen zu können.

185 | Auf solche Weise wird die Natur in unserm ästhetischen Urteile nicht, sofern sie furchterregend ist, als erhaben beurteilt, sondern weil sie unsere Kraft (die nicht Natur ist) in uns aufruft, um das, wofür wir besorgt sind (Güter, Gesundheit und Leben), als klein und daher ihre Macht (der wir in Ansehung dieser Stücke allerdings unterworfen sind) für uns und unsere Persönlichkeit demungeachtet doch für keine solche Gewalt anzusehen, unter die wir uns zu beugen hätten, wenn es auf unsere höchsten Grundsätze und deren Behauptung oder Verlassung ankäme. Also heißt die Natur hier erhaben, bloß weil sie die Einbildungskraft zur Darstellung derjenigen Fälle erhebt, in welchen das Gemüt die eigene Erhabenheit seiner Bestimmung, selbst über die Natur, sich fühlbar machen kann.

186 | Romane, weinerliche Schauspiele, schale Sittenvorschriften, die mit (obzwar fälschlich) sogenannten edlen Gesinnungen tändeln, in der Tat aber das Herz welk und für die strenge Vorschrift der Pflicht unempfindlich, aller Achtung für die Würde der Menschheit in unserer Person und das Recht der Menschen (welches ganz etwas anderes als ihre Glückseligkeit ist) und überhaupt aller festen Grundsätze unfähig machen; selbst ein Religionsvortrag, welcher kriechende, niedrige Gunstbewerbung und Einschmeichelung empfiehlt, die alles Vertrauen auf eigenes Vermögen zum Widerstande gegen das Böse in uns aufgibt, statt der rüstigen Entschlossenheit, die Kräfte, die uns bei aller unserer Gebrechlichkeit doch noch übrigbleiben, zu Überwindung der Neigungen zu versuchen; die falsche Demut, welche in der Selbstverachtung, in der winselnden erheuchelten Reue und einer bloß leidenden Gemütsverfassung die Art setzt, wie man allein dem höchsten Wesen gefällig werden könne, vertragen sich nicht einmal mit dem, was zur Schönheit, weit weniger aber noch mit dem, was zur Erhabenheit der Gemütsart gezählt werden könnte.

187 | In aller schönen Kunst besteht das Wesentliche in der Form, welche für die Beobachtung und Beurteilung zweckmäßig ist, wo die Lust zugleich Kultur ist und den Geist zu Ideen stimmt, mithin ihn mehrerer solcher Lust und Unterhaltung empfänglich macht; nicht in der Materie der Empfindung (dem Reize oder der Rührung), wo es bloß auf Genuss angelegt ist, welcher nichts in der Idee zurücklässt, den Geist stumpf, den Gegenstand nach und nach anekelnd und das Gemüt, durch das Bewusstsein seiner im Urteile der Vernunft zweckwidrigen Stimmung, mit sich selbst unzufrieden und launisch macht. Wenn die schönen Künste nicht, nahe oder fern, mit moralischen Ideen in Verbindung gebracht werden, die allein ein selbständiges Wohlgefallen bei sich führen, so ist das letztere ihr endliches Schicksal. Sie dienen alsdann nur zur Zerstreuung, deren man desto mehr bedürftig wird, als man sich ihrer bedient, um die Unzufriedenheit des Gemüts mit sich selbst dadurch zu vertreiben, dass man sich immer noch unnützlicher und mit sich selbst unzufriedener macht.

188 | Ich muss gestehen, dass ein schönes Gedicht mir immer ein reines Vergnügen gemacht hat, anstatt dass die Lesung der besten Rede eines römischen Volks- oder jetzigen Parlaments- oder Kanzelredners jederzeit mit dem unangenehmen Gefühl der Missbilligung einer hinterlistigen Kunst vermengt war, welche die Menschen als Maschinen in wichtigen Dingen zu einem Urteile zu bewegen versteht, das im ruhigen Nachdenken alles Gewicht bei ihnen verlieren muss. Beredtheit und Wohlredenheit (zusammen Rhetorik) gehören zur schönen Kunst; aber Rednerkunst (ars oratoria) ist, als Kunst sich der Schwächen der Menschen zu seinen Absichten zu bedienen (diese mögen immer so gut gemeint oder auch wirklich gut sein, als sie wollen), gar keiner Achtung würdig. Auch erhob sie sich nur, sowohl in Athen als in Rom, zur höchsten Stufe zu einer Zeit, da der Staat seinem Verderben zueilte und wahre patriotische Denkungsart erloschen war. Wer, bei klarer Einsicht in Sachen, die Sprache nach deren Reichtum und Reinigkeit in seiner Gewalt hat und, bei einer fruchtbaren, zur Darstellung seiner Ideen tüchtigen Einbildungskraft, lebhaften Herzensanteil am wahren Guten nimmt, ist der vir bonus dicendi peritus, der Redner ohne Kunst, aber voll Nachdruck, wie ihn Cicero haben will, ohne doch diesem Ideal selbst immer treu geblieben zu sein.

189 | Als Natur erscheint ein Produkt der Kunst dadurch, dass zwar alle Pünktlichkeit in der Übereinkunft mit Regeln, nach denen allein das Produkt das werden

kann, was es sein soll, angetroffen wird; aber ohne Pein-
lichkeit, ohne dass die Schulform durchblickt, d. i. ohne
eine Spur zu zeigen, dass die Regel dem Künstler vor Augen geschwebt und seinen Gemütskräften Fesseln ange-
legt habe.

190 | Die Natur war schön, wenn sie zugleich als Kunst
aussah; und die Kunst kann nur schön genannt werden,
wenn wir uns bewusst sind, sie sei Kunst und sie uns doch
als Natur aussieht.

Das Genie

191 | Schöne Kunst ist nur als Produkt des Genies mög-
lich.

192 | Genie ist das Talent (Naturgabe), welches der
Kunst die Regel gibt. Da das Talent, als angebornes pro-
duktives Vermögen des Künstlers, selbst zur Natur gehört, so könnte man sich auch so ausdrücken: Genie ist
die angeborne Gemütsanlage (ingenium), *durch welche* die
Natur der Kunst die Regel gibt.

193 | Die Gemütskräfte, deren Vereinigung (in gewissem
Verhältnisse) das Genie ausmachen, sind Einbildungskraft
und Verstand. Nur, da im Gebrauch der Einbildungskraft
zum Erkenntnisse die erstere unter dem Zwange des Verstandes steht und der Beschränkung unterworfen ist, dem

Begriffe desselben angemessen zu sein; in ästhetischer Absicht sie hingegen frei ist, um noch über jene Einstimmung zum Begriffe, doch ungesucht, reichhaltigen unentwickelten Stoff für den Verstand, worauf dieser in seinem Begriffe nicht Rücksicht nahm, zu liefern, welchen dieser aber nicht sowohl objektiv zum Erkenntnisse als subjektiv zur Belebung der Erkenntniskräfte, indirekt also doch auch zu Erkenntnissen anwendet, so besteht das Genie eigentlich in dem glücklichen Verhältnisse, welches keine Wissenschaft lehren und kein Fleiß erlernen kann, zu einem gegebenen Begriffe Ideen aufzufinden, und andererseits zu diesen den Ausdruck zu treffen, durch den die dadurch bewirkte subjektive Gemütsstimmung, als Begleitung eines Begriffs, andern mitgeteilt werden kann.

194 | Man sieht, dass Genie 1. ein Talent sei, dasjenige, wozu sich keine bestimmte Regel geben lässt, hervorzubringen, nicht Geschicklichkeitsanlage zu dem, was nach irgendeiner Regel gelernt werden kann; folglich, dass Originalität seine erste Eigenschaft sein müsse. 2. dass, da es auch originalen Unsinn geben kann, seine Produkte zugleich Muster, d. i. exemplarisch sein müssen; mithin selbst nicht durch Nachahmung entsprungen, andern doch dazu, d. i. zum Richtmaße oder Regel der Beurteilung dienen müssen. 3. dass es, wie es sein Produkt zustande bringe, selbst nicht beschreiben oder wissenschaftlich anzeigen könne, sondern dass es als Natur die Regel gebe; und daher der Urheber eines Produkts, welches er seinem Genie verdankt, selbst nicht weiß, wie

sich in ihm die Ideen dazu herbeifinden, auch es nicht in seiner Gewalt hat, dergleichen nach Belieben oder planmäßig auszudenken und anderen in solchen Vorschriften mitzuteilen, die sie instand setzen, gleichmäßige Produkte hervorzubringen [...] 4. dass die Natur durch das Genie nicht der Wissenschaft, sondern der Kunst die Regel vorschreibe; und auch dieses nur, insofern diese letztere schöne Kunst sein soll.

195 | Weil das Genie ein Günstling der Natur ist, dergleichen man nur als seltene Erscheinung anzusehen hat: So bringt's ein Beispiel für andere gute Köpfe eine Schule hervor, d. i. eine methodische Unterweisung nach Regeln, soweit man sie aus jenen Geistesprodukten und ihrer Eigentümlichkeit hat ziehen können; und für diese ist die schöne Kunst sofern Nachahmung, der die Natur durch ein Genie die Regel gab.

Aber diese Nachahmung wird Nachäffung, wenn der Schüler alles nachmacht, bis auf das, was das Genie als Missgestalt nur hat zulassen müssen, weil es sich, ohne die Idee zu schwächen, nicht wohl wegschaffen ließ. Dieser Mut ist an einem Genie allein Verdienst; und eine gewisse Kühnheit im Ausdrucke und überhaupt manche Abweichung von der gemeinen Regel steht demselben wohl an, ist aber keineswegs nachahmungswürdig, sondern bleibt immer an sich ein Fehler, den man wegzuschaffen suchen muss, für welchen aber das Genie gleichsam privilegiert ist, da das Unnachahmliche seines Geistesschwunges durch ängstliche Behutsamkeit leiden würde.

196 | Auf solche Weise ist das Produkt eines Genies (nach demjenigen, was in demselben dem Genie, nicht der möglichen Erlernung oder der Schule zuzuschreiben ist) ein Beispiel nicht der Nachahmung (denn da würde das, was daran Genie ist und den Geist des Werks ausmacht, verloren gehen), sondern der Nachfolge für ein anderes Genie, welches dadurch zum Gefühl seiner eigenen Originalität aufgeweckt wird, Zwangsfreiheit von Regeln so in der Kunst auszuüben, dass diese dadurch selbst eine neue Regel bekommt.

197 | Das Genie kann nur reichen Stoff zu Produkten der schönen Kunst hergeben; die Verarbeitung desselben und die Form erfordert ein durch die Schule gebildetes Talent, um einen Gebrauch davon zu machen, der vor der Urteilskraft bestehen kann. Wenn aber jemand sogar in Sachen der sorgfältigsten Vernunftuntersuchung wie ein Genie spricht und entscheidet, so ist es vollends lächerlich; man weiß nicht recht, ob man mehr über den Gaukler, der um sich so viel Dunst verbreitet, wobei man nichts deutlich beurteilen, aber desto mehr sich einbilden kann, oder mehr über das Publikum lachen soll, welches sich treuherzig einbildet, dass sein Unvermögen, das Meisterstück der Einsicht deutlich erkennen und fassen zu können, daher komme, weil ihm neue Wahrheiten in ganzen Massen zugeworfen werden, wogegen ihm das Detail (durch abgemessene Erklärungen und schulgerechte Prüfung der Grundsätze) nur Stümperwerk zu sein scheint.

198 | Im Wissenschaftlichen ist der größte Erfinder vom mühseligsten Nachahmer und Lehrlinge nur dem Grade nach, dagegen von dem, welchen die Natur für die schöne Kunst begabt hat, spezifisch unterschieden. Indes liegt hierin keine Herabsetzung jener großen Männer, denen das menschliche Geschlecht so viel zu verdanken hat, gegen die Günstlinge der Natur in Ansehung ihres Talents für die schöne Kunst. Eben darin, dass jener Talent zur immer fortschreitenden größern Vollkommenheit der Erkenntnisse und alles Nutzens, der davon abhängig ist, imgleichen zur Belehrung anderer in ebendenselben Kenntnissen gemacht ist, besteht ein großer Vorzug derselben vor denen, welche die Ehre verdienen, Genies zu heißen; weil für diese die Kunst irgendwo stillsteht, indem ihr eine Grenze gesetzt ist, über die sie nicht weitergehen kann, die vermutlich auch schon seit lange her erreicht ist und nicht mehr erweitert werden kann; und überdem eine solche Geschicklichkeit sich auch nicht mitteilen lässt, sondern jedem unmittelbar von der Hand der Natur erteilt sein will, mit ihm also stirbt, bis die Natur einmal einen anderen wiederum ebenso begabt, der nichts weiter als eines Beispiels bedarf, um das Talent, dessen er sich bewusst ist, auf ähnliche Art wirken zu lassen.

199 | Es gibt weder eine Wissenschaft des Schönen, sondern nur Kritik, noch schöne Wissenschaft, sondern nur schöne Kunst. Denn was die erstere betrifft, so würde in

ihr wissenschaftlich, d. i. durch Beweisgründe ausgemacht werden sollen, ob etwas für schön zu halten sei oder nicht; das Urteil über Schönheit würde also, wenn es zur Wissenschaft gehörte, kein Geschmacksurteil sein. Was das zweite anlangt, so ist eine Wissenschaft, die als solche schön sein soll, ein Unding. Denn wenn man in ihr als Wissenschaft nach Gründen und Beweisen fragte, so würde man durch geschmackvolle Aussprüche (Bonmots) abgefertigt.

Echter und unechter Stil

200 | Was der Glückszufall unter den Begebenheiten der Welt ist, das ist der Einfall unter den Gedanken. Lediglich den Einfällen alles zu verdanken haben, heißt dem bloßen Glück das Schicksal seines Lebens anvertrauen. Einsichten sind bloß die Wirkung der anhaltenden Arbeit und Geduld.

201 | Die Idee geht vor dem Begriffe vorher, muss aber auf Begriffe gebracht werden. Sie verbindet sich auch mit Empfindungen; diese aber sind nicht das Gegenbild der Idee, sondern ihre sinnlichen Correlata, und können gar nicht dienen, die Idee verständlich zu machen. Daher kommt es, dass manche gute, verständige Köpfe der Idee, aber niemals der Auswicklung derselben fähig sind und, weil Worte nicht die ganze Idee ausdrücken können, bei Empfindungen stehen bleiben.

202 | Was wider die gefühl- und affektvolle Schreibart am meisten dient, ist, dass diejenigen, welche darin am meisten schimmern, am leersten an Gefühl und Affekt sind so wie Akteurs, die gut tragische Rollen spielen. Die enthusiastischen Autoren sind oft die leichtsinnigsten, die grausen Dichter die an sich lustigsten, und Young oder Richardson Leute von nicht dem besten Charakter. Das Sentiment ist bescheiden und respektiert die Regel, und Behutsamkeit scheut sich vor dem Äußersten und ist sittsam. Es ist mit den Affektbewegungen wie mit den Indianern, die sich durchkneten lassen und alsdann eine angenehme Mattigkeit fühlen.

203 | Die Adepten des Genies, die notwendig auf Genie Anspruch machen müssen und auch nur auf den Beifall von Leuten von Genie rechnen können, sind die, welche eine nicht kommunikable, sondern durch gemeinschaftliche Eingebung nur sympathetische Verständlichkeit haben. Man muss diese ihr Werk treiben lassen, ohne sich um sie zu bekümmern, weil man den Geistern freilich nicht widersprechen noch sie widerlegen kann. Das Kunststück besteht darin: Brocken aus Wissenschaft und Belesenheit mit dem Ansehen eines Originalgeists, Kritik über andre und einen tiefverborgenen Religionssinn [zu verbinden], um dem Gewäsche Ansehen zu geben*.

* Über die Rolle der Genies und der Pseudo-Genies im Leben siehe Nr. 300 ff.

204 | Wer allenthalben Anschauung an die Stelle der ordentlichen Reflexion des Verstandes und Vernunft setzt (desjenigen setzt, was bloß im Begriffe besteht, für den uns keine Anschauung gegeben ist), *schwärmt*. Es ist notwendig, dass er seine Gefühle, Gemütsbewegungen, Bilder, halbgeträumten, halbgedachten Begriffe, welche in seinem bewegten Gemüte spielen, für die Sache selbst nimmt, die einer besonderen Kraft in ihm so erscheint. Je weniger er sich verständlich machen kann, desto mehr schmält er auf die Unzulänglichkeit der Sprache und der Vernunft und ist ein Feind aller Deutlichkeit, weil er nicht durch Begriffe, auch nicht durch Bilder, sondern durch Gemütsbewegungen unterhalten wird [...] Alle insgesamt können Genie haben, voll Empfindung und Geist, auch einigen Geschmack, aber ohne die Trockenheit und Wachsamkeit und Kaltblütigkeit der Urteilskraft. Alles, was deutlich ist, zeigt ihnen eine Seite der Sache nach der andern, und dann den Begriff des Verstandes; sie wollen aber alle Seiten zusammen schauen. Alles Mystische ist ihnen willkommen, sie sehen in schwärmenden Schriften oder überhaupt im Alten unerhörte Sachen. Das Neue ist ihnen darum eben, weil es pünktlich ist und ihrem lärmenden Geiste Fesseln anlegt, kurzsichtig und schal.

205 | Die kollernde Schreibart: Wer da behauptet, dass ein mutiges Ross ohne Zügel und Sattel zu reiten viel feuriger und stolzer lasse als ein abgerichtetes diszipliniertes, hat wohl Recht, was den Zuschauer anlangt. Denn der bekommt genug Seltsames zu sehen und zu belachen, wenn der Reiter bald den Hut und Perücke verliert, bald, indem er alle besäeten Felder zertritt, von fleißigen Landleuten gepfändet wird.

206 | Die Bewegung seines eigenen Gemüts hinter der Abschilderung der Sachen, die sie erregen, verstecken, macht den größten Eindruck; nicht allein, weil er von der Sache selbst herkommt, sondern weil niemand sich eines andern Empfindungen unterwerfen will, und man insgeheim die Gerechtsame der Vernunft erhalten will.

207 | Man muss sich mit seinem Gegenstande und nicht mit dem Zuschauer in Gedanken beschäftigen, wenn man gut in die Augen fallen will. Man muss sich nur selbst genug tun wollen. Was man glaubt, dass es für uns selbst übertrieben oder entbehrlich wäre, das ist es auch für den Leser.

208 | Es darf niemand hoffen, in schönen Wissenschaften fortzukommen, wenn er nicht logische Vollkommenheit in seinem Erkenntnisse zum Grunde gelegt hat. In der größten möglichen Vereinbarung der logischen mit der ästhetischen Vollkommenheit überhaupt in Rücksicht auf solche Kenntnisse, die beides, zugleich unterrichten und unterhalten sollen, zeigt sich auch wirklich der Charakter und die Kunst des Genies,

209 | Überhaupt bleibt wohl freilich zwischen der ästhetischen und der logischen Vollkommenheit unseres Erkenntnisses immer eine Art von Widerstreit, der nicht

völlig gehoben werden kann. Der Verstand will belehrt, die Sinnlichkeit belebt sein; der erste begehrt Einsicht, die zweite Fasslichkeit. Sollen Erkenntnisse unterrichten, so müssen sie insofern gründlich sein; sollen sie zugleich unterhalten, so müssen sie auch schön sein. Ist ein Vortrag schön, aber seicht, so kann er nur der Sinnlichkeit, aber nicht dem Verstande, ist er umgekehrt gründlich, aber trocken, nur dem Verstande, aber nicht auch der Sinnlichkeit gefallen.

Da es indessen das Bedürfnis der menschlichen Natur und der Zweck der Popularität des Erkenntnisses erfordert, dass wir beide Vollkommenheiten miteinander zu vereinigen suchen, so müssen wir es uns auch angelegen sein lassen, denjenigen Erkenntnissen, die überhaupt einer ästhetischen Vollkommenheit fähig sind, dieselbe zu verschaffen und eine schulgerechte, logisch vollkommene Erkenntnis durch die ästhetische Form popular zu machen. Bei diesem Bestreben, die ästhetische mit der logischen Vollkommenheit in unseren Erkenntnissen zu verbinden, müssen wir aber folgende Regeln nicht aus der Acht lassen; nämlich 1. dass die logische Vollkommenheit die Basis aller übrigen Vollkommenheiten sei und daher keiner anderen gänzlich nachstehen oder aufgeopfert werden dürfe; 2. dass man hauptsächlich auf die formale ästhetische Vollkommenheit sehe – die Übereinstimmung einer Erkenntnis mit den Gesetzen der Anschauung –, weil gerade hierin das wesentlich Schöne besteht, das mit der logischen Vollkommenheit sich am besten vereinigen lässt; 3. dass man mit Reiz und Rührung, wodurch ein

Erkenntnis auf die Empfindung wirkt und für dieselbe ein Interesse erhält, sehr behutsam sein müsse, weil hierdurch so leicht die Aufmerksamkeit vom Objekt auf das Subjekt kann gezogen werden, woraus denn augenscheinlich ein sehr nachteiliger Einfluss auf die logische Vollkommenheit des Erkenntnisses entstehen muss.

210 | Wenn ich auch wie Hume alle Verschönerung in meiner Gewalt hätte, so würde [ich] doch Bedenken tragen, mich ihrer zu bedienen. Es ist wahr, dass einige Leser durch Trockenheit abgeschreckt werden. Aber ist es nicht nötig, einige abzuschrecken, bei denen die Sache in schlechte Hände käme?

211 | Man muss den vorwitzigen Denkern alles zuerst schwer machen. Sie sollen sich nicht keck auf ihre gesunde Vernunft berufen. Sie reisen nicht in einem angebauten Lande.

212 | Nur derjenige kann etwas auf eine populare Weise vortragen, der es auch gründlicher vortragen könnte.

213 | Um wahre Popularität zu lernen, muss man die Alten lesen, z. B. Ciceros philosophische Schriften, die Dichter Horaz, Virgil usw.; unter den Neueren Hume, Shaftesbury u. a. m.; Männer, die alle vielen Umgang mit der verfeinerten Welt gehabt haben, ohne den man nicht popular sein kann. Denn wahre Popularität erfordert viele praktische Welt- und Menschenkenntnis, Kenntnis von

den Begriffen, dem Geschmacke und den Neigungen der Menschen, worauf bei der Darstellung und selbst der Wahl schicklicher, der Popularität angemessener Ausdrücke beständige Rücksicht zu nehmen ist. – Eine solche Herablassung (Condescendenz) zu der Fassungskraft des Publikums und den gewohnten Ausdrücken, wobei die scholastische Vollkommenheit nicht hintenan gesetzt, sondern nur die Einkleidung der Gedanken so eingerichtet wird, dass man das Gerüste – das Schulgerechte und Technische von jener Vollkommenheit – nicht sehen lässt (so wie man mit Bleistift Linien zieht, auf die man schreibt und sie nachher wieder wegwischt) – diese wahrhaft populare Vollkommenheit des Erkenntnisses ist in der Tat eine große und seltene Vollkommenheit, die von vieler Einsicht in die Wissenschaft zeigt. Auch hat sie außer vielen andern Verdiensten noch dieses, dass sie einen Beweis für die vollständige Einsicht in eine Sache geben kann. Denn die bloß scholastische Prüfung einer Erkenntnis lässt noch den Zweifel übrig: ob die Prüfung nicht einseitig sei und ob die Erkenntnis selbst auch wohl einen von allen Menschen ihr zugestandenen Wert habe? – Die Schule hat ihre Vorurteile, so wie der gemeine Verstand. Eines verbessert hier das andere. Es ist daher wichtig, eine Erkenntnis an Menschen zu prüfen, deren Verstand an keiner Schule hängt.

214 | Abt Terrasson sagt zwar: Wenn man die Größe eines Buches nicht nach der Zahl der Blätter, sondern nach der Zeit misst, die man nötig hat, es zu verstehen, so könne man von manchem Buche sagen, dass es viel kürzer sein würde, wenn es nicht so kurz wäre. Andererseit aber, wenn man auf die Fasslichkeit eines weitläufigen, dennoch aber in einem Prinzip zusammenhängenden Ganzen spekulativer Erkenntnis seine Absicht richtet, könnte man mit ebenso gutem Rechte sagen: Manches Buch wäre viel deutlicher geworden, wenn es nicht so gar deutlich hätte werden sollen. Denn die Hilfsmittel der Deutlichkeit helfen zwar in Teilen, zerstreuen aber öfters im Ganzen, indem sie den Leser nicht schnell genug zu Überschauung des Ganzen gelangen lassen und durch alle ihre hellen Farben gleichwohl die Artikulation oder den Gliederbau des Systems verkleben und unkenntlich machen, auf den es doch, um über die Einheit und Tüchtigkeit desselben urteilen zu können, am meisten ankommt.

215 | Scheinbare Widersprüche lassen sich, wenn man einzelne Stellen, aus ihrem Zusammenhange gerissen, gegeneinander vergleicht, in jeder, vornehmlich als freie Rede fortgehenden Schrift ausklauben, die in den Augen dessen, der sich auf fremde Beurteilung verlässt, ein nachteiliges Licht auf diese werfen, demjenigen aber, der sich der Idee im Ganzen bemächtigt hat, sehr leicht aufzulösen sind.

216 | Ich merke nur an, dass es gar nichts Ungewöhnliches sei, sowohl im gemeinen Gespräche als in Schriften, durch die Vergleichung der Gedanken, welche ein Verfas-

ser über seinen Gegenstand äußert, ihn sogar besser zu verstehen, als er sich selbst verstand, indem er seinen Begriff nicht genugsam bestimmte, und dadurch bisweilen seiner eigenen Absicht entgegen redete oder auch dachte.

Sprache und Ausdruck

217 | Die deutsche Sprache ist unter den gelehrten lebenden die einzige, welche eine Reinigkeit hat, die ihr eigentümlich ist. Alle fremden Worte sind in ihr auf immer kenntlich, an die Stelle dass Englisch und Französisch mit solchen können angefüllt werden, ohne dass zu merken ist, sie wären ihnen anderwärts zugefallen. Deswegen belohnt es der Mühe, darauf achtzuhaben und sich lieber in Parenthese der fremden Wörter zu bedienen.

218 | Ich frage, ob nicht ein jedes aus einer fremden Sprache entlehnte Wort in einer feierlichen Rede wie ein Spielwerk, wie Flittern klingt […] Wir müssen die Sprache einigen, erweitern, bestimmen, aber nicht verändern. Sie ist die Sprache der Verdolmetschung durch Europa. Deutschland liegt in der Mitte.

219 | Bei dem großen Reichtum unserer Sprachen findet sich doch oft der denkende Kopf wegen des Ausdrucks verlegen, der seinem Begriffe genau anpasst, und in dessen Ermangelung er weder andern noch sogar sich selbst recht verständlich werden kann. Neue Wörter zu schmieden ist eine Anmaßung zum Gesetzgeben in Sprachen, die selten gelingt, und ehe man zu diesem verzweifelten Mittel schreitet, ist es ratsam, sich in einer toten und gelehrten Sprache umzusehen, ob sich daselbst nicht dieser Begriff samt seinem angemessenen Ausdrucke vorfinde, und wenn der alte Gebrauch desselben durch Unbehutsamkeit ihrer Urheber auch etwas schwankend geworden wäre, so ist es doch besser, die Bedeutung, die ihm vorzüglich eigen war, zu befestigen (sollte es auch zweifelhaft bleiben, ob man damals genau ebendieselbe im Sinne gehabt habe), als sein Geschäft nur dadurch zu verderben, dass man sich unverständlich macht.

Um deswillen, wenn sich etwa zu einem gewissen Begriffe nur ein einziges Wort vorfände, das in schon eingeführter Bedeutung diesem Begriffe genau anpasst, dessen Unterscheidung von anderen verwandten Begriffen von großer Wichtigkeit ist, so ist es ratsam, damit nicht verschwenderisch umzugehen, oder es bloß zur Abwechselung, synonymisch, statt anderer zu gebrauchen, sondern ihm seine eigentümliche Bedeutung sorgfältig aufzubehalten; weil es sonst leichtlich geschieht, dass, nachdem der Ausdruck die Aufmerksamkeit nicht besonders beschäftigt, sondern sich unter dem Haufen anderer von sehr abweichender Bedeutung verliert, auch der Gedanke verloren gehe, den er allein hätte aufbewahren können.

220 | Neue Worte zu künsteln, wo die Sprache schon so an Ausdrücken für gegebene Begriffe keinen Mangel hat, ist eine kindische Bemühung, sich unter der Menge, wenn nicht durch neue und wahre Gedanken, doch durch einen neuen Lappen auf dem alten Kleide auszuzeichnen. Wenn daher die Leser jener Schrift* populärere Ausdrücke wissen, die doch dem Gedanken ebenso angemessen sind, als mir jene zu sein scheinen, oder etwa die Nichtigkeit dieser Gedanken selbst, mithin zugleich jedes Ausdrucks, der ihn bezeichnet, darzutun sich getrauen; so würden sie mich durch das erstere sehr verbinden, denn ich will nur verstanden sein; in Ansehung des zweiten aber sich ein Verdienst um die Philosophie erwerben. Solange aber jene Gedanken noch stehen, zweifele ich sehr, dass ihnen angemessene und doch gangbarere Ausdrücke dazu aufgefunden werden dürften.

221 | Die Sprachschwierigkeit im Unterscheiden kann den Unterschied der Sachen nicht aufheben.

222 | Ich muss es gestehen, ich habe einen gewissen Aberglauben in Ansehung verschiedener Ausdrücke, welche großen Köpfen eingefallen sind. Ich suche hinter ihnen nicht die Bedeutung, aber wenn ein Begriff mir im Nachdenken aufsteigt und mir das Wort auffällt, so scheint es, fühle ich die Begeisterung oder auch die ganze Empfindung, die derjenige hatte, welcher den Ausdruck mit demselben Begriff hatte, mit dem ich sympathisiere.

* Gemeint ist Kants »Kritik der praktischen Vernunft«.

·RELIGION

*Der allmähliche Übergang des Kirchenglaubens
zur Alleinherrschaft des reinen Religionsglaubens
ist die Annäherung des Reichs Gottes.*

Die religiöse Gewissheit

223 | Religion ist (subjektiv betrachtet) das Erkenntnis
aller unserer Pflichten als göttlicher Gebote.

224 | Das, was allein eine Welt zum Gegenstande des
göttlichen Ratschlusses und zum Zwecke der Schöpfung
machen kann, ist die Menschheit (das vernünftige Welt-
wesen überhaupt) in ihrer moralischen Vollkommenheit,
wovon, als oberster Bedingung, die Glückseligkeit die
unmittelbare Folge in dem Willen des höchsten Wesens
ist. – Dieser allein Gott wohlgefällige Mensch »ist in ihm
von Ewigkeit her«; die Idee desselben geht von seinem
Wesen aus; er ist sofern kein erschaffenes Ding, sondern
ein eingeborner Sohn; »das Wort (das Werde!), durch
welches alle andere Dinge sind und ohne das nichts existiert, was gemacht ist« (denn um seinet-, d. i. des vernünftigen Wesens in der Welt willen, so wie es seiner moralischen Bestimmung nach gedacht werden kann, ist alles
gemacht). – »Er ist der Abglanz seiner Herrlichkeit.« – »In
ihm hat Gott die Welt geliebt«, und nur in ihm und durch
Annehmung seiner Gesinnungen können wir hoffen,
»Kinder Gottes zu werden« usw.

225 | Setzt einen Menschen in den Augenblicken der Stimmung seines Gemüts zur moralischen Empfindung. Wenn er sich, umgeben von einer schönen Natur, in einem ruhigen heiteren Genusse seines Daseins befindet, so fühlt er in sich ein Bedürfnis, irgendjemand dafür dankbar zu sein. Oder er sehe sich ein andermal in derselben Gemütsverfassung im Gedränge von Pflichten, denen er nur durch freiwillige Aufopferung Genüge leisten kann und will; so fühlt er in sich ein Bedürfnis, hiermit zugleich etwas Befohlenes ausgerichtet und einem Oberherrn gehorcht zu haben. Oder er habe sich etwa unbedachtsamer Weise wider seine Pflicht vergangen, wodurch er doch eben nicht Menschen verantwortlich geworden ist, so werden die strengen Selbstverweise dennoch eine Sprache in ihm führen, als ob sie die Stimme eines Richters wären, dem er darüber Rechenschaft abzulegen hätte. Mit einem Worte: Er bedarf einer moralischen Intelligenz, um für den Zweck, wozu er existiert, ein Wesen zu haben, welches diesem gemäß von ihm und der Welt die Ursache sei. Triebfedern hinter diesen Gefühlen herauszukünsteln, ist vergeblich; denn sie hangen unmittelbar mit der reinsten moralischen Gesinnung zusammen, weil Dankbarkeit, Gehorsam und Demütigung (Unterwerfung unter verdiente Züchtigung) besondere Gemütsstimmungen zur Pflicht sind, und das zu Erweiterung seiner moralischen Gesinnung geneigte Gemüt sich hier nur einen Gegenstand freiwillig denkt, der nicht in der Welt ist, um, wo möglich, auch gegen einen solchen seine Pflicht zu beweisen. Es ist also wenigstens möglich und auch der

Grund dazu in moralischer Denkungsart gelegen, ein reines moralisches Bedürfnis der Existenz eines Wesens sich vorzustellen, unter welchem entweder unsere Sittlichkeit mehr Stärke oder auch (wenigstens unserer Vorstellung nach) mehr Umfang, nämlich einen neuen Gegenstand für ihre Ausübung gewinnt; d. i. ein moralisch-gesetzgebendes Wesen außer der Welt, ohne alle Rücksicht auf theoretischen Beweis, noch weniger auf selbstsüchtiges Interesse, aus reinem moralischen, von allem fremden Einflusse freien (dabei freilich nur subjektiven) Grunde anzunehmen, auf bloße Anpreisung einer für sich allein gesetzgebenden reinen praktischen Vernunft. Und obgleich eine solche Stimmung des Gemüts selten vorkäme oder auch nicht lange haftete, sondern flüchtig und ohne dauernde Wirkung, oder auch ohne einiges Nachdenken über den in einem solchen Schattenbilde vorgestellten Gegenstand und ohne Bemühung, ihn unter deutliche Begriffe zu bringen, vorüberginge, so ist doch der Grund dazu, die moralische Anlage in uns, als subjektives Prinzip, sich in der Weltbetrachtung mit ihrer Zweckmäßigkeit durch Naturursachen nicht zu begnügen, sondern ihr eine oberste, nach moralischen Prinzipien die Natur beherrschende Ursache unterzulegen, unverkennbar.

226 | Zugestanden, dass das reine moralische Gesetz jedermann als Gebot (nicht als Klugheitsregel) unnachlasslich verbinde, darf der Rechtschaffene wohl sagen: Ich *will*, dass ein Gott, dass mein Dasein in dieser Welt, auch außer der Naturverknüpfung noch ein Dasein in einer

reinen Verstandeswelt, endlich auch, dass meine Dauer endlos sei, ich beharre darauf und lasse mir diesen Glauben nicht nehmen; denn dieses ist das Einzige, wo mein Interesse, weil ich von demselben nichts nachlassen *darf*, mein Urteil unvermeidlich bestimmt, ohne auf Vernünfteleien zu achten, so wenig ich auch darauf zu antworten oder ihnen scheinbarere entgegenzustellen imstande sein möchte.

227 | Aller Glaube ist ein subjektiv zureichendes, objektiv aber mit Bewusstsein unzureichendes Fürwahrhalten; also wird er dem Wissen entgegengesetzt. Andererseits, wenn aus objektiven, obzwar mit Bewusstsein unzureichenden Gründen etwas für wahr gehalten, mithin bloß gemeint wird, so kann dieses Meinen doch durch allmähliche Ergänzung in derselben Art von Gründen endlich ein Wissen werden. Dagegen, wenn die Gründe des Fürwahrhaltens ihrer Art nach gar nicht objektiv gültig sind, so kann der Glaube durch keinen Gebrauch der Vernunft jemals ein Wissen werden.

228 | Wir wissen von der Zukunft nichts und sollen auch nicht nach mehrerem forschen, als was mit den Triebfedern der Sittlichkeit und dem Zwecke derselben in vernunftmäßiger Verbindung steht. Dahin gehört auch der Glaube, dass es keine gute Handlung gebe, die nicht auch in der künftigen Welt für den, der sie ausübt, ihre gute Folge haben werde; mithin der Mensch, er mag sich am Ende des Lebens auch noch so verwerflich finden, sich dadurch doch nicht müsse abhalten lassen, wenigstens noch eine gute Handlung, die in seinem Vermögen ist, zu tun, und dass er dabei zu hoffen Ursache habe, sie werde nach dem Maße, als er hierin eine reine gute Absicht hegt, noch immer von mehrerem Werte sein als jene tatlosen Entsündigungen, die, ohne etwas zur Verminderung der Schuld beizutragen, den Mangel guter Handlungen ersetzen sollen.

229 | Die Moral ist nicht eigentlich die Lehre, wie wir uns glücklich machen, sondern wie wir der Glückseligkeit würdig werden sollen. Nur denn, wenn Religion dazu kommt, tritt auch die Hoffnung ein, der Glückseligkeit dereinst in dem Maße teilhaftig zu werden, als wir darauf bedacht gewesen, ihrer nicht unwürdig zu sein.

230 | Es kommt in dem, was die moralische Gesinnung betrifft, alles auf den obersten Begriff an, dem man seine Pflichten unterordnet. Wenn die Verehrung Gottes das erste ist, der man also die Tugend unterordnet, so ist dieser Gegenstand ein Idol, d. i. er wird als ein Wesen gedacht, dem wir nicht durch sittliches Wohlverhalten in der Welt, sondern durch Anbetung und Einschmeichelung zu gefallen hoffen dürften; die Religion aber ist alsdann Idolatrie. Gottseligkeit ist also nicht ein Surrogat der Tugend, um sie zu entbehren, sondern die Vollendung derselben, um mit der Hoffnung der endlichen Gelingung aller unserer guten Zwecke bekrönt werden zu können.

231 | Wir werden, soweit praktische Vernunft uns zu führen das Recht hat, Handlungen nicht darum für verbindlich halten, weil sie Gebote Gottes sind, sondern sie darum als göttliche Gebote ansehen, weil wir dazu innerlich verbindlich sind.

232 | Die Phantasie verläuft sich bei Religionsdingen unvermeidlich ins Überschwängliche, wenn sie das Übersinnliche (was in allem, was Religion heißt, gedacht werden muss) nicht an bestimmte Begriffe der Vernunft, dergleichen die moralischen sind, knüpft und führt zu einem Illuminatismus innerer Offenbarungen, deren ein jeder alsdenn seine eigene hat und kein öffentlicher Probierstein der Wahrheit mehr stattfindet.

233 | O Aufrichtigkeit! Du Asträa, die du von der Erde zum Himmel entflohen bist, wie zieht man dich (die Grundlage des Gewissens, mithin aller inneren Religion) von da zu uns wieder herab? Ich kann es zwar einräumen, wiewohl es sehr zu bedauern ist, dass Offenherzigkeit (die ganze Wahrheit, die man weiß, zu sagen) in der menschlichen Natur nicht angetroffen wird. Aber Aufrichtigkeit (dass alles, was man sagt, mit Wahrhaftigkeit gesagt sei) muss man von jedem Menschen fordern können, und wenn auch selbst dazu keine Anlage in unserer Natur wäre, deren Kultur nur vernachlässigt wird, so würde die Menschenrasse in ihren eigenen Augen ein Gegenstand der tiefsten Verachtung sein müssen. – Aber jene verlangte Gemütseigenschaft ist eine solche, die vielen Versuchungen ausgesetzt ist und manche Aufopferung kostet, daher auch moralische Stärke, d. i. Tugend (die erworben werden muss) fordert, die aber früher als jede andere bewacht und kultiviert werden muss, weil der entgegengesetzte Hang, wenn man ihn hat einwurzeln lassen, am schwersten auszurotten ist. – Nun vergleiche man damit unsere Erziehungsart, vornehmlich im Punkte der Religion, oder besser, der Glaubenslehren, wo die Treue des Gedächtnisses in Beantwortung der sie betreffenden Fragen, ohne auf die Treue des Bekenntnisses zu sehen (worüber nie eine Prüfung angestellt wird) schon für hinreichend angenommen wird, einen Gläubigen zu machen, der das, was er heilig beteuert, nicht einmal versteht, und man wird sich über den Mangel an Aufrichtigkeit, der lauter innere Heuchler macht, nicht mehr wundern.

Die religiöse Gesinnung

234 | »Dasjenige Joch ist sanft, und die Last ist leicht«, wo die Pflicht, die jedermann obliegt, als von ihm selbst und durch seine eigene Vernunft ihm auferlegt betrachtet werden kann, das er daher sofern freiwillig auf sich nimmt. Von dieser Art sind aber nur die moralischen Gesetze, als göttliche Gebote, von denen allein der Stifter der reinen Kirche sagen konnte: »Meine Gebote sind nicht schwer.« Dieser Ausdruck will nur so viel sagen: Sie sind nicht beschwerlich, weil ein jeder die Notwendigkeit ihrer Befolgung von selbst einsieht, mithin ihm dadurch nichts aufgedrungen wird, dahingegen despotisch gebietende, obzwar zu unserem Besten (doch nicht durch unsere Vernunft) uns auferlegte Anordnungen, davon wir keinen Nutzen sehen können, gleichsam Vexationen (Plackereien) sind, denen man sich nur gezwungen unterwirft. An sich sind aber die Handlungen, in der Reinigkeit ihrer Quelle betrachtet, die durch jene moralischen Gesetze geboten werden, gerade die, welche dem Menschen am schwersten fallen, und wofür er gerne die beschwerlichsten frommen Plackereien übernehmen möchte, wenn es möglich wäre, diese statt jener in Zahlung zu bringen.

235 | Die Absicht derer, die am Ende des Lebens einen Geistlichen rufen lassen, ist gewöhnlich, dass sie an ihm einen Tröster haben wollen; nicht wegen der physischen Leiden, welche die letzte Krankheit, ja auch nur die natürliche Furcht vor dem Tod mit sich führt (denn darüber kann der Tod selber, der sie beendigt, Tröster sein), sondern wegen der moralischen, nämlich der Vorwürfe des Gewissens. Hier sollte nun dieses eher aufgeregt und geschärft werden, um, was noch Gutes zu tun, oder Böses in seinen übrig bleibenden Folgen zu vernichten (reparieren) sei, ja nicht zu verabsäumen, nach der Warnung: »Sei willfährig deinem Widersacher (dem, der einen Rechtsanspruch wider dich hat), solange du noch mit ihm auf dem Wege bist (d. i. solange du noch lebst), damit er dich nicht dem Richter (nach dem Tode) überliefere usw.« An dessen Statt aber gleichsam Opium fürs Gewissen zu geben, ist Verschuldigung an ihm selbst und andern ihn Überlebenden; ganz

wider die Endabsicht, wozu ein solcher Gewissensbeistand am Ende des Lebens für nötig gehalten werden kann.

236 | Wenn man im Menschen den Richter, der in ihm selbst ist, anfragt, so beurteilt er sich strenge; denn er kann seine Vernunft nicht bestechen; stellt man ihm aber einen andern Richter vor, so wie man von ihm aus anderweitigen Belehrungen Nachricht haben will, so hat er wider seine Strenge vieles vom Vorwande der menschlichen Gebrechlichkeit Hergenommenes einzuwenden, und überhaupt denkt er ihm beizukommen: Es sei, dass er durch reuige, nicht aus wahrer Gesinnung der Besserung entspringende Selbstpeinigungen der Bestrafung von ihm zuvorzukommen, oder ihn durch Bitten und Flehen, auch durch Formeln und für gläubig ausgegebene Bekenntnisse zu erweichen denkt; und wenn ihm hiezu Hoffnung gemacht wird (nach dem Sprichwort: Ende gut, alles gut), so macht er darnach schon frühzeitig seinen Anschlag, um nicht ohne Not zu viel am vergnügten Leben einzubüßen, und beim nahen Ende desselben doch in der Geschwindigkeit die Rechnung zu seinem Vorteile abzuschließen.

237 | Die Buße des Selbstpeinigers, statt der schnellen Verwendung seiner Gesinnung auf einen bessern Lebenswandel, ist rein verlorene Mühe und hat noch wohl die schlimme Folge, bloß dadurch (durch die Reue) ein Schuldregister für getilgt zu halten, und so sich die vernünftiger Weise jetzt noch zu verdoppelnde Bestrebung zum Bessern zu ersparen.

238 | Wenn man eine dem Ausdrucke [der Erbauung] angemessene Bedeutung sucht, so ist sie wohl nicht anders anzugeben, als dass darunter die moralische Folge aus der Andacht auf das Subjekt verstanden werde. Diese besteht nun nicht in der Rührung (als welche schon im Begriffe der Andacht liegt), obzwar die meisten vermeintlich Andächtigen (die darum auch Andächtler heißen) sie gänzlich darin setzen; mithin muss das Wort Erbauung die Folge aus der Andacht auf die wirkliche Besserung des Menschen bedeuten. Diese aber gelingt nicht anders, als dass man systematisch zu Werke geht, feste Grundsätze nach wohlverstandenen Begriffen tief ins Herz legt, darauf Gesinnungen, der verschiedenen Wichtigkeit der sie angehenden Pflichten angemessen, errichtet, sie gegen Anfechtung der Neigungen verwahrt und sichert, und so gleichsam einen neuen Menschen, als einen Tempel Gottes erbaut. Man sieht leicht, dass dieser Bau nur langsam fortrücken könne; aber es muss wenigstens doch zu sehen sein, dass etwas verrichtet worden. So aber glauben sich Menschen (durch Anhören oder Lesen und Singen) recht sehr erbaut, indessen dass schlechterdings nichts gebaut, ja nicht einmal Hand ans Werk gelegt worden; vermutlich weil sie hoffen, dass jenes moralische Gebäude, wie die Mauern von Theben, durch die Musik der Seufzer und sehnsüchtiger Wünsche von selbst emporsteigen werden.

239 | Das Beten, als ein innerer förmlicher Gottesdienst und darum als Gnadenmittel gedacht, ist ein abergläubischer Wahn (ein Fetischmachen); denn es ist ein bloß erklärtes Wünschen gegen ein Wesen, das keiner Erklärung der inneren Gesinnung des Wünschenden bedarf, wodurch also nichts getan und also keine von den Pflichten, die uns als Gebote Gottes obliegen, ausgeübt, mithin Gott wirklich nicht gedient wird. Ein herzlicher Wunsch, Gott in allem unserm Tun und Lassen wohlgefällig zu sein, d. i. die alle unsere Handlungen begleitende Gesinnung, sie als ob sie im Dienste Gottes geschehen, zu betreiben, ist der Geist des Gebets, der »ohne Unterlass« in uns stattfinden kann und soll. Diesen Wunsch aber (es sei auch nur innerlich) in Worte und Formeln einzukleiden, kann höchstens nur den Wert eines Mittels zu wiederholter Belebung jener Gesinnung in uns selbst bei sich führen.

Geoffenbarte und reine Religion

240 | Nicht der Inbegriff gewisser Lehren als göttlicher Offenbarungen (denn der heißt Theologie), sondern der aller unserer Pflichten überhaupt als göttlicher Gebote (und subjektiv der Maxime, sie als solche zu befolgen), ist Religion.

241 | Ich nehme erstlich folgenden Satz als einen keines Beweises benötigten Grundsatz an: Alles, was außer dem guten Lebenswandel der Mensch noch tun zu können vermeint, um Gott wohlgefällig zu werden, ist bloßer Religionswahn und Afterdienst Gottes.

242 | Der Glaube an Schriftlehren, die eigentlich haben offenbart werden müssen, wenn sie haben gekannt werden sollen, hat an sich kein Verdienst, und der Mangel desselben, ja sogar der ihm entgegenstehende Zweifel ist an sich keine Verschuldung, sondern alles kommt in der Religion aufs Tun an, und diese Endabsicht, mithin auch ein dieser gemäßer Sinn muss allen biblischen Glaubenslehren untergelegt werden.

243 | Man kann alle Religionen in die der Gunstbewerbung (des bloßen Kultus) und die moralische, d. i. die Religion des guten Lebenswandels, einteilen. Nach der erstern schmeichelt sich entweder der Mensch: Gott könne ihn wohl ewig glücklich machen, ohne dass er eben nötig habe, ein besserer Mensch zu werden (durch Erlassung seiner Verschuldungen); oder auch, wenn ihm dieses nicht möglich zu sein scheint: Gott könne ihn wohl zum besseren Menschen machen, ohne dass er selbst etwas mehr dabei zu tun habe, als darum zu bitten; welches, da es vor einem allsehenden Wesen nichts weiter ist, als wünschen, eigentlich nichts getan sein würde; denn wenn es mit dem bloßen Wunsch ausgerichtet wäre, so würde jeder Mensch gut sein. Nach der moralischen Religion aber (dergleichen unter allen öffentlichen, die es je gegeben hat, allein die christliche ist) ist es ein Grundsatz: dass ein jeder so viel, als in seinen Kräften ist, tun müsse, um ein besserer Mensch zu werden; und nur alsdann, wenn er sein angeborenes Pfund nicht vergraben (Lucä XIX, 12–16), wenn er die ursprüngliche Anlage zum Guten benutzt hat, um ein besserer Mensch zu werden, er hoffen könne, was nicht in seinem Vermögen ist, werde durch höhere Mitwirkung ergänzt werden. Auch ist es nicht schlechterdings notwendig, dass der Mensch wisse, worin diese bestehe; vielleicht gar unvermeidlich, dass, wenn die Art, wie sie geschieht, zu einer gewissen Zeit offenbart worden, verschiedene Menschen zu einer andern Zeit sich verschiedene Begriffe, und zwar mit aller Aufrichtigkeit, davon machen würden. Aber alsdann gilt auch der Grundsatz: »Es ist nicht wesentlich, und also nicht jedermann notwendig, zu wissen, was Gott zu seiner Seligkeit tue oder getan habe, aber wohl, was er selbst zu tun habe«, um dieses Beistandes würdig zu werden.

244 | Die enge Pforte und der schmale Weg, der zum Leben führt, ist der des guten Lebenswandels; die weite Pforte und der breite Weg, den viele wandeln, ist die Kirche. Nicht, als ob es an ihr und ihren Satzungen liege, dass Menschen verloren werden, sondern dass das Gehen in dieselbe und Bekenntnis ihrer Statute oder Zelebrierung ihrer Gebräuche für die Art genommen wird, durch die Gott eigentlich gedient sein will.

245 | Wer die Beobachtung statutarischer, einer Offenbarung bedürfenden Gesetze als zur Religion notwendig, und zwar nicht bloß als Mittel für die moralische Gesinnung, sondern als die objektive Bedingung, Gott dadurch unmittelbar wohlgefällig zu werden, voranschickt, und diesem Geschichtsglauben die Bestrebung zum guten Le-

benswandel nachsetzt (anstatt dass die erstere an etwas, was nur bedingter Weise Gott wohlgefällig sein kann, sich nach dem letzteren, was ihm allein schlechthin wohlgefällt, richten muss), der verwandelt den Dienst Gottes in ein bloßes Fetischmachen und übt einen Afterdienst aus, der alle Bearbeitung zur wahren Religion rückgängig macht. So viel liegt, wenn man zwei gute Sachen verbinden will, an der Ordnung, in der man sie verbindet!

246 | Es kann eine Religion die natürliche, gleichwohl aber auch geoffenbart sein, wenn sie so beschaffen ist, dass die Menschen durch den bloßen Gebrauch ihrer Vernunft auf sie von selbst hätten kommen können und sollen, ob sie zwar nicht so früh oder in so weiter Ausbreitung, als verlangt wird, auf dieselbe gekommen sein würden, mithin eine Offenbarung derselben zu einer gewissen Zeit und an einem gewissen Orte weise und für das menschliche Geschlecht sehr ersprießlich sein konnte, so doch, dass, wenn die dadurch eingeführte Religion einmal da ist und öffentlich bekannt gemacht worden, forthin jedermann sich von dieser ihrer Wahrheit durch sich selbst und seine eigene Vernunft überzeugen kann. In diesem Falle ist die Religion objektiv eine natürliche, obwohl subjektiv eine geoffenbarte; weshalb ihr auch der erstere Name eigentlich gebührt.

247 | Auf solche Weise müssen alle Schriftauslegungen, sofern sie die Religion betreffen, nach dem Prinzip der in der Offenbarung abgezweckten Sittlichkeit gemacht wer-

den und sind ohne das entweder praktisch leer oder gar Hindernisse des Guten. – Auch sind sie alsdann nur eigentlich authentisch, d. i., der Gott in uns ist selbst der Ausleger, weil wir niemand verstehen als den, der durch unseren eigenen Verstand und unsere eigene Vernunft mit uns redet, die Göttlichkeit einer an uns ergangenen Lehre also durch nichts, als durch Begriffe *unserer* Vernunft, so ferne sie rein-moralisch und hiermit untrüglich sind, erkannt werden kann.

248 | Es ist nur eine (wahre) Religion; aber es kann vielerlei Arten des Glaubens geben […] Es ist daher schicklicher (wie es auch wirklich mehr im Gebrauche ist), zu sagen: Dieser Mensch ist von diesem oder jenem (jüdischen, muhammedanischen, christlichen, katholischen, lutherischen) Glauben, als: Er ist von dieser oder jener Religion.

249 | Man tut den meisten zu viel Ehre an, von ihnen zu sagen: Sie bekennen sich zu dieser oder jener Religion; denn sie kennen und verlangen keine; der statutarische Kirchenglaube ist alles, was sie unter diesem Worte verstehen. Auch sind die sogenannten Religionsstreitigkeiten, welche die Welt so oft erschüttert und mit Blut bespritzt haben, nie etwas anderes als Zänkereien um den Kirchenglauben gewesen, und der Unterdrückte klagte nicht eigentlich darüber, dass man ihn hinderte, seiner Religion anzuhängen (denn das kann keine äußere Gewalt), sondern dass man ihm seinen Kirchenglauben öffentlich zu befolgen nicht erlaubte.

250 | Verschiedenheit der Religionen: ein wunderli-
cher Ausdruck gerade, als ob man auch von verschiedenen Moralen spräche. Es kann wohl verschiedene
Glaubensarten historischer, nicht in die Religion, sondern in die Geschichte der zu ihrer Beförderung ge-
brauchten, ins Feld der Gelehrsamkeit einschlagenden
Mittel und ebenso verschiedene Religionsbücher (Zen-
davesta, Vedam, Koran usw.) geben, aber nur eine einzige, für alle Menschen und in allen Zeiten gültige Religion. Jene also können wohl nichts anderes als nur das
Vehikel der Religion, was zufällig ist und nach Verschiedenheit der Zeiten und Örter verschieden sein
kann, enthalten.

251 | Dem Kirchenglauben kann, ohne dass man ihm
weder den Dienst aufsagt noch ihn befehdet, sein nützlicher Einfluss als eines Vehikels erhalten, und ihm
gleichwohl als einem Wahne von gottesdienstlicher
Pflicht aller Einfluss auf den Begriff der eigentlichen
(nämlich moralischen) Religion abgenommen werden,
und so, bei Verschiedenheit statutarischer Glaubensarten, Verträglichkeit der Anhänger derselben untereinander durch die Grundsätze der einigen Vernunftreligion,
wohin die Lehrer alle jene Satzungen und Observanzen
auszulegen haben, gestiftet werden; bis man nur der Zeit,
vermöge der überhandgenommenen wahren Aufklärung
(einer Gesetzlichkeit, die aus der moralischen Freiheit
hervorgeht) mit jedermanns Einstimmung die Form eines erniedrigenden Zwangsglaubens gegen eine kirchli-

che Form, die der Würde einer moralischen Religion angemessen ist, nämlich die eines freien Glaubens, vertauschen kann.

252 | Das Reich Gottes auf Erden, das ist die letzte Bestimmung, des Menschen Wunsch (Dein Reich komme). Christus hat es herbeigerückt; aber man hat ihn nicht verstanden und das Reich der Priester errichtet, nicht das Gottes in uns.

253 | Es war einmal ein weiser Lehrer, der dieses Reich Gottes im Gegensatz zum weltlichen ganz nahe herbeigebracht. Er stürzte die Schriftgelehrsamkeit, welche nichts als Satzungen hervorbringt, welche nur die Menschen trennen, und errichtete den Tempel Gottes und den Thron der Tugend im Herzen. Er bediente sich zwar der Schriftgelehrsamkeit, aber nur, um die, worauf andere geschworen hatten, zunichte zu machen. Allein ein Missverstand, der auf diese zufälligen Gebrechen sich gründete, erhob eine neue, welche das Gute wiederum verhinderte, das er zur Absicht hatte. Obgleich diese Schriftgelehrsamkeit sonst gut sein möchte, wenigstens gar nicht dem Wesentlichen nachteilig, so wirkte sie doch, was alle Schriftgelehrsamkeit in Sachen der Religion wirken muss, nämlich Satzung und Observanz als das Wesen, welche doch nur hilfleistende Lehren sind und den großen Zweck ganz verkehren. Im ganzen Weltall sind tausend Jahr ein Tag. Wir müssen geduldig an diesem Unternehmen arbeiten und warten.

254 | Die Euthanasie des Judentums ist die reine moralische Religion, mit Verlassung aller alten Satzungslehren, deren einige doch im Christentum (als messianischem Glauben) noch zurückbehalten bleiben müssen; welcher Sektenunterschied endlich doch auch verschwinden muss, und so das, was man als den Beschluss des großen Dramas des Religionswechsels auf Erden nennt (die Wiederbringung aller Dinge), wenigstens im Geiste herbeiführt, da nur ein Hirt und eine Herde stattfindet.

255 | Man kann mit Grunde sagen: »dass das Reich Gottes zu uns gekommen sei«, wenn auch nur das Prinzip des allmählichen Überganges des Kirchenglaubens zur allgemeinen Vernunftreligion und so zu einem (göttlichen) ethischen Staat auf Erden allgemein und irgendwo auch öffentlich Wurzel gefasst hat; obgleich die wirkliche Errichtung desselben noch in unendlicher Weite von uns entfernt liegt. Denn weil dieses Prinzip den Grund einer kontinuierlichen Annäherung zu dieser Vollkommenheit enthält, so liegt in ihm als in einem sich entwickelnden und in der Folge wiederum besamenden Keime das Ganze (unsichtbarer Weise), welches dereinst die Welt erleuchten und beherrschen soll.

GESCHICHTE

*Obgleich dieser Staatskörper [der Zukunft] für jetzt nur noch
sehr im rohen Entwurfe dasteht, so fängt sich dennoch gleichsam schon
ein Gefühl in allen Gliedern, deren jedem an der Erhaltung des Ganzen
gelegen ist, an zu regen; und dieses gibt Hoffnung, dass nach manchen
Revolutionen der Umbildung endlich das, was die Natur zur
höchsten Absicht hat, ein allgemeiner weltbürgerlicher Zustand,
als der Schoß, worin alle ursprünglichen Anlagen
der Menschengattung entwickelt werden,
dereinst einmal zustande kommen werde.*

Der Sinn der Geschichte

256 | Einzelne Menschen und selbst ganze Völker denken wenig daran, dass, indem sie, ein jedes nach seinem Sinne und einer oft wider den andern, ihre eigene Absicht verfolgen, sie unbemerkt an der Naturabsicht, die ihnen selbst unbekannt ist, als an einem Leitfaden fortgehen und an derselben Beförderung arbeiten, an welcher, selbst wenn sie ihnen bekannt würde, ihnen doch wenig gelegen sein würde.

257 | Es scheint der Natur darum gar nicht zu tun gewesen zu sein, dass er [der Mensch] wohl lebe, sondern dass er sich so weit hervorarbeite, um sich, durch sein Verhalten, des Lebens und des Wohlbefindens würdig zu machen. Befremdend bleibt es immer hiebei, dass die älteren Generationen nur scheinen um der späteren willen ihr mühseliges Geschäft zu treiben, um nämlich diesen eine

Stufe zu bereiten, von der diese das Bauwerk, welches die Natur zur Absicht hat, höher bringen könnten; und dass doch nur die spätesten das Glück haben sollen, in dem Gebäude zu wohnen, woran eine lange Reihe ihrer Vorfahren (zwar freilich ohne ihre Absicht) gearbeitet hatten, ohne doch selbst an dem Glück, das sie vorbereiteten, Anteil nehmen zu können. Allein so rätselhaft dieses auch ist, so notwendig ist es doch zugleich, wenn man einmal annimmt: Eine Tiergattung soll Vernunft haben und als Klasse vernünftiger Wesen, die insgesamt sterben, deren Gattung aber unsterblich ist, dennoch zu einer Vollständigkeit der Entwickelung ihrer Anlagen gelangen.

258 | In den Zustand des Zwanges zu treten, zwingt den, sonst für ungebundene Freiheit so sehr eingenommenen Menschen die Not; und zwar die größte unter allen, nämlich die, welche sich Menschen untereinander selbst zufügen, deren Neigungen es machen, dass sie in wilder Freiheit nicht lange nebeneinander bestehen können. Allein in einem solchen Gehege, als bürgerliche Vereinigung ist, tun ebendieselben Neigungen hernach die beste Wirkung; so wie Bäume in einem Walde, eben dadurch, dass ein jeder dem anderen Luft und Sonne zu benehmen sucht, einander nötigen, beides über sich zu suchen und dadurch einen schönen geraden Wuchs bekommen, statt dass die, welche in Freiheit und voneinander abgesondert ihre Äste nach Wohlgefallen treiben, krüppelig, schief und krumm wachsen. Alle Kultur und Kunst, welche die Menschheit ziert, die schönste gesellschaftliche Ordnung, sind Früchte der

Ungeselligkeit, die durch sich selbst genötigt wird, sich zu disziplinieren und so, durch abgedrungene Kunst, die Keime der Natur vollständig zu entwickeln.

259 | Wissenschaften und Künste könnten durch einen Kopf, der für sie gemacht ist, wenn er einmal zur rechten Reife des Urteils durch lange Übung und erworbene Erkenntnis gelangt ist, viel weiter gebracht werden, als ganze Generationen von Gelehrten nacheinander es leisten mögen, wenn jener nur mit der nämlichen jugendlichen Kraft des Geistes die Zeit, die diesen Generationen zusammen verliehen ist, durchlebte. Nun hat die Natur ihre Entschließung wegen der Lebensdauer des Menschen offenbar aus einem anderen Gesichtspunkte als dem der Beförderung der Wissenschaften genommen. Denn wenn der glücklichste Kopf am Rande der größten Entdeckungen steht, die er von seiner Geschicklichkeit und Erfahrenheit hoffen darf, so tritt das Alter ein; er wird stumpf, und muss es einer zweiten Generation (die wieder vom ABC anfängt und die ganze Strecke, die schon zurückgelegt war, nochmals durchwandern muss) überlassen, noch eine Spanne im Fortschritte der Kultur hinzuzutun. Der Gang der Menschengattung zur Erreichung ihrer ganzen Bestimmung scheint daher unaufhörlich unterbrochen und in kontinuierlicher Gefahr zu sein, in die alte Rohigkeit zurückzufallen; und der griechische Philosoph klagte nicht ganz ohne Grund: Es ist schade, dass man alsdann sterben muss, wenn man eben angefangen hat einzusehen, wie man eigentlich hätte leben sollen.

260 | Von der Religion auf Erden (in der engsten Be-
deutung des Worts) kann man keine Universalhistorie
des menschlichen Geschlechts verlangen; denn die ist, als
auf dem reinen moralischen Glauben gegründet, kein
öffentlicher Zustand, sondern jeder kann sich der Fortschritte, die er in demselben gemacht hat, nur für sich
selbst bewusst sein. Der Kirchenglaube ist es daher allein,
von dem man eine allgemeine historische Darstellung
erwarten kann; indem man ihn nach seiner verschiedenen und veränderlichen Form mit dem alleinigen, un-
veränderlichen, reinen Religionsglauben vergleicht. Von
da an, wo der erstere seine Abhängigkeit von den ein-
schränkenden Bedingungen des letztern und der Notwendigkeit der Zusammenstimmung mit ihm öffentlich
anerkennt, fängt die allgemeine Kirche an, sich zu einem
ethischen Staat Gottes zu bilden und nach einem festste-
henden Prinzip, welches für alle Menschen und Zeiten
ein und dasselbe ist, zur Vollendung desselben fortzu-
schreiten.

Die welthistorische Aufgabe der Herrschenden

261 | Dass Könige philosophieren oder Philosophen
Könige würden, ist nicht zu erwarten, aber auch nicht
zu wünschen, weil der Besitz der Gewalt das freie Urteil
der Vernunft unvermeidlich verdirbt. Dass aber Könige
oder königliche (sich selbst nach Gleichheitsgesetzen
beherrschende) Völker die Klasse der Philosophen nicht

schwinden oder verstummen, sondern öffentlich sprechen lassen, ist beiden zur Beleuchtung ihres Geschäftes
unentbehrlich.

262 | Ich gestehe, dass ich mich in den Ausdruck, des-
sen sich auch wohl kluge Männer bedienen, nicht wohl
finden kann: Ein gewisses Volk (was in der Bearbeitung
einer gesetzlichen Freiheit begriffen ist) ist zur Freiheit
nicht reif; die Leibeigenen eines Gutseigentümers sind
zur Freiheit noch nicht reif; und so auch, die Menschen
überhaupt sind zur Glaubensfreiheit noch nicht reif.
Nach einer solchen Voraussetzung aber wird die Freiheit
nie eintreten; denn man kann zu dieser nicht reifen, wenn
man nicht zuvor in Freiheit gesetzt worden ist (man muss
frei sein, um sich seiner Kräfte in der Freiheit zweckmäßig bedienen zu können). Die ersten Versuche werden
freilich roh, gemeiniglich auch mit einem beschwerliche-
ren und gefährlicheren Zustande verbunden sein, als da
man noch unter den Befehlen, aber auch der Vorsorge
anderer stand; allein man reift für die Vernunft nie anders
als durch eigene Versuche (welche machen zu dürfen,
man frei sein muss). Ich habe nichts dawider, dass die,
welche die Gewalt in Händen haben, durch Zeitumstän-
de genötigt, die Entschlagung von diesen drei Fesseln
noch weit, sehr weit aufschieben. Aber es zum Grundsatze machen, dass denen, die ihnen einmal unterworfen
sind, überhaupt die Freiheit nicht tauge, und man berechtigt sei, sie jederzeit davon zu entfernen, ist ein Ein-
griff in die Regalien der Gottheit selbst, die den Men-

schen zur Freiheit schuf. Bequemer ist es freilich, im Staat, Hause und Kirche zu herrschen, wenn man einen solchen Grundsatz durchzusetzen vermag. Aber auch gerechter?

263 | Man hat die hohen Benennungen, die einem Beherrscher oft beigelegt werden (die eines göttlichen Gesalbten, eines Verwesers des göttlichen Willens auf Erden und Stellvertreters desselben) als grobe, schwindlig machende Schmeicheleien oft getadelt; aber mich dünkt, ohne Grund. – Weit gefehlt, dass sie den Landesherrn sollten hochmütig machen, so müssen sie ihn vielmehr in seiner Seele demütigen, wenn er Verstand hat (welches man doch voraussetzen muss), und es bedenkt, dass er ein Amt übernommen habe, was für einen Menschen zu groß ist, nämlich das Heiligste, was Gott auf Erden hat, das Recht der Menschen zu verwalten, und diesem Augapfel Gottes irgendworin zu nahe getreten zu sein, jederzeit in Besorgnis stehen muss.

264 | Was das Recht der Gleichheit aller Staatsbürger, als Untertanen, betrifft, so kommt es in Beantwortung der Frage von der Zulässigkeit des Erbadels allein darauf an: »ob der vom Staat zugestandene Rang (eines Untertans vor dem andern) vor dem Verdienst oder dieses vor jenem vorhergehen müsse.« – Nun ist offenbar: dass, wenn der Rang mit der Geburt verbunden wird, es ganz ungewiss ist, ob das Verdienst (Amtsgeschicklichkeit und Amtstreue) auch folgen werde; mithin ist es ebenso viel, als ob er ohne alles Verdienst dem Begünstigten zugestanden würde (Befehlshaber zu sein), welches der allgemeine Volkswille in einem ursprünglichen Vertrage (der doch das Prinzip aller Rechte ist) nie beschließen wird. Denn ein Edelmann ist darum nicht sofort ein edler Mann. – Was den Amtsadel (wie man den Rang einer höheren Magistratur nennen könnte, und den man sich durch Verdienste erwerben muss) betrifft, so klebt der Rang da nicht, als Eigentum, an der Person, sondern am Posten, und die Gleichheit wird dadurch nicht verletzt; weil, wenn jene ihr Amt niederlegt, sie zugleich den Rang ablegt und unter das Volk zurücktritt.

265 | Es ist ein nicht bloß gutgemeinter und in praktischer Absicht empfehlungswürdiger, sondern allen Ungläubigen zum Trotz auch für die strengste Theorie haftbarer Satz: dass das menschliche Geschlecht im Fortschreiten zum Besseren immer gewesen sei, und so fernerhin fortgehen werde, welches, wenn man nicht bloß auf das sieht, was in irgendeinem Volk geschehen kann, sondern auch auf die Verbreitung über alle Völker der Erde, die nach und nach daran teilnehmen dürften, die Aussicht in eine unabsehliche Zeit eröffnet; wofern nicht etwa auf die erste Epoche einer Naturrevolution, die (nach Camper und Blumenbach) bloß das Tier- und Pflanzenreich, ehe noch Menschen waren, vergrub, noch eine zweite folgt, welche auch dem Menschengeschlechte ebenso mitspielt, um andere Geschöpfe auf diese Bühne treten zu lassen usw. Denn für die Allgewalt der Na-

tur, oder vielmehr ihrer uns unerreichbaren obersten Ursache ist der Mensch nur wiederum eine Kleinigkeit.
Dass ihn aber auch die Herrscher von seiner eigenen
Gattung dafür nehmen und als eine solche behandeln, indem sie ihn teils tierisch, als bloßes Werkzeug ihrer Absichten, belasten, teils in ihren Streitigkeiten gegenein-
ander aufstellen, um sie schlachten zu lassen – das ist
keine Kleinigkeit, sondern Umkehrung des Endzwecks
der Schöpfung selbst.

Krieg und ewiger Friede

266 | Nach einem beendigten Kriege, beim Friedens-
schlusse, möchte es wohl für ein Volk nicht unschicklich
sein, dass nach dem Dankfeste ein Bußtag ausgeschrieben
würde, den Himmel im Namen des Staats um Gnade für
die große Versündigung anzurufen, die das menschliche
Geschlecht sich noch immer zuschulden kommen lässt,
sich keiner gesetzlichen Verfassung im Verhältnis auf andere Völker fügen zu wollen, sondern stolz auf seine Unabhängigkeit lieber das barbarische Mittel des Krieges
(wodurch doch das, was gesucht wird, nämlich das Recht
eines jeden Staats, nicht ausgemacht wird) zu gebrauchen. Die Dankfeste während dem Kriege über einen er-
fochtenen Sieg, die Hymnen, die (auf gut israelitisch)
dem Herrn der Heerscharen gesungen werden, stehen
mit der moralischen Idee des Vaters der Menschen in
nicht minder starkem Kontrast; weil sie außer der Gleich-

gültigkeit wegen der Art, wie Völker ihr gegenseitiges Recht suchen (die traurig genug ist) noch eine Freude hineinbringen, recht viel Menschen oder ihr Glück zernichtet zu haben.

267 | Alle Kriege sind so viel Versuche (zwar nicht in der Absicht der Menschen, aber doch in der Absicht der Natur), neue Verhältnisse der Staaten zustande zu bringen und durch Zerstörung, wenigstens Zerstückelung aller, neue Körper zu bilden, die sich aber wieder, entweder in sich selbst oder nebeneinander, nicht erhalten können und daher neue ähnliche Revolutionen erleiden müssen; bis endlich einmal, teils durch die bestmögliche Anordnung der bürgerlichen Verfassung innerlich, teils durch eine gemeinschaftliche Verabredung und Gesetzgebung äußerlich, ein Zustand errichtet wird, der, einem bürgerlichen gemeinen Wesen ähnlich, so wie ein Automat sich selbst erhalten kann.

268 | Auf der Stufe der Kultur, worauf das menschliche Geschlecht noch steht, ist der Krieg ein unentbehrliches Mittel, diese noch weiterzubringen; und nur nach einer (Gott weiß wann) vollendeten Kultur würde ein immerwährender Friede für uns heilsam und auch durch jene allein möglich sein.

269 | Wenn es Pflicht, wenn zugleich gegründete Hoffnung da ist, den Zustand eines öffentlichen Rechts, obgleich nur in einer ins Unendliche fortschreitenden An-

näherung, wirklich zu machen, so ist der ewige Friede, der auf die bisher fälschlich so genannten Friedensschlüsse (eigentlich Waffenstillstände) folgt, keine leere Idee, sondern eine Aufgabe, die nach und nach aufgelöst, ihrem Ziele (weil die Zeiten, in denen gleiche Fortschritte geschehen, hoffentlich immer kürzer werden) beständig näher kommt.

270 | Die Deutschen hängen nicht am Boden, sondern verpflanzen sich leicht allerwärts; sie sind kosmopolitisch aus Temperament und hassen kein Volk, als höchstens zur Wiedervergeltung. Haben sie nicht viel Genie, so haben sie gute Urteilskraft, die Produkte desselben zu nützen. Sind sie nicht blendend durch Neuigkeit, so sind sie tüchtig durch Stetigkeit. Sie sind gemacht, das Gute aller Nationen zu sammeln und zu vereinbaren, und nehmen alle gleich willig auf. Ein Völkerbund, der allgemein werden kann.

271 |

Urteilskraft treibt in die Wurzel:	Einbildung in die Krone; prächtig:	Geschmack in die Blüten:	Geist in die Frucht:
Deutscher.	Italier.	Franzose.	Engländer.

MENSCHEN- UND LEBENSKUNDE

Der größte Sinnengenuss,
der gar keine Beimischung von Ekel
bei sich führt, ist, im gesunden Zustande,
Ruhe nach der Arbeit.

Menschliche Schwächen und ihre Heilung

272 | Die menschliche Natur stürzt sich lieber in Irrtümer als Unwissenheit sowie lieber in Gefahr als Unschlüssigkeit, lieber in Sorgen und Bekümmernisse als Genügsamkeit und Enthaltung.

273 | Es gibt Irrtümer, die man nicht widerlegen kann. Man muss den verkehrten Kopf in Erkenntnisse führen, die ihn aufklären; alsdann verliert sich der Irrtum von selbst. Umsonst wird man die blinde Meinung der Sympathie jemandem benehmen; man lehre ihn die Physik.

274 | Man täuscht sich nirgends leichter als in dem, was die gute Meinung von sich selbst begünstigt.

275 | Die, so niemals selbst denken, besitzen dennoch die Scharfsichtigkeit, alles, nachdem es ihnen gezeigt worden, in demjenigen, was sonst schon gesagt worden, aufzuspähen, wo es doch vorher niemand sehen konnte.

276 | Es ist merkwürdig, dass der Unwissende ein Vor-urteil für die Gelehrsamkeit hat und der Gelehrte dage-gen wiederum ein Vorurteil für den gemeinen Verstand.

277 | Das Künftige ist der fortgesetzte Lauf der Welt des Vergangenen und Gegenwärtigen, nur im Nebel. Nur die Zukunft scheint uns wichtig. Woher mag das kommen und was mag es bedeuten?

278 | Jedermann würde die schlechten Umstände auf die erste Lebenszeit und die guten auf die letzte verschieben, damit er sie im Prospekt hätte.

279 | Wir denken selten bei dem Licht an Finsternis, beim Glück ans Elend, bei der Zufriedenheit an Schmerz; aber umgekehrt jederzeit.

280 | Dem, welcher ein Bein gebrochen hat, kann man dadurch sein Unglück doch erträglicher machen, wenn man ihm zeigt, dass es leicht hätte das Genick treffen können.

281 | Dass ich etwas Gutes nicht habe, was ich habe be-sitzen können, schmerzt lange nicht so sehr, als dass ich etwas nicht mehr besitze, was ich gehabt habe.

282 | Man muss sich nur schlecht auf die Schätzung des Wertes des Lebens verstehen, wenn man noch wünschen kann, dass es länger währen solle, als es wirklich dauert;

denn das wäre doch nur eine Verlängerung eines mit lauter Mühseligkeiten beständig ringenden Spiels. Aber man mag es einer kindischen Urteilskraft allenfalls nicht verdenken, dass sie den Tod fürchtet, ohne das Leben zu lieben, und indem es ihr schwer wird, ihr Dasein jeden einzelnen Tag mit leidlicher Zufriedenheit durchzubringen, dennoch der Tage niemals genug hat, diese Plage zu wiederholen.

283 | Warum missfällt der Tod, da man doch leben müsste, um unglücklich zu sein?

284 | Der Selbstmord ist oft bloß die Wirkung von einem Raptus. Denn der, welcher sich in der Heftigkeit des Affekts die Gurgel abschneidet, lässt sich bald darauf geduldig sie wieder zunähen.

285 | Den Tod fürchten die am wenigsten, deren Leben den meisten Wert hat.

286 | Das gründlichste und leichteste Besänftigungsmittel aller Schmerzen ist der Gedanke, den man einem vernünftigen Menschen wohl anmuten kann: dass das Leben überhaupt, was den Genuss desselben betrifft, der von Glücksumständen abhängt, gar keinen eigenen Wert, und nur was den Gebrauch desselben anlangt, zu welchen Zwecken es gerichtet ist, einen Wert habe, den nicht das Glück, sondern allein die Weisheit dem Menschen verschaffen kann; der also in seiner Gewalt ist. Wer ängstlich wegen des Verlustes desselben bekümmert ist, wird des Lebens nie froh werden.

287 | Im Leben (absolut) zufrieden zu sein, wäre tatlose Ruhe und Stillstand der Triebfedern oder Abstumpfung der Empfindungen und der damit verknüpften Tätigkeit. Eine solche aber kann ebenso wenig mit dem intellektuellen Leben des Menschen zusammen bestehen als der Stillstand des Herzens in einem tierischen Körper, auf den, wenn nicht (durch den Schmerz) ein neuer Anreiz ergeht, unvermeidlich der Tod erfolgt.

288 | Der Schmerz ist der Stachel der Tätigkeit, und in dieser fühlen wir allererst unser Leben.

289 | Warum ist die Arbeit die beste Art, sein Leben zu genießen? Weil sie beschwerliche (an sich unangenehme und nur durch den Erfolg ergötzende) Beschäftigung ist, und die Ruhe, durch das bloße Verschwinden einer langen Beschwerde, zur fühlbaren Lust, dem Frohsein wird; da sie sonst nichts Genießbares sein würde.

Geistige Fähigkeiten

290 | Das Zeitalter der Gelangung des Menschen zum vollständigen Gebrauch seiner Vernunft kann in Ansehung seiner Geschicklichkeit (Kunstvermögens zu beliebiger Absicht) etwa ins zwanzigste, das in Ansehung der Klugheit (andere Menschen zu seinen Absichten zu brauchen) ins vierzigste, endlich das der Weisheit etwa im sechzigsten anberaumt werden; in welcher letzteren Epoche aber sie mehr negativ ist, alle Torheiten der beiden ersteren einzusehen; wo man sagen kann: »Es ist schade, alsdann sterben zu müssen, wenn man nun allererst gelernt hat, wie man recht gut hätte leben sollen«, und wo selbst dieses Urteil noch selten ist; indem die Anhänglichkeit am Leben desto stärker wird, je weniger es, sowohl im Tun als Genießen, Wert hat.

291 | So viel ist gewiss, dass, wenn die Auflösung einer Frage auf den allgemeinen und angeborenen Regeln des Verstandes (deren Besitz Mutterwitz genannt wird) beruht, es unsicherer ist, sich nach studierten und künstlich aufgestellten Prinzipien (dem Schulwitz) umzusehen und seinen Beschluss darnach abzufassen, als wenn man es auf den Ausschlag der im Dunkeln des Gemüts liegenden Bestimmungsgründe des Urteils in Masse ankommen lässt, welches man den logischen Takt nennen könnte; wo die Überlegung den Gegenstand sich auf vielerlei Seiten vorstellig macht und ein richtiges Resultat herausbringt, ohne sich der Akte, die hierbei im Inneren des Gemüts vorgehen, bewusst zu werden.

292 | Phantasie ist düster oder frei und unser guter Genius oder Dämon [...] Sie ist die Quelle aller unserer entzückendsten Freuden, im gleichen unserer Leiden. Die Liebe lebt bloß durch sie; die Ehre ist gleichsam ein Luftwesen, was bloß in ihr eine Wirklichkeit hat. Der Geiz dient bloß der Phantasie vom glücklichen Leben, das durch so viel Glücksgüter möglich ist. Die Phantasien er-

strecken sich bis zum Grabe hin. Trocken oder luftig zu liegen, auf Grabsteinen gelesen zu werden, erfreut uns, die wir in der Phantasie alsdann leben und es mit anschauen […] Wir können ohne sie nicht einsame Stunden verkürzen. Vermittelst ihrer tun wir Reisen, regieren Länder usw. Wer sie nicht zu zähmen weiß, ist ein Phantast; bei dem sich die zügellose Phantasie mit Ideen des Guten assoziiert, ein Enthusiast; bei dem sie regellos ist, ein Träumer.

293 | Es gibt Phantasten der Empfindung: Verliebte, Melancholische, Devote; oder der Vernunft, als: St. Pierre, Plato, Rousseau.

294 | Die gelindeste unter allen Abschweifungen über die Grenzlinie des gesunden Verstandes ist das Steckenpferd; eine Liebhaberei, sich an Gegenständen der Einbildungskraft, mit denen der Verstand zur Unterhaltung bloß spielt, als mit einem Geschäfte geflissentlich zu befassen, gleichsam ein beschäftigter Müßiggang. Für alte, sich in Ruhe setzende und bemittelte Leute ist diese, gleichsam in die sorglose Kindheit sich wieder zurückziehende Gemütslage nicht allein als eine die Lebenskraft immer rege erhaltende Agitation der Gesundheit zuträglich, sondern auch liebenswürdig, dabei aber auch belachenswert; so dass der Belachte gutmütig mitlachen kann. Aber auch bei Jüngeren und Beschäftigten dient diese Reiterei zur Erholung, und Klüglinge, die so kleine unschuldige Torheiten mit pedantischem Ernste rügen, ver-

dienen Sternes Zurechtweisung: »Lass doch einen jeden auf seinem Steckenpferde die Straßen der Stadt auf und nieder reiten: wenn er dich nur nicht nötigt, hinten aufzusitzen.«

295 | In der Religion ist der Choleriker orthodox,
der Sanguinische Freigeist,
der Melancholische Schwärmer,
der Phlegmatische Indifferentist.
Allein das sind so hingeworfene Urteile, die für die Charakteristik so viel gelten, als skurrilischer Witz ihnen einräumt (valent quantum possunt).

296 | Mit dem Alter nimmt Urteilskraft zu und Genie ab.

297 | Das Genie scheint nach der Verschiedenheit des Nationalschlages und des Bodens, dem es angeboren ist, verschiedene ursprüngliche Keime in sich zu haben und sie verschiedentlich zu entwickeln. Es schlägt bei den Deutschen mehr in die Wurzel, bei den Italienern in die Krone, bei den Franzosen in die Blüte und bei den Engländern in die Frucht*.

298 | Ob der Welt durch große Genies im Ganzen sonderlich gedient sei, weil sie doch oft neue Wege einschlagen und neue Aussichten eröffnen, oder ob mechanische Köpfe, wenn sie gleich nicht Epoche machten, mit ihren

* Vgl. Nr. 271.

alltäglichen, langsam am Stecken und Stabe der Erfahrung fortschreitenden Verstande nicht das meiste zum Wachstum der Künste und Wissenschaften beigetragen haben, indem sie, wenngleich keiner von ihnen Bewunderung erregte, doch auch keine Unordnung stifteten, mag hier unerörtert bleiben. – Aber ein Schlag von ihnen, Geniemänner (besser Genieaffen) genannt, hat sich unter jenem Aushängeschilde mit eingedrängt, welcher die Sprache außerordentlich von der Natur begünstigter Köpfe führt, das mühsame Lernen und Forschen für stümperhaft erklärt und den Geist aller Wissenschaft mit einem Griffe gehascht zu haben, ihn aber in kleinen Gaben konzentriert und kraftvoll zu reichen vorgibt. Dieser Schlag ist, wie der der Quacksalber und Marktschreier, den Fortschritten in wissenschaftlicher und sittlicher Bildung sehr nachteilig, wenn er über Religion, Staatsverhältnisse und Moral, gleich dem Eingeweihten oder Machthaber, vom Weisheitssitze herab im entscheidenden Tone abspricht und so die Armseligkeit des Geistes zu verdecken weiß. Was ist hierwider anderes zu tun als zu lachen und seinen Gang mit Fleiß, Ordnung und Klarheit geduldig fortzusetzen, ohne auf jene Gaukler Rücksicht zu nehmen?

299 | Im Umgange und literarischer Gemeinschaft nehme man sich vor einem Heiligen und einem Genie in Acht. Der erste als ein Auserwählter spricht als Richter über alle andern als Verderbte; der andere als Orakel belehrt sie insgesamt als Dummköpfe. Wenn er beides zugleich ist, welches freilich nur selten geschieht, ein Heiliger aus bloßem Genie, ohne durch langsame sittliche Disziplin es zu sein, und ein Genie aus Heiligkeit (durch innere Erleuchtung), ohne durch Fleiß in Wissenschaften belehrt zu sein, so muss er billig von aller Gesellschaft ausgeschlossen sein, und gehört zu einem Bedlam auserlesener Geister. Bescheidenheit ist die Mäßigung seiner Ansprüche durch die billigen Ansprüche anderer.

300 | Pläne machen ist mehrmalen eine üppige, prahlerische Geistesbeschäftigung, dadurch man sich ein Ansehen von schöpferischem Genie gibt, indem man fordert, was man selbst nicht leisten, tadelt, was man doch nicht besser machen kann, und vorschlägt, wovon man selbst nicht weiß, wo es zu finden ist.

Leidenschaften und Gefühle

301 | Der Mensch ist ein Gaukler von Natur und spielt eine fremde Rolle.
  Die Eigenliebe und jeder Affekt betrügt uns innerlich.

302 | Leidenschaften sind Krebsschäden für die reine praktische Vernunft und mehrenteils unheilbar; weil der Kranke nicht geheilt sein will und sich der Herrschaft des Grundsatzes entzieht, durch den dieses allein geschehen könnte.

303 | Überhaupt ist es nicht die Stärke eines gewissen Gefühls, welche den Zustand des Affekts ausmacht, sondern der Mangel der Überlegung, dieses Gefühl mit der Summe aller Gefühle (der Lust oder Unlust) in seinem Zustande zu vergleichen. Der Reiche, welchem sein Bedienter bei einem Feste einen schönen und seltenen gläsernen Pokal im Herumtragen ungeschickter Weise zerbricht, würde diesen Zufall für nichts halten, wenn er in demselben Augenblicke diesen Verlust eines Vergnügens mit der Menge aller Vergnügen, die ihm sein glücklicher Zustand als eines reichen Mannes darbietet, vergliche. Nun überlässt er sich aber ganz allein diesem einen Gefühl des Schmerzes (ohne jene Berechnung in Gedanken schnell zu machen); kein Wunder also, dass ihm dabei so zumute wird, als ob seine ganze Glückseligkeit verloren wäre.

304 | Nötigt einen, der im Zorn zu euch ins Zimmer tritt, um euch in heftiger Entrüstung harte Worte zu sagen, höflich, sich zu setzen; wenn es euch hiemit gelingt, so wird sein Schelten schon gelinder; weil die Gemächlichkeit des Sitzens eine Abspannung ist, welche mit den drohenden Gebehrdungen und dem Schreien im Stehen sich nicht wohl vereinigen lässt.

305 | Aus der Zärtlichkeit muss kein Gewerbe gemacht werden. Sie ist peinlich, leicht beleidigt, macht das Herz welk und schlägt den Mut nieder. Fröhliche Gleichmütigkeit, Neigung zu Scherz, Aufmunterung mit zärtlicher Gesinnung verbunden dauert.

306 | Junge Leute lieben das Gefühlvolle, weil sie leichtsinnig sind, und um ihrer Elastizität willen der Eindruck bald vergeht, ingleichen weil sie noch nicht den Wert davon kennen, sein Gemüt in seiner Gewalt zu haben und es nicht anderer Gewalt preiszugeben.

307 | Auf sich selbst zu lauschen und unaufhörlich die Aufmerksamkeit auf den Zustand seiner Empfindungen richten, benimmt dem Gemüt die Tätigkeit in Ansehung anderer Dinge und ist dem Kopf schädlich.

Die innere Empfindlichkeit, da man durch seine eigenen Reflexionen gerührt wird, ist schädlich.

Analysten erkranken leicht.

308 | Die verschiedenen Akte der Vorstellungskraft in mir zu beobachten, wenn ich sie herbeirufe, ist des Nachdenkens wohl wert, für Logik und Metaphysik nötig und nützlich. – Aber sich belauschen zu wollen, so wie sie auch ungerufen von selbst ins Gemüt kommen (das geschieht durch das Spiel der unabsichtlich dichtenden Einbildungskraft), ist, weil alsdann die Prinzipien des Denkens nicht (wie sie sollen) vorangehen, sondern hintennach folgen, eine Verkehrung der natürlichen Ordnung im Erkenntnisvermögen und ist entweder schon eine Krankheit des Gemüts (Grillenfängerei) oder führt zu derselben und zum Irrhause.

309 | Ich habe wegen meiner flachen und engen Brust, die für die Bewegung des Herzens und der Lunge wenig

Spielraum lässt, eine natürliche Anlage zur Hypochondrie, welche in früheren Jahren bis an den Überdruss des Lebens grenzte. Aber die Überlegung, dass die Ursache dieser Herzbeklemmung vielleicht bloß mechanisch und nicht zu heben sei, brachte es bald dahin, dass ich mich an sie gar nicht kehrte, und während dessen, dass ich mich in der Brust beklommen fühlte, im Kopf doch Ruhe und Heiterkeit herrschte, die sich auch in der Gesellschaft, nicht nach abwechselnden Launen (wie Hypochondrische pflegen), sondern absichtlich und natürlich mitzuteilen nicht ermangelte [...] Die Beklemmung ist mir geblieben; denn ihre Ursache liegt in meinem körperlichen Bau. Aber über ihren Einfluss auf meine Gedanken und Handlungen bin ich Meister geworden durch Abkehrung der Aufmerksamkeit von diesem Gefühle, als ob es mich gar nichts anginge.

310 | Gleichmütigkeit ist das Selbstgefühl einer gesunden Seele.

311 | Die Naturgabe einer Apathie, bei hinreichender Seelenstarke, ist, wie gesagt, das glückliche Phlegma (im moralischen Sinne). Wer damit begabt ist, der ist zwar darum eben noch nicht ein Weiser, hat aber doch die Begünstigung von der Natur, dass es ihm leichter wird als anderen, es zu werden.

312 | Ein Neuling in der Welt verwundert sich über alles; wer aber mit dem Lauf der Dinge durch vielfältige

Erfahrung bekannt geworden, macht es sich zum Grundsatze, sich über nichts zu verwundern (nihil admirari). Wer hingegen mit forschendem Blicke die Ordnung der Natur, in der großen Mannigfaltigkeit derselben, nachdenkend verfolgt, gerät über eine Weisheit, deren er sich nicht gegenwärtig war, in Erstaunen; eine Bewunderung, von der man sich nicht losreißen (sich nicht genug verwundern) kann; welcher Affekt aber alsdann nur durch die Vernunft angeregt wird und eine Art von heiligem Schauer ist, den Abgrund des Übersinnlichen sich vor seinen Füßen eröffnen zu sehen.

313 | Es gibt zweierlei Art von glücklicher Gemütsverfassung. 1. die Gemütsruhe oder Zufriedenheit (gutes Gewissen); 2. das stets fröhliche Herz. Das erste wird unter der Bedingung, dass man sich keiner Schuld bewusst sei, durch eine klare Vorstellung von der Nichtigkeit der Glücksgüter; das zweite ist ein Geschenk der Natur.

Charakterlehre

314 | In der Einheit des Charakters besteht die Vollkommenheit des Menschen.

315 | Alle andere gute und nutzbare Eigenschaften desselben (des Menschen) haben einen Preis, sich gegen andere, die ebenso viel Nutzen schaffen, austauschen zu lassen; das Talent einen Marktpreis, denn der Landes- oder

Gutsherr kann einen solchen Menschen auf allerlei Art brauchen; – das Temperament einen Affektionspreis; man kann sich mit ihm gut unterhalten, er ist ein angenehmer Gesellschafter; – aber – der Charakter hat einen inneren Wert und ist über allen Preis erhaben.

316 | Von einem Menschen schlechthin sagen zu können: »Er hat einen Charakter«, heißt sehr viel von ihm nicht allein gesagt, sondern auch gerühmt; denn das ist eine Seltenheit, die Hochachtung gegen ihn und Bewunderung erregt.

317 | Selbst ein Mensch von bösem Charakter (wie Sylla), wenn er gleich durch die Gewalttätigkeit seiner festen Maximen Abscheu erregt, ist doch zugleich ein Gegenstand der Bewunderung; wie Seelenstärke überhaupt in Vergleichung mit Seelengüte, welche freilich beide in dem Subjekt vereinigt angetroffen werden müssen, um das herauszubringen, was mehr Ideal, als in der Wirklichkeit ist, nämlich: zum Titel der Seelengröße berechtigt zu sein.

318 | Die vielen Anpreisungen der Gutherzigkeit, welche doch wenig mehr als gute Wünsche hervorbringen, romanische Paradiese usw. verhindern das Gemüt, einen Charakter anzunehmen. Aber die pünktlichste Genauigkeit im Unterscheiden dessen, was zum Rechte der Menschen gehört, und größte Gewissenhaftigkeit im Beobachten desselben bildet einen Charakter, macht den Menschen nicht weich, sondern wacker und bringt Tätigkeit hervor.

319 | Die alles auf Gefühle reduzieren, Poeten, haben keinen Charakter.

320 | Intrigante Leute sind schwache Köpfe, öfters haben sie Einfälle, aber im Großen kann ein böser Mensch nichts einsehen.

321 | Einsehende Leute, weil die Wahrheit ihr eigentliches Objekt ist, und sie nur an dem, was beständig ist, Vergnügen finden, sind jederzeit ehrlich.

322 | Manche Menschen haben solche dreiste Gesichter, dass man sich immer vor einer Grobheit von ihnen fürchten muss, so wie man andern Gesichtern es gleich ansehen kann, dass sie nicht imstande sind, jemandem eine Grobheit zu sagen. Man kann immer freimütig aussehen, wenn es nur mit einer gewissen Güte verbunden ist.

323 | Der Hochmut ist niederträchtig, darum, weil er andern Niederträchtigkeit, nämlich sich selbst in Ansehung seiner gering zu achten zumutet. Wenn man nicht selbst zu einer solchen Niederträchtigkeit auferlegt ist, so kann man andere, die sie an sich haben, nicht in seine Neigung aufnehmen. Man muss selbst gelegentlich kriechend sein, um es gut zu finden, dass andere vor uns kriechen.

324 | Kinder, vornehmlich Mädchen, müssen früh zum freimütigen ungezwungenen Lächeln gewöhnt werden; denn die Erheiterung der Gesichtszüge hierbei drückt sich nach und nach auch im Innern ab und begründet eine Disposition zur Fröhlichkeit, Freundlichkeit und Geselligkeit, welche diese Annäherung zur Tugend des Wohlwollens frühzeitig vorbereitet.

325 | Die offene Art sich zu erklären an einem der Mannbarkeit sich nähernden Mädchen oder einem mit der städtischen Manier unbekannten Landmann erweckt, durch die Unschuld und Einfalt (die Unwissenheit in der Kunst zu scheinen), ein fröhliches Lachen bei denen, die in dieser Kunst schon geübt und gewitzigt sind. Nicht ein Auslachen mit Verachtung; denn man ehrt doch hierbei im Herzen die Lauterkeit und Aufrichtigkeit, sondern ein gutmütiges liebevolles Belachen der Unerfahrenheit in der bösen, obgleich auf unsere schon verdorbene Menschennatur gegründeten Kunst zu scheinen, die man eher beseufzen als belachen sollte, wenn man sie mit der Idee einer noch unverdorbenen Natur vergleicht. Es ist eine augenblickliche Fröhlichkeit, wie von einem bewölkten Himmel, der sich an einer Stelle einmal öffnet, den Sonnenstrahl durchzulassen, aber sich sofort wieder zuschließt, um der blöden Maulwurfsaugen der Selbstsucht zu schonen.

326 | Es ist merkwürdig, dass das weibliche Geschlecht in Ansehung dessen, was das gemeine Beste betrifft, völlig gleichgültig sei, dass, ob sie gleich nicht immer in Ansehung einzelner Personen, die sie kennen, lieblos sind, doch die Idee vom Ganzen ganz und gar keine bewegende Kraft hat. Solange das noch unangetastet bleibt, was ihre besondere Neigung interessiert, so sehen sie den Lauf der Dinge, wie er geht, ohne dass es sie anficht. Sie waren nicht geschaffen, um an dem ganzen Gebäude Hand anzulegen, und sehen es für Torheit an, sich um etwas mehr als seine eigene Angelegenheit zu bekümmern.

Das ist sehr gut. Die Männer erholen sich bei ihnen von den öffentlichen Angelegenheiten. Sie bringen auch in die menschlichen Dinge die Kleinigkeit eines Spiels, wie es wirklich beschaffen ist, und mäßigen die übergroße Wichtigkeit.

327 | Was die gelehrten Frauen betrifft, so brauchen sie ihre Bücher etwa so wie ihre Uhr, nämlich sie zu tragen, damit gesehen werde, dass sie eine haben; ob sie zwar gemeiniglich stillsteht oder nicht nach der Sonne gestellt ist.

328 | Der Mann beurteilt weibliche Fehler gelind, die Frau aber (öffentlich) sehr strenge, und junge Frauen, wenn sie die Wahl hätten, ob ihr Vergehen von einem männlichen oder weiblichen Gerichtshofe abgeurteilt werden solle, würden sicher den ersten zu ihrem Richter wählen.

329 | Das Weib ist weigernd, der Mann bewerbend; ihre Unterwerfung ist Gunst. – Die Natur will, dass das Weib gesucht werde; daher musste sie selbst nicht so delikat in der Wahl (nach Geschmack) sein als der Mann, den die Natur auch grober gebaut hat, und der dem Weibe schon gefällt, wenn er nur Kraft und Tüchtigkeit zu ihrer Verteidigung in seiner Gestalt zeigt; denn wäre sie in Ansehung der Schönheit seiner Gestalt ekel und fein in der Wahl, um sich verlieben zu können, so müsste sie sich bewerbend, er aber weigernd zeigen; welches den Wert ihres Geschlechts, selbst in den Augen des Mannes, gänzlich herabsetzen würde.

330 | Die Moden haben so wie die gedankenlosen Schönen ihr Glück nur ihrer Jugend zu danken.

331 | Es sind ganz verschiedene Lobsprüche: eine feine Dame, und: ein wackeres und angenehmes Weib. Jenes lässt sich leicht erlangen und ist gut vorzuzeigen oder Parade zu machen, zu Hause aber viel Umstände und Bemühung ohne Nutzen. Das letztere macht die Glückseligkeit des Mannes. Wenn ich sage: ein feiner Herr, so ist dieses bei weiten etwas anderes als: ein tüchtiger und wackerer Mann. Wenn jener aufhört, Herr zu sein, so ist er nichts. Das Wort »Weib« möchte ich nicht gern aus den Lobsprüchen des Geschlechts verschwinden sehen. Wenn sich die eigentümlichen Wörter verlieren, so verschwinden allgemach die Begriffe.

332 | Aus so krummem Holze, als woraus der Mensch gemacht ist, kann nichts ganz Gerades gezimmert werden. Nur die Annäherung zu dieser Idee ist uns von der Natur auferlegt.

333 | Am Menschen (als dem einzigen vernünftigen Geschöpf auf Erden) sollten sich diejenigen Naturanlagen, die auf den Gebrauch seiner Vernunft abgezielt sind, nur in der Gattung, nicht aber im Individuum vollständig entwickeln.

334 | Die Natur hat uns selbst darauf geführt, zwar empfindsam aber gleichmütig zu sein (Gegenteil von Leidenschaft). Sie hat allen Eindrücken etwas entgegengesetzt. Sie lehrt uns, dass wir sterben müssen, auf dass wir klug werden, dass wir nämlich uns über eine Gunst des Glückes nicht wie Kinder erfreuen, noch über dessen Ungunst wie Kinder betrüben sollen. Sie hat der lebhaften Freude hintennach den Überdruss und Gleichgültigkeit gestellt, damit wir nicht durch Einbildung uns phantastische Glückseligkeit dabei gedächten; die Liebe, welche sich von dem Zwange der Verbindlichkeit freispricht, mit viel Kränkungen, die, so sich der Ordnung und dem Gesetze unterwirft, mit Beschwerlichkeit, vornehmlich mit Kaltsinn verbunden, damit der Mann nicht ein Geck seiner Leidenschaft werde. Sie hat das Unbedeutende der Menschen und ihrer Urteile so vor Augen gelegt, damit

wir zwar durch Hang nicht ohne Gefühl für ihr Urteil wären, aber daraus auch keine Sache machen sollen, die uns ans Herz geht.

335 | Man kann in Ansehung des Interesses an dem, was in der Welt vorgeht, zwei Standpunkte nehmen, den Standpunkt des Erdensohns und den des Weltbürgers. In dem ersten interessiert nichts als Geschichte, und was sich auf Dinge bezieht, sofern sie Einfluss auf unser Wohlbefinden haben; im zweiten interessiert die Menschheit, das Weltganze, der Ursprung der Dinge, ihr innerer Wert, die letzten Zwecke, wenigstens genug, nur darüber mit Neigung zu urteilen. Der Standpunkt des Erdensohns führt uns zu unserer nächsten Pflicht, nur muss man daran nicht geheftet sein. Es macht einen tätigen, wackern Mann, aber doch von engem Herzen und Aussichten [...] Der Erdensohn hat nicht genugsam Stoff in sich selbst; er hängt an den Menschen und Dingen, von denen er befangen ist [...] Weltbürger muss die Welt als Einsassen und nicht als Fremdlinge betrachten.

ANHANG

GRUNDLINIEN DES KRITISCHEN SYSTEMS

AUS DER KRITIK DER
REINEN VERNUNFT

Reine und empirische Erkenntnis

I | Dass alle unsere Erkenntnis mit der Erfahrung an-
fange, daran ist gar kein Zweifel; denn wodurch sollte
das Erkenntnisvermögen sonst zur Ausübung erweckt
werden, geschähe es nicht durch Gegenstände, die unsere Sinne rühren und teils von selbst Vorstellungen bewirken, teils unsere Verstandesfähigkeit in Bewegung
bringen, diese zu vergleichen, sie zu verknüpfen oder zu
trennen und so den rohen Stoff sinnlicher Eindrücke zu
einer Erkenntnis der Gegenstände zu verarbeiten, die
Erfahrung heißt? Der Zeit nach geht also keine Erkenntnis in uns vor der Erfahrung vorher, und mit dieser fängt alle an.

Wenn aber gleich alle unsere Erkenntnis mit der Erfahrung anhebt, so entspringt sie darum doch nicht eben
alle aus der Erfahrung. Denn es könnte wohl sein, dass
selbst unsere Erfahrungserkenntnis ein Zusammengesetz-
tes aus dem sei, was wir durch Eindrücke empfangen, und
dem, was unser eigenes Erkenntnisvermögen (durch
sinnliche Eindrücke bloß veranlasst) aus sich selbst her-
gibt, welchen Zusatz wir von jenem Grundstoffe nicht
eher unterscheiden, als bis lange Übung uns darauf auf-
merksam und zur Absonderung desselben geschickt gemacht hat.

Es ist also wenigstens eine der näheren Untersuchung noch benötigte und nicht auf den ersten Anschein sogleich abzufertigende Frage: Ob es ein dergleichen von der Erfahrung und selbst von allen Eindrücken der Sinne unabhängiges Erkenntnis gebe? Man nennt solche Erkenntnisse *a priori* und unterscheidet sie von den *empirischen*, die ihre Quellen *a posteriori*, nämlich in der Erfahrung haben.

2 | Es kommt hier auf ein Merkmal an, woran wir sicher ein reines Erkenntnis von empirischem unterscheiden können. Erfahrung lehrt uns zwar, dass etwas so oder so beschaffen sei, aber nicht, dass es nicht anders sein könne. Findet sich also erstlich ein Satz, der zugleich mit seiner Notwendigkeit gedacht wird, so ist er ein Urteil a priori; ist er überdem auch von keinem abgeleitet, als der selbst wiederum als ein notwendiger Satz gültig ist, so ist er schlechterdings a priori. Zweitens. Erfahrung gibt niemals ihren Urteilen wahre oder strenge, sondern nur angenommene und komparative Allgemeinheit (durch Induktion), so dass es eigentlich heißen muss: So viel wir bisher wahrgenommen haben, findet sich von dieser oder jener Regel keine Ausnahme. Wird also ein Urteil in strenger Allgemeinheit gedacht, d. i. so, dass gar keine Ausnahme als möglich verstattet wird, so ist es nicht von der Erfahrung abgeleitet, sondern schlechterdings a priori gültig. Die empirische Allgemeinheit ist also nur eine willkürliche Steigerung der Gültigkeit, von der, welche in den meisten Fällen, bis zu der, die in allen gilt, wie z. B. in dem Satze: Alle Körper sind schwer; wo dagegen strenge Allgemeinheit zu einem Urteile wesentlich gehört, da zeigt diese auf einen besonderen Erkenntnisquell desselben, nämlich ein Vermögen des Erkenntnisses a priori. Notwendigkeit und strenge Allgemeinheit sind also sichere Kennzeichen einer Erkenntnis a priori und gehören auch unzertrennlich zueinander [...]

Dass es nun dergleichen notwendige und im strengsten Sinne allgemeine, mithin reine Urteile a priori im menschlichen Erkenntnis wirklich gebe, ist leicht zu zeigen. Will man ein Beispiel aus Wissenschaften, so darf man nur auf alle Sätze der Mathematik hinaussehen; will man ein solches aus dem gemeinsten Verstandesgebrauche, so kann der Satz, dass alle Veränderung eine Ursache haben müsse, dazu dienen; ja in dem letzteren enthält selbst der Begriff einer Ursache so offenbar den Begriff einer Notwendigkeit der Verknüpfung mit einer Wirkung und einer strengen Allgemeinheit der Regel, dass er gänzlich verloren gehen würde, wenn man ihn, wie Hume tat, von einer öfteren Beigesellung dessen, was geschieht, mit dem, was vorhergeht, und einer daraus entspringenden Gewohnheit (mithin bloß subjektiven Notwendigkeit) Vorstellungen zu verknüpfen, ableiten wollte. Auch könnte man, ohne dergleichen Beispiele zum Beweise der Wirklichkeit reiner Grundsätze a priori in unserem Erkenntnisse zu bedürfen, dieser ihre Unentbehrlichkeit zur Möglichkeit der Erfahrung selbst, mithin a priori dartun. Denn wo wollte selbst Erfahrung ihre Gewissheit hernehmen, wenn alle Regeln, nach denen sie fortgeht, immer wieder empirisch, mithin zufällig wären; daher man diese schwerlich für erste Grundsätze gelten lassen kann.

Die sinnliche Erkenntnis

3 | Zuerst wird es nötig sein, uns so deutlich als möglich zu erklären, was in Ansehung der Grundbeschaffenheit der sinnlichen Erkenntnis überhaupt unsere Meinung sei, um aller Missdeutung derselben vorzubeugen.

Wir haben also sagen wollen, dass alle unsere Anschauung nichts als die Vorstellung von Erscheinung sei; dass die Dinge, die wir anschauen, nicht das an sich selbst sind, wofür wir sie anschauen, noch ihre Verhältnisse so an sich selbst beschaffen sind, als sie uns erscheinen; und dass, wenn wir unser Subjekt oder auch nur die subjektive Beschaffenheit der Sinne überhaupt aufheben, alle die Beschaffenheit, alle Verhältnisse der Objekte in Raum und Zeit, ja selbst Raum und Zeit verschwinden würden, und als Erscheinungen nicht an sich selbst, sondern nur in uns existieren können. Was es für eine Bewandtnis mit den Gegenständen an sich und abgesondert von aller dieser Rezeptivität unserer Sinnlichkeit haben möge, bleibt uns gänzlich unbekannt. Wir kennen nichts, als unsere Art sie wahrzunehmen, die uns eigentümlich ist, die auch nicht notwendig jedem Wesen, obzwar jedem Menschen zukommen muss. Mit dieser haben wir es lediglich zu tun. Raum und Zeit sind die reinen Formen derselben, Empfindung überhaupt die Materie. Jene können wir allein a priori, d. i. vor aller wirklichen Wahrnehmung erkennen, und sie heißt darum reine Anschauung; diese aber ist das in unserem Erkenntnis, was da macht, dass sie Erkenntnis a posteriori, d. i. empirische Anschauung heißt. Jene hängen unserer Sinnlichkeit schlechthin notwendig an, welcher Art auch unsere Empfindungen sein mögen; diese können sehr verschieden sein. Wenn wir diese unsere Anschauung auch zum höchsten Grade der Deutlichkeit bringen könnten, so würden wir dadurch der Beschaffenheit der Gegenstände an sich selbst nicht näher kommen. Denn wir würden auf allen Fall doch nur unsere Art der Anschauung, d. i. unsere Sinnlichkeit vollständig erkennen und diese immer nur unter den dem Subjekt ursprünglich anhängenden Bedingungen von Raum und Zeit; was die Gegenstände an sich selbst sein mögen, würde uns durch die aufgeklärteste Erkenntnis der Erscheinung derselben, die uns allein gegeben ist, doch niemals bekannt werden.

4 | Wir unterscheiden sonst wohl unter Erscheinungen das, was der Anschauung derselben wesentlich anhängt und für jeden menschlichen Sinn überhaupt gilt, von demjenigen, was derselben nur zufälligerweise zukommt, indem es nicht auf die Beziehung der Sinnlichkeit überhaupt, sondern nur auf eine besondere Stellung oder Organisation dieses oder jenes Sinnes gültig ist. Und da nennt man die erstere Erkenntnis eine solche, die den Gegenstand an sich selbst vorstellt, die zweite aber nur die Erscheinung desselben. Dieser Unterschied ist aber nur empirisch. Bleibt man dabei stehen (wie es gemeiniglich geschieht) und sieht jene empirische Anschauung nicht wiederum (wie es geschehen sollte) als bloße Erscheinung an, so dass darin gar nichts, was irgendeine Sache an sich selbst anginge, anzutreffen ist, so ist unser transzendentaler Unterschied verloren, und wir glauben alsdann doch, Dinge an sich zu erkennen, ob wir es gleich überall (in der Sinnenwelt) selbst bis zu der tiefsten Erforschung ihrer Gegenstände mit nichts als Erscheinungen zu tun haben. So werden wir zwar den Regenbogen eine bloße Erscheinung bei einem Sonnenregen nennen, diesen Regen aber die Sache an sich selbst, welches auch richtig ist, sofern wir den letzteren Begriff nur physisch verstehen, als das, was in der allgemeinen Erfahrung, unter allen verschiedenen Lagen zu den Sinnen, doch in der Anschauung so und nicht anders bestimmt ist. Nehmen wir aber dieses Empirische überhaupt und fragen, ohne uns an die Einstimmung desselben mit jedem Menschensinne zu kehren, ob auch dieses einen Gegenstand an sich selbst (nicht die Regentropfen, denn sie sind denn schon, als Erscheinungen, empirische Objekte) vorstelle, so ist die Frage von der Beziehung der Vorstellung auf den Gegenstand transzendental, und nicht allein diese Tropfen sind bloße Erscheinungen, sondern selbst ihre runde Gestalt, ja sogar der Raum, in welchem sie fallen, sind nichts an sich selbst, sondern bloße Modifikationen oder Grund-

lagen unserer sinnlichen Anschauung; das transzendentale* Objekt aber bleibt uns unbekannt.

5 | Wenn ich sage: Im Raum und der Zeit stellt die An-
schauung sowohl der äußeren Objekte als auch die Selbst-
anschauung des Gemüts beides vor, so wie es unsere Sinne
affiziert, d. i. wie es erscheint, so will das nicht sagen, dass
diese Gegenstände ein bloßer Schein wären. Denn in der
Erscheinung werden jederzeit die Objekte, ja selbst die Be-
schaffenheiten, die wir ihnen beilegen, als etwas wirklich
Gegebenes angesehen, nur dass, sofern diese Beschaffenheit
nur von der Anschauungsart des Subjekts in der Relation
des gegebenen Gegenstandes zu ihm abhängt, dieser Gegenstand als Erscheinung von ihm selber als Objekt an sich
unterschieden wird. So sage ich nicht, die Körper scheinen
bloß außer mir zu sein, oder meine Seele scheint nur in
meinem Selbstbewusstsein gegeben zu sein, wenn ich be-
haupte, dass die Qualität des Raums und der Zeit, welcher,
als Bedingung ihres Daseins, gemäß ich beide setze, in meiner Anschauungsart und nicht in diesen Objekten an sich
liege. Es wäre meine eigene Schuld, wenn ich aus dem, was
ich zur Erscheinung zählen sollte, bloßen Schein machte.

* Transzendental bedeutet hier, wie öfters bei Kant, dasselbe wie
transzendent: jenseits der Erscheinung liegend, die Bewusstseins-
grenze übersteigend, »an sich«. Sonst steht es für a priori, für das
nicht durch Erfahrung Empfangene, für das dem Geist Innewoh-
nende, was mit der »Materie« der Empfindungen zusammen erst
die Erscheinungswelt erbaut. In welchem Sinne es jeweilig zu nehmen ist, kann nur der Zusammenhang lehren.

6 | Das Mannigfaltige der Vorstellungen kann in einer Anschauung gegeben werden, die bloß sinnlich, d. i. nichts als Empfänglichkeit ist, und die Form dieser Anschauung kann a priori in unserem Vorstellungsvermögen liegen, ohne doch etwas anderes, als die Art zu sein, wie das Subjekt affiziert wird. Allein die Verbindung (conjunctio) eines Mannigfaltigen überhaupt kann niemals durch Sinne in uns kommen und kann also auch nicht in der reinen Form der sinnlichen Anschauung zugleich mit enthalten sein; denn sie ist ein Aktus der Spontaneität der Vorstellungskraft, und da man diese, zum Unterschiede von der Sinnlichkeit, Verstand nennen muss, so ist alle Verbindung, wir mögen uns ihrer bewusst werden oder nicht, es mag eine Verbindung des Mannigfaltigen der Anschauung oder mancherlei Begriffe, und an der ersteren der sinnlichen oder nichtsinnlichen Anschauung sein, eine Verstandeshandlung, die wir mit der allgemeinen Benennung *Synthesis* belegen werden, um dadurch zugleich bemerklich zu machen, dass wir uns nichts als im Objekte verbunden vorstellen können, ohne es vorher selbst verbunden zu haben, und unter allen Vorstellungen die *Verbindung* die einzige ist, die nicht durch Objekte gegeben, sondern nur vom Subjekte selbst verrichtet werden kann, weil sie ein Aktus seiner Selbsttätigkeit ist. Man wird hier leicht gewahr, dass diese Handlung ursprünglich einig und für alle Verbindung gleichgeltend sein müsse, und dass die Auflösung, Analysis, die ihr Gegenteil zu sein scheint, sie doch jederzeit voraussetze; denn wo der Verstand vorher nichts verbunden hat, da kann er auch nichts auflösen, weil es nur durch ihn als verbunden der Vorstellungskraft hat gegeben werden müssen.

Aber der Begriff der Verbindung führt außer dem Begriffe des Mannigfaltigen und der Synthesis desselben noch den der Einheit desselben bei sich. Verbindung ist Vorstellung der synthetischen Einheit des Mannigfaltigen. Die Vorstellung dieser Einheit kann also nicht aus der Verbindung entstehen, sie macht vielmehr dadurch, dass sie zur Vorstellung des Mannigfaltigen hinzukommt, den Begriff der Verbindung allererst möglich.

7 | Der oberste Grundsatz der Möglichkeit aller Anschauung in Beziehung auf die Sinnlichkeit war laut der transzendentalen Ästhetik*: dass alles Mannigfaltige derselben unter den formalen Bedingungen des Raumes und der Zeit stehe. Der oberste Grundsatz ebenderselben in Beziehung auf den Verstand ist: dass alles Mannigfaltige der Anschauung unter Bedingungen der ursprünglich synthetischen Einheit der Apperzeption stehe. Unter dem ersteren stehen alle mannigfaltigen Vorstellungen der Anschauungen, sofern sie uns gegeben werden, unter dem zweiten, sofern sie in einem Bewusstsein müssen verbunden werden können; denn ohne das kann nichts dadurch

* Transzendentale Ästhetik heißt derjenige Teil der Kr. d. r. V., in dem Kant die transzendentalen Bedingungen, die Formen a priori der sinnlichen Erkenntnis (αἴσθησις) untersucht, und hat mit Ästhetik als Kunstwissenschaft nichts zu tun.

gedacht oder erkannt werden, weil die gegebenen Vorstellungen den Aktus der Apperzeption: Ich denke, nicht gemein haben und dadurch nicht in einem Selbstbewusstsein zusammengefasst sein würden.

Verstand ist, allgemein zu reden, das Vermögen der Erkenntnisse. Diese bestehen in der bestimmten Beziehung gegebener Vorstellungen auf ein Objekt. Objekt aber ist das, in dessen Begriff das Mannigfaltige einer gegebenen Anschauung vereinigt ist. Nun erfordert aber alle Vereinigung der Vorstellungen Einheit des Bewusstseins in der Synthesis derselben. Folglich ist die Einheit des Bewusstseins dasjenige, was allein die Beziehung der Vorstellungen auf einen Gegenstand, mithin ihre objektive Gültigkeit, folglich, dass sie Erkenntnisse werden, ausmacht und worauf also selbst die Möglichkeit des Verstandes beruht.

Das erste reine Verstandeserkenntnis also, worauf sein ganzer übriger Gebrauch sich gründet, welches auch zugleich von allen Bedingungen der sinnlichen Anschauung ganz unabhängig ist, ist nun der Grundsatz der ursprünglichen synthetischen Einheit der Apperzeption. So ist die bloße Form der äußeren sinnlichen Anschauung, der Raum, noch gar keine Erkenntnis; er gibt nur das Mannigfaltige der Anschauung a priori zu einem möglichen Erkenntnis. Um aber irgendetwas im Raume zu erkennen, z. B. eine Linie, muss ich sie *ziehen*, und also eine bestimmte Verbindung des gegebenen Mannigfaltigen synthetisch zustande bringen, so dass die Einheit dieser Handlung zugleich die Einheit des Bewusstseins (im Begriffe einer Linie) ist und dadurch allererst ein Objekt (ein bestimmter Raum) erkannt wird. Die synthetische Einheit des Bewusstseins ist also eine objektive Bedingung aller Erkenntnis, nicht deren ich bloß selbst bedarf, um ein Objekt zu erkennen, sondern unter der jede Anschauung stehen muss, um für mich *Objekt* zu werden, weil auf andere Art und ohne diese Synthesis das Mannigfaltige sich nicht in einem Bewusstsein vereinigen würde.

8 | Die Möglichkeit der Erfahrung ist also das, was allen unseren Erkenntnissen a priori objektive Realität gibt. Nun beruht Erfahrung auf der synthetischen Einheit der Erscheinungen, d. i. auf einer Synthesis nach Begriffen vom Gegenstande der Erscheinungen überhaupt, ohne welche sie nicht einmal Erkenntnis, sondern eine Rhapsodie von Wahrnehmungen sein würde, die sich in keinen Kontext nach Regeln eines durchgängig verknüpften (möglichen) Bewusstseins, mithin auch nicht zur transzendentalen und notwendigen Einheit der Apperzeption zusammenschicken würden. Die Erfahrung hat also Prinzipien ihrer Form a priori zum Grunde liegen, nämlich allgemeine Regeln der Einheit in der Synthesis der Erscheinungen, deren objektive Realität, als notwendige Bedingungen, jederzeit in der Erfahrung, ja sogar ihrer Möglichkeit gewiesen werden kann.

9 | Wir haben den Verstand oben auf mancherlei Weise erklärt: durch eine Spontaneität der Erkenntnis (im Gegensatz der Rezeptivität der Sinnlichkeit), durch ein Ver-

mögen zu denken oder auch ein Vermögen der Begriffe oder auch der Urteile, welche Erklärungen, wenn man sie beim Lichte besieht, auf eins hinauslaufen. Jetzt können wir ihn als das *Vermögen der Regeln* charakterisieren. Dieses Kennzeichen ist fruchtbarer und tritt dem Wesen desselben näher. Sinnlichkeit gibt uns Formen (der Anschauung), der Verstand aber Regeln. Dieser ist jederzeit beschäftigt, die Erscheinungen in der Absicht durchzuspähen, um an ihnen irgendeine Regel aufzufinden. Regeln, sofern sie objektiv sind, mithin der Erkenntnis des Gegenstandes notwendig anhängen, heißen Gesetze. Ob wir gleich durch Erfahrung viel Gesetze lernen, so sind diese doch nur besondere Bestimmungen noch höherer Gesetze, unter denen die höchsten (unter welchen alle andere stehen) a priori aus dem Verstande selbst herkommen und nicht von der Erfahrung entlehnt sind, sondern vielmehr den Erscheinungen ihre Gesetzmäßigkeit verschaffen und eben dadurch Erfahrung möglich machen müssen. Es ist also der Verstand nicht bloß ein Vermögen, durch Vergleichung der Erscheinungen sich Regeln zu machen; er ist selbst die Gesetzgebung für die Natur, d. i. ohne Verstand würde es überall nicht Natur, d. i. synthetische Einheit des Mannigfaltigen der Erscheinungen nach Regeln geben […]

So übertrieben, so widersinnisch es also auch lautet, zu sagen: Der Verstand ist selbst der Quell der Gesetze der Natur und mithin der formalen Einheit der Natur, so richtig und dem Gegenstande, nämlich der Erfahrung angemessen ist gleichwohl eine solche Behauptung. Zwar können empirische Gesetze, als solche, ihren Ursprung keineswegs vom reinen Verstande herleiten, so wenig als die unermessliche Mannigfaltigkeit der Erscheinungen aus der reinen Form der sinnlichen Anschauung hinlänglich begriffen werden kann. Aber alle empirischen Gesetze sind nur besondere Bestimmungen der reinen Gesetze des Verstandes, unter welchen und nach deren Norm jene allererst möglich sind, und die Erscheinungen eine gesetzliche Form annehmen, so wie auch alle Erscheinungen, unerachtet der Verschiedenheit ihrer empirischen Form, dennoch jederzeit den Bedingungen der reinen Form der Sinnlichkeit gemäß sein müssen.

Der reine Verstand ist also in den Kategorien das Gesetz der synthetischen Einheit aller Erscheinungen und macht dadurch Erfahrung ihrer Form nach allererst und ursprünglich möglich.

Gebiet und Grenzen der sinnlichen und der Verstandeserkenntnis

10 | Wir haben in der transzendentalen Ästhetik hinreichend bewiesen, dass alles, was im Raume oder der Zeit angeschaut wird, mithin alle Gegenstände einer uns möglichen Erfahrung, nichts als Erscheinungen, d. i. bloße Vorstellungen sind, die so, wie sie vorgestellt werden, als ausgedehnte Wesen oder Reihen von Veränderungen, außer unseren Gedanken keine an sich gegründete Existenz haben. Diesen Lehrbegriff nenne ich den transzen-

dentalen *Idealismus*. Der Realist in transzendentaler Bedeutung macht aus diesen Modifikationen unserer Sinnlichkeit an sich subsistierende Dinge, und daher bloße Vorstellungen zu Sachen an sich selbst.

Man würde uns Unrecht tun, wenn man uns den schon längst so verschrieenen empirischen Idealismus zumuten wollte, der, indem er die eigene Wirklichkeit des Raumes annimmt, das Dasein der ausgedehnten Wesen in demselben leugnet, wenigstens zweifelhaft findet, und zwischen Traum und Wahrheit in diesem Stücke keinen genugsam erweislichen Unterschied einräumt. Was die Erscheinungen des innern Sinnes in der Zeit betrifft, an denen, als wirklichen Dingen, findet er keine Schwierigkeit; ja er behauptet sogar, dass diese innere Erfahrung das wirkliche Dasein ihres Objekts (an sich selbst) (mit aller dieser Zeitbestimmung) einzig und allein hinreichend beweise.

Unser transzendentaler Idealismus erlaubt es dagegen, dass die Gegenstände äußerer Anschauung, ebenso wie sie im Raume angeschaut werden, auch wirklich seien, und in der Zeit alle Veränderungen, so wie sie der innere Sinn vorstellt. Denn da der Raum schon eine Form derjenigen Anschauung ist, die wir die äußere nennen, und ohne Gegenstände in demselben es gar keine empirische Vorstellung geben würde, so können und müssen wir darin ausgedehnte Wesen als wirklich annehmen, und eben so ist es auch mit der Zeit. Jener Raum selber aber, samt dieser Zeit, und zugleich mit beiden alle Erscheinungen sind doch an sich selbst keine *Dinge*, sondern nichts als Vorstellungen und können gar nicht außer unserem Gemüt existieren, und selbst ist die innere und sinnliche Anschauung unseres Gemüts (als Gegenstandes des Bewusstseins), dessen Bestimmung durch die Sukzession verschiedener Zustände in der Zeit vorgestellt wird, auch nicht das eigent-liche Selbst, so wie es an sich existiert, oder das transzendentale Subjekt, sondern nur eine Erscheinung, die der Sinnlichkeit dieses uns unbekannten Wesens gegeben worden. Das Dasein dieser inneren Erscheinung, als eines so an sich existierenden Dinges, kann nicht eingeräumt werden, weil ihre Bedingung die Zeit ist, welche keine Bestimmung irgendeines Dinges an sich selbst sein kann. In dem Raume aber und der Zeit ist die empirische Wahrheit der Erscheinungen genugsam gesichert und von der Verwandtschaft mit dem Traume hinreichend unterschieden, wenn beide nach empirischen Gesetzen in einer Erfahrung richtig und durchgängig zusammenhängen.

Es sind demnach die Gegenstände der Erfahrung niemals an sich selbst, sondern nur in der Erfahrung gegeben und existieren außer derselben gar nicht. Dass es Einwohner im Monde geben könne, ob sie gleich kein Mensch jemals wahrgenommen hat, muss allerdings eingeräumt werden; aber es bedeutet nur so viel, dass wir in dem möglichen Fortschritt der Erfahrung auf sie treffen könnten; denn alles ist wirklich, was mit einer Wahrnehmung nach Gesetzen des empirischen Fortgangs in einem Kontext stehet. Sie sind also alsdenn wirklich, wenn sie mit meinem wirklichen Bewusstsein in einem empirischen Zusammenhange stehen, ob sie gleich darum nicht an sich, d. i. außer diesem Fortschritt der Erfahrung wirklich sind.

Uns ist wirklich nichts gegeben als die Wahrnehmung und der empirische Fortschritt von dieser zu andern möglichen Wahrnehmungen. Denn an sich selbst sind die Erscheinungen, als bloße Vorstellungen, nur in der Wahrnehmung wirklich, die in der Tat nichts anderes ist als die Wirklichkeit einer empirischen Vorstellung, d. i. Erscheinung. Vor der Wahrnehmung eine Erscheinung ein wirkliches Ding nennen, bedeutet entweder, dass wir im Fortgange der Erfahrung auf eine solche Wahrnehmung treffen müssen, oder es hat gar keine Bedeutung. Denn dass sie an sich selbst, ohne Beziehung auf unsere Sinne und mögliche Erfahrung existiere, könnte allerdings gesagt werden, wenn von einem Dinge an sich selbst die Rede wäre. Es ist aber bloß von einer Erscheinung im Raume und der Zeit, die beides keine Bestimmungen der Dinge an sich selbst, sondern nur unserer Sinnlichkeit sind, die Rede; daher das, was in ihnen ist (Erscheinungen), nicht an sich etwas, sondern bloße Vorstellungen sind, die, wenn sie nicht in uns (in der Wahrnehmung) gegeben sind, überall nirgend angetroffen werden.

Das sinnliche Anschauungsvermögen ist eigentlich nur eine Rezeptivität, auf gewisse Weise mit Vorstellungen affiziert zu werden, deren Verhältnis zueinander eine reine Anschauung des Raumes und der Zeit ist (lauter Formen unserer Sinnlichkeit), und welche, so fern sie in diesem Verhältnisse (dem Raume und der Zeit) nach Gesetzen der Einheit der Erfahrung verknüpft und bestimmbar sind, Gegenstände heißen. Die nichtsinnliche Ursache dieser Vorstellungen ist uns gänzlich unbekannt, und diese können wir daher nicht als Objekt anschauen: denn dergleichen Gegenstand würde weder im Raume noch der Zeit (als bloßen Bedingungen der sinnlichen Vorstellung) vorgestellt werden müssen, ohne welche Bedingungen wir uns gar keine Anschauung denken können. Indessen können wir die bloß intelligible Ursache der Erscheinungen überhaupt das transzendentale Objekt nennen, bloß damit wir etwas haben, was der Sinnlichkeit als einer Rezeptivität korrespondiert. Diesem transzendentalen Objekt können wir allen Umfang und Zusammenhang unserer möglichen Wahrnehmungen zuschreiben, und sagen: dass es vor aller Erfahrung an sich selbst gegeben sei. Die Erscheinungen aber sind, ihm gemäß, nicht an sich, sondern nur in dieser Erfahrung gegeben, weil sie bloße Vorstellungen sind, die nur als Wahrnehmungen einen wirklichen Gegenstand bedeuten, wenn nämlich diese Wahrnehmung mit allen andern nach den Regeln der Erfahrungseinheit zusammenhängt. So kann man sagen: Die wirklichen Dinge der vergangenen Zeit sind in dem transzendentalen Gegenstande der Erfahrung gegeben; sie sind aber für mich nur Gegenstände und in der vergangenen Zeit wirklich, sofern als ich mir vorstelle, dass eine regressive Reihe möglicher Wahrnehmungen (es sei am Leitfaden der Geschichte oder an den Fußstapfen der Ursachen und Wirkungen) nach empirischen Gesetzen, mit einem Worte, der Weltlauf auf eine verflossene Zeitreihe als Bedingung der gegenwärtigen Zeit führt, welche alsdann doch nur im Zusammenhange einer möglichen Erfahrung und nicht an sich selbst als wirklich vorgestellt wird, so dass alle von undenklicher Zeit her vor meinem Dasein verflossene Begebenheiten doch nichts anderes bedeuten als die Möglichkeit der Verlängerung der Kette der Erfahrung, von der gegenwärtigen Wahrnehmung an aufwärts zu den Bedingungen, welche diese der Zeit nach bestimmen.

Wenn ich demnach alle existierende Gegenstände der Sinne in aller Zeit und allen Räumen insgesamt vorstelle, so setze ich solche nicht vor der Erfahrung in beide hinein, sondern diese Vorstellung ist nichts anderes als der Gedanke von einer möglichen Erfahrung, in ihrer absoluten Vollständigkeit. In ihr allein sind jene Gegenstände (welche nichts als bloße Vorstellungen sind) gegeben. Dass man aber sagt, sie existieren vor aller meiner Erfahrung, bedeutet nur, dass sie in dem Teile der Erfahrung, zu welchem ich, von der Wahrnehmung anhebend, allererst fortschreiten muss, anzutreffen sind. Die Ursache der empirischen Bedingungen dieses Fortschritts, mithin auf welche Glieder, oder auch, wie weit ich auf dergleichen im Regressus treffen könne, ist transzendental und mir daher notwendig unbekannt. Aber um diese ist es auch nicht zu tun, sondern nur um die Regel des Fortschritts der Erfahrung, in der mir die Gegenstände, nämlich Erscheinungen, gegeben werden. Es ist auch im Ausgange ganz einerlei, ob ich sage: Ich könne im empirischen Fortgange im Raume auf Sterne treffen, die hundertmal weiter entfernt sind als die äußersten, die ich sehe; oder ob ich sage: Es sind vielleicht deren im Weltraume anzutreffen, wenn sie gleich niemals ein Mensch wahrgenommen hat oder wahrnehmen wird; denn wenn sie gleich als Dinge an sich selbst, ohne Beziehung auf mögliche Erfahrung, überhaupt gegeben wären, so sind sie doch für mich nichts, mithin keine Gegenstände, als so fern sie in der Reihe des empirischen Regressus enthalten sind. Nur in anderweitiger Beziehung, wenn eben diese Erscheinungen zur kosmologischen Idee von einem absoluten Ganzen gebraucht werden sollen, und wenn es also um eine Frage zu tun ist, die über die Grenzen möglicher Erfahrung hinausgeht, ist die Unterscheidung der Art, wie man die Wirklichkeit gedachter Gegenstände der Sinne nimmt, von Erheblichkeit, um einem trüglichen Wahne vorzubeugen, welcher aus der Missdeutung unserer eigenen Erfahrungsbegriffe unvermeidlich entspringen muss.

Die Vernunfterkenntnis

11 | Nunmehr können wir das Resultat der ganzen transzendentalen Dialektik* deutlich vor Augen stellen und die Endabsicht der Ideen der reinen Vernunft, die nur durch Missverstand der Unbehutsamkeit dialektisch werden, genau bestimmen. Die reine Vernunft ist in der Tat mit

---

* Transzendentale Dialektik nennt Kant den Abschnitt der Kr. d. r. V., in welchem er die Prinzipien der Vernunft und ihre einen »dialektischen Schein« erzeugenden Selbstwidersprüche (Antinomien) untersucht, zu denen die Nichtachtung des Unterschieds von Ding an sich und Erscheinung verführt. In der Analytik hatte er die obersten Gesetze der Verstandeserkenntnis behandelt.

nichts als mit sich selbst beschäftigt und kann auch kein anderes Geschäft haben, weil ihr nicht die Gegenstände zur Einheit des Erfahrungsbegriffs, sondern die Verstandeserkenntnisse zur Einheit des Vernunftbegriffs, d. i. des Zusammenhanges in einem Prinzip gegeben werden. Die Vernunfteinheit ist die Einheit des Systems, und diese systematische Einheit dient der Vernunft nicht objektiv zu einem Grundsatze, um sie über die Gegenstände, sondern subjektiv als Maxime, um sie über alles mögliche empirische Erkenntnis der Gegenstände zu verbreiten. Gleichwohl befördert der systematische Zusammenhang, den die Vernunft dem empirischen Verstandesgebrauche geben kann, nicht allein dessen Ausbreitung, sondern bewährt auch zugleich die Richtigkeit desselben, und das Prinzipium einer solchen systematischen Einheit ist auch objektiv, aber auf unbestimmte Art (principium vagum), nicht als konstitutives Prinzip, um etwas in Ansehung seines direkten Gegenstandes zu bestimmen, sondern um, als bloß regulativer Grundsatz und Maxime, den empirischen Gebrauch der Vernunft durch Eröffnung neuer Wege, die der Verstand nicht kennt, ins Unendliche (Unbestimmte) zu befördern und zu befestigen, ohne dabei jemals den Gesetzen des empirischen Gebrauchs im Mindesten zuwider zu sein.

Die Vernunft kann aber diese systematische Einheit nicht anders denken, als dass sie ihrer Idee zugleich einen Gegenstand gibt, der aber durch keine Erfahrung gegeben werden kann; denn Erfahrung gibt niemals ein Beispiel vollkommener systematischer Einheit. Dieses Vernunftwesen (ens rationis ratiocinatae) ist nun zwar eine bloße Idee und wird also *nicht schlechthin und an sich selbst* als etwas Wirkliches angenommen, sondern nur problematisch zum Grunde gelegt (weil wir es durch keine Verstandesbegriffe erreichen können), um alle Verknüpfung der Dinge der Sinnenwelt so anzusehen, als ob sie in diesem Vernunftwesen ihren Grund hätten, lediglich aber in der Absicht, um darauf die systematische Einheit zu gründen, die der Vernunft unentbehrlich, der empirischen Verstandeserkenntnis aber auf alle Weise beförderlich und ihr gleichwohl niemals hinderlich sein kann.

Man verkennt sogleich die Bedeutung dieser Ideen, wenn man sie für die Behauptung oder auch nur die Voraussetzung einer wirklichen Sache hält, welcher man den Grund der systematischen Weltverfassung zuzuschreiben gedächte; vielmehr lässt man es gänzlich unausgemacht, was der unseren Begriffen sich entziehende Grund derselben an sich für Beschaffenheit habe, und setzt sich nur eine Idee zum Gesichtspunkte, aus welchem einzig und allein man jene, der Vernunft so wesentliche und dem Verstande so heilsame Einheit verbreiten kann ; mit einem Worte: Dieses transzendentale Ding ist bloß das Schema jenes regulativen Prinzips, wodurch die Vernunft, soviel an ihr ist, systematische Einheit über alle Erfahrung verbreitet.

Das erste Objekt einer solchen Idee bin ich selbst, bloß als denkende Natur (Seele) betrachtet. Will ich die Eigenschaften, mit denen ein denkend Wesen an sich existiert, aufsuchen, so muss ich die Erfahrung befragen, und selbst von allen Kategorien kann ich keine auf diesen Gegenstand anwenden, als insofern das Schema derselben in der sinnlichen Anschauung gegeben ist. Hiemit gelange ich aber niemals zu einer systematischen Einheit aller Erscheinungen des inneren Sinnes. Statt des Erfahrungsbegriffs also (von dem, was die Seele wirklich ist), der uns nicht weit führen kann, nimmt die Vernunft den Begriff der empirischen Einheit alles Denkens und macht dadurch, dass sie diese Einheit unbedingt und ursprünglich denkt, aus demselben einen Vernunftbegriff (Idee) von einer einfachen Substanz, die, an sich selbst unwandelbar (persönlich identisch), mit andern wirklichen Dingen außer ihr in Gemeinschaft stehe; mit einem Worte, von einer einfachen selbständigen Intelligenz. Hiebei aber hat sie nichts anderes vor Augen als Prinzipien der systematischen Einheit in Erklärung der Erscheinungen der Seele, nämlich: alle Bestimmungen als in einem einigen Subjekte, alle Kräfte, so viel möglich, als abgeleitet, von einer einigen Grundkraft, allen Wechsel als gehörig zu den Zuständen eines und desselben beharrlichen Wesens zu betrachten, und alle Erscheinungen im Raume als von den Handlungen des Denkens ganz unterschieden vorzustellen. Jene Einfachheit der Substanz usw. sollte nur das Schema zu diesem regulativen Prinzip sein und wird nicht vorausgesetzt, als sei sie der wirkliche Grund der Seeleneigenschaften. Denn diese können auch auf ganz anderen Gründen beruhen, die wir gar nicht kennen, wie wir denn die Seele auch durch diese angenommenen Prädikate eigentlich nicht an sich selbst erkennen könnten, wenn wir sie gleich von ihr schlechthin wollten gelten lassen, indem sie eine bloße Idee ausmachen, die in concreto gar nicht vorgestellt werden kann. Aus einer solchen psychologischen Idee kann nun nichts anderes als Vorteil entspringen, wenn man sich nur hütet, sie für etwas mehr als bloße Idee, d. i. bloß relativisch auf den systematischen Vernunftgebrauch in Ansehung der Erscheinungen unserer Seele gelten zu lassen. Denn da mengen sich keine empirischen Gesetze körperlicher Erscheinungen, die ganz von anderer Art sind, in die Erklärungen dessen, was bloß für den inneren Sinn gehört; da werden keine windigen Hypothesen von Erzeugung, Zerstörung und Palingenesie der Seelen usw. zugelassen; also wird die Betrachtung dieses Gegenstandes des inneren Sinnes ganz rein und unvermengt mit ungleichartigen Eigenschaften angestellt, überdem die Vernunftuntersuchung darauf gerichtet, die Erklärungsgründe in diesem Subjekte, soweit es möglich ist, auf ein einziges Prinzip hinauszuführen; welches alles durch ein solches Schema, als ob es ein wirkliches Wesen wäre, am besten, ja sogar einzig und allein bewirkt wird. Die psychologische Idee kann auch nichts anderes als das Schema eines regulativen Begriffs bedeuten. Denn wollte ich auch nur fragen, ob die Seele nicht an sich geistiger Natur sei, so hätte diese Frage gar keinen Sinn. Denn durch einen solchen Begriff nehme ich nicht bloß die körperliche Natur, sondern überhaupt alle Natur weg, d. i. alle Prädikate irgendeiner möglichen Erfahrung, mithin alle Bedingungen, zu einem solchen Begriffe einen Gegenstand zu denken, als welches doch einzig und allein macht, dass man sagt, er habe einen Sinn.

Die zweite regulative Idee der bloß spekulativen Vernunft ist der Weltbegriff überhaupt. Denn Natur ist eigentlich nur das einzige gegebene Objekt, in Ansehung dessen die Vernunft regulativer Prinzipien bedarf. Diese Natur ist zwiefach, entweder die denkende oder die körperliche Natur. Allein zu der letzteren, um sie ihrer inneren Möglichkeit nach zu denken, d. i. die Anwendung der Kategorien auf dieselbe zu bestimmen, bedürfen wir keiner Idee, d. i. einer die Erfahrung übersteigenden Vorstellung; es ist auch keine in Ansehung derselben möglich, weil wir darin bloß durch sinnliche Anschauung geleitet werden und nicht wie in dem psychologischen Grundbegriffe (Ich), welcher eine gewisse Form des Denkens, nämlich die Einheit desselben a priori enthält. Also bleibt uns für die reine Vernunft nichts übrig, als Natur überhaupt und die Vollständigkeit der Bedingungen in derselben nach irgendeinem Prinzip. Die absolute Totalität der Reihen dieser Bedingungen in der Ableitung ihrer Glieder ist eine Idee, die zwar im empirischen Gebrauche der Vernunft niemals völlig zustande kommen kann, aber doch zur Regel dient, wie wir in Ansehung derselben verfahren sollen, nämlich in der Erklärung gegebener Erscheinungen (im Zurückgehen oder Aufsteigen) so, *als ob* die Reihe an sich unendlich wäre, d. i. in indefinitum, aber wo die Vernunft selbst als bestimmende Ursache betrachtet wird (in der Freiheit), also bei praktischen Prinzipien, *als ob* wir nicht ein Objekt der

Sinne, sondern des reinen Verstandes vor uns hätten, wo die Bedingungen nicht mehr in der Reihe der Erscheinungen, sondern außer derselben gesetzt werden können, und die Reihe der Zustände angesehen werden kann, *als ob* sie schlechthin (durch eine intelligible Ursache) angefangen würde; welches alles beweiset, dass die kosmologischen Ideen nichts als regulative Prinzipien und weit davon entfernt sind, gleichsam konstitutiv eine wirkliche Totalität solcher Reihen zu setzen. Das Übrige kann man an seinem Orte unter der Antinomie der reinen Vernunft suchen.

Die dritte Idee der reinen Vernunft, welche eine bloß relative Supposition eines Wesens enthält, als der einigen und allgenugsamen Ursache aller kosmologischen Reihen, ist der Vernunftbegriff von Gott. Den Gegenstand dieser Idee haben wir nicht den mindesten Grund schlechthin anzunehmen (an sich zu supponieren); denn was kann uns wohl dazu vermögen oder auch nur berechtigen, ein Wesen von der höchsten Vollkommenheit, und als seiner Natur nach schlechthin notwendig, aus dessen bloßem Begriffe an sich selbst zu glauben oder zu behaupten, wäre es nicht die Welt, in Beziehung auf welche die Supposition allein notwendig sein kann; und da zeigt es sich klar, dass die Idee desselben, so wie alle spekulative Ideen, nichts weiter sagen wolle, als dass die Vernunft gebiete, alle Verknüpfung der Welt nach Prinzipien einer systematischen Einheit zu betrachten, mithin als ob sie insgesamt aus einem einzigen allbefassenden Wesen, als oberster und allgenugsamer Ursache entsprungen wären. Hieraus ist klar, dass die Vernunft hiebei nichts als ihre eigene formale Regel in Erweiterung ihres empirischen Gebrauchs zur Absicht haben könne, niemals aber eine Erweiterung *über alle Grenzen des empirischen Gebrauchs*, folglich unter dieser Idee kein konstitutives Prinzip ihres auf mögliche Erfahrung gerichteten Gebrauchs verborgen liege.

12 | So fängt denn alle menschliche Erkenntnis mit Anschauungen an, geht von da zu Begriffen und endigt mit Ideen. Ob sie zwar in Ansehung aller dreien Elemente Erkenntnisquellen a priori hat, die beim ersten Anblicke die Grenzen aller Erfahrung zu verschmähen scheinen, so überzeugt doch eine vollendete Kritik, dass alle Vernunft im spekulativen Gebrauche mit diesen Elementen niemals uber das Feld möglicher Erfahrung hinauskommen könne und dass die eigentliche Bestimmung dieses obersten Erkenntnisvermögens sei, sich aller Methoden und der Grundsätze derselben nur zu bedienen, um der Natur nach allen möglichen Prinzipien der Einheit, worunter die der Zwecke die vornehmste ist, bis in ihr Innerstes nachzugehen, niemals aber ihre Grenze zu überfliegen, außerhalb welcher für uns nichts als leerer Raum ist. Zwar hat uns die kritische Untersuchung aller Sätze, welche unsere Erkenntnis über die wirkliche Erfahrung hinaus erweitern können, in der transzendentalen Analytik hinreichend überzeugt, dass sie niemals zu etwas mehr als einer möglichen Erfahrung leiten können; und wenn man nicht selbst gegen die klarsten abstrakten und allge-

meinen Lehrsätze misstrauisch wäre, wenn nicht reizende und scheinbare Aussichten uns lockten, den Zwang der ersteren abzuwerfen, so hätten wir allerdings der mühsamen Abhörung aller dialektischen Zeugen, die eine transzendente Vernunft zum Behuf ihrer Anmaßungen auftreten lässt, überhoben sein können; denn wir wussten es schon zum voraus mit völliger Gewissheit, dass alles Vorgeben derselben zwar vielleicht ehrlich gemeint, aber schlechterdings nichtig sein müsse, weil es eine Kundschaft betraf, die kein Mensch jemals bekommen kann. Allein weil doch des Redens kein Ende wird, wenn man nicht hinter die wahre Ursache des Scheins kommt, wodurch selbst der Vernünftigste hintergangen werden kann, und die Auflösung aller unserer transzendenten Erkenntnis in ihre Elemente (als ein Studium unserer inneren Natur) an sich selbst keinen geringen Wert hat, dem Philosophen aber sogar Pflicht ist, so war es nicht allein nötig, diese ganze, obzwar eitele Bearbeitung der spekulativen Vernunft bis zu ihren ersten Quellen ausführlich nachzusuchen, sondern, da der dialektische Schein hier nicht allein dem Urteile nach täuschend, sondern auch dem Interesse nach, das man hier am Urteile nimmt, anlockend und jederzeit natürlich ist und so in alle Zukunft bleiben wird, so war es ratsam, gleichsam die Akten dieses Prozesses ausführlich abzufassen und sie im Archive der menschlichen Vernunft, zur Verhütung künftiger Irrungen ähnlicher Art, niederzulegen.

13 | Aber was ist denn das, wird man fragen, für ein Schatz, den wir der Nachkommenschaft mit einer solchen durch Kritik geläuterten, dadurch aber auch in einen beharrlichen Zustand gebrachten Metaphysik zu hinterlassen gedenken? Man wird bei einer flüchtigen Übersicht dieses Werkes wahrzunehmen glauben, dass der Nutzen davon doch nur *negativ* sei, uns nämlich mit der spekulativen Vernunft niemals über die Erfahrungsgrenze hinaus zu wagen, und das ist auch in der Tat ihr erster Nutzen. Dieser aber wird alsbald *positiv*, wenn man innewird, dass die Grundsätze, mit denen sich spekulative Vernunft über ihre Grenze hinauswagt, in der Tat nicht Erweiterung, sondern, wenn man sie näher betrachtet, Verengung unseres Vernunftgebrauchs zum unausbleiblichen Erfolg haben, indem sie wirklich die Grenzen der Sinnlichkeit, zu der sie eigentlich gehören, über alles zu erweitern und so den reinen (praktischen) Vernunftgebrauch gar zu verdrängen drohen. Daher ist eine Kritik, welche die erstere einschränkt, sofern zwar negativ, aber, indem sie dadurch zugleich ein Hindernis, welches den letzteren Gebrauch einschränkt oder gar zu vernichten droht, aufhebt, in der Tat von positivem und sehr wichtigem Nutzen, sobald man überzeugt wird, dass es einen schlechterdings notwendigen praktischen Gebrauch der reinen Vernunft (den moralischen) gebe, in welchem sie sich unvermeidlich über die Grenzen der Sinnlichkeit er-

weitert, dazu sie aber von der spekulativen keiner Beihilfe bedarf, dennoch aber wider ihre Gegenwirkung gesichert sein muss, um nicht in Widerspruch mit sich selbst zu geraten. Diesem Dienste der Kritik den positiven Nutzen abzusprechen, wäre ebenso viel, als sagen, dass Polizei keinen positiven Nutzen schaffe, weil ihr Hauptgeschäft doch nur ist, der Gewalttätigkeit, welche Bürger von Bürgern zu besorgen haben, einen Riegel vorzuschieben, damit ein jeder seine Angelegenheit ruhig und sicher treiben könne. Dass Raum und Zeit nur Formen der sinnlichen Anschauung, also nur Bedingungen der Existenz der Dinge als Erscheinungen sind, dass wir ferner keine Verstandesbegriffe, mithin auch gar keine Elemente zur Erkenntnis der Dinge haben, als sofern diesen Begriffen korrespondierende Anschauung gegeben werden kann, folglich wir von keinem Gegenstande als Dinge an sich selbst, sondern nur sofern es Objekt der sinnlichen Anschauung ist, d. i. als Erscheinung, Erkenntnis haben können, wird im analytischen Teile der Kritik bewiesen; woraus denn freilich die Einschränkung aller nur möglichen spekulativen Erkenntnis der Vernunft auf bloße Gegenstände der Erfahrung folgt. Gleichwohl wird, welches wohl gemerkt werden muss, doch dabei immer vorbehalten, dass wir ebendieselben Gegenstände auch als Dinge an sich selbst, wenngleich nicht *erkennen*, doch wenigstens müssen *denken* können. Denn sonst würde der ungereimte Satz daraus folgen, dass Erscheinung ohne etwas wäre, was da erscheint. Nun wollen wir annehmen, die durch unsere Kritik notwendig gemachte Unterscheidung der Dinge, als Gegenstände der Erfahrung, von ebendenselben, als Dingen an sich selbst, wäre gar nicht gemacht, so müsste der Grundsatz der Kausalität und mithin der Naturmechanismus in Bestimmung derselben durchaus von allen Dingen überhaupt als wirkenden Ursachen gelten. Von ebendemselben Wesen also, z. B. der menschlichen Seele, würde ich nicht sagen können, ihr Wille sei frei, und er sei doch zugleich der Naturnotwendigkeit unterworfen, d. i. nicht frei, ohne in einen offenbaren Widerspruch zu geraten; weil ich die Seele in beiden Sätzen in ebenderselben Bedeutung, nämlich als Ding überhaupt (als Sache an sich selbst) genommen habe und ohne vorhergehende Kritik auch nicht anders nehmen konnte. Wenn aber die Kritik nicht geirrt hat, da sie das Objekt in zweierlei Bedeutung nehmen lehrt, nämlich als Erscheinung oder als Ding an sich selbst; wenn die Deduktion ihrer Verstandesbegriffe richtig ist, mithin auch der Grundsatz der Kausalität nur auf Dinge im ersten Sinne genommen, nämlich sofern sie Gegenstände der Erfahrung sind, geht, ebendieselben aber nach der zweiten Bedeutung ihm nicht unterworfen sind, so wird ebenderselbe Wille in der Erscheinung (den sichtbaren Handlungen) als dem Naturgesetze notwendig gemäß und sofern nicht frei, und doch andererseits, als einem Dinge an sich selbst angehörig, jenem nicht unterworfen, mithin als frei gedacht, ohne dass hiebei ein Widerspruch vorgeht […]

Gesetzt nun, die Moral setze notwendig Freiheit (im strengsten Sinne) als Eigenschaft unseres Willens voraus, indem sie praktische in unserer Vernunft liegende ursprüngliche Grundsätze als Data derselben a priori anführt, die ohne Voraussetzung der Freiheit schlechterdings unmöglich wären, die spekulative Vernunft aber hätte bewiesen, dass diese sich gar nicht denken lasse, so muss notwendig jene Voraussetzung, nämlich die moralische, derjenigen weichen, deren Gegenteil einen offenbaren Widerspruch enthält, folglich Freiheit und mit ihr Sittlichkeit (denn deren Gegenteil enthält keinen Widerspruch, wenn nicht schon Freiheit vorausgesetzt wird) dem Naturmechanismus den Platz einräumen. So aber, da ich zur Moral nichts weiter brauche, als dass Freiheit sich nur nicht selbst widerspreche und sich also doch wenigstens denken lasse, ohne nötig zu haben sie weiter einzusehen, dass sie also dem Naturmechanismus ebenderselben Handlung (in anderer Beziehung genommen) gar kein Hindernis in den Weg lege: So behauptet die Lehre der Sittlichkeit ihren Platz und die Naturlehre auch den ihrigen, welches aber nicht stattgefunden hätte, wenn nicht Kritik uns zuvor von unserer unvermeidlichen Unwissenheit in Ansehung der Dinge an sich selbst belehrt, und alles, was wir *theoretisch* erkennen können, auf bloße Erscheinungen eingeschränkt hätte. Ebendiese Erörterung des positiven Nutzens kritischer Grundsätze der reinen Vernunft lässt sich in Ansehung des Begriffs von Gott und der einfachen Natur unserer Seele zeigen, die ich aber der Kürze halber vorbeigehe. Ich kann also Gott, Freiheit und Unsterblichkeit zum Behuf des notwendigen praktischen Gebrauchs meiner Vernunft nicht einmal annehmen, wenn ich nicht der spekulativen Vernunft zugleich ihre Anmaßung überschwänglicher Einsichten benehme, weil sie sich, um zu diesem zu gelangen, solcher Grundsätze bedienen muss, die, indem sie in der Tat bloß auf Gegenstände möglicher Erfahrung reichen, wenn sie gleichwohl auf das angewandt werden, was nicht ein Gegenstand der Erfahrung sein kann, wirklich dieses jederzeit in Erscheinung verwandeln und so alle *praktische Erweiterung* der reinen Vernunft für unmöglich erklären. Ich musste also das *Wissen* aufheben, um zum *Glauben* Platz zu bekommen, und der Dogmatismus der Metaphysik, d. i. das Vorurteil, in ihr ohne Kritik der reinen Vernunft fortzukommen, ist die wahre Quelle alles der Moralität widerstreitenden Unglaubens, der jederzeit gar sehr dogmatisch ist.

AUS DER KRITIK DER PRAKTISCHEN VERNUNFT

Allgemeingültigkeit des Sittlichen

14 | Praktische *Grundsätze* sind Sätze, welche eine allgemeine Bestimmung des Willens enthalten, die mehrere praktische Regeln unter sich hat. Sie sind subjektiv, oder *Maximen*, wenn die Bedingung nur als für den Willen des Subjekts gültig von ihm angesehen wird; objektiv aber, oder praktische *Gesetze*, wenn jene als objektiv, d. i. für den Willen jedes vernünftigen Wesens gültig erkannt wird.

Die Sittlichkeit weder materiell noch empirisch

15 | Alle praktische Prinzipien, die ein *Objekt* (Materie) des Begehrungsvermögens, als Bestimmungsgrund des Willens, voraussetzen, sind insgesamt empirisch und können keine praktischen Gesetze abgeben.

Ich verstehe unter der Materie des Begehrungsvermögens einen Gegenstand, dessen Wirklichkeit begehrt wird. Wenn die Begierde nach diesem Gegenstande nun vor der praktischen Regel vorhergeht und die Bedingung ist, sie sich zum Prinzip zu machen, so sage ich (erstlich): Dieses Prinzip ist alsdenn jederzeit empirisch. Denn der Bestimmungsgrund der Willkür ist alsdenn die Vorstellung eines Objekts und dasjenige Verhältnis derselben zum Subjekt, wodurch das Begehrungsvermögen zur Wirklichmachung desselben bestimmt wird. Ein solches Verhältnis aber zum Subjekt heißt die Lust an der Wirklichkeit eines Gegenstandes. Also müsste diese als Bedingung der Möglichkeit der Bestimmung der Willkür vorausgesetzt werden.

Es kann aber von keiner Vorstellung irgendeines Gegenstandes, welche sie auch sei, a priori erkannt werden, ob sie mit Lust oder Unlust verbunden oder indifferent sein werde. Also muss in solchem Falle der Bestimmungsgrund der Willkür jederzeit empirisch sein, mithin auch das praktische materiale Prinzip, welches ihn als Bedingung voraussetzte.

Da nun (zweitens) ein Prinzip, das sich nur auf die subjektive Bedingung der Empfänglichkeit einer Lust oder Unlust (die jederzeit nur empirisch erkannt und nicht für alle vernünftige Wesen in gleicher Art gültig sein kann) gründet, zwar wohl für das Subjekt, das sie besitzt, zu ihrer *Maxime*, aber auch für diese selbst (weil es ihm an objektiver Notwendigkeit, die a priori erkannt werden muss, mangelt) nicht zum *Gesetze* dienen kann, so kann ein solches Prinzip niemals ein praktisches Gesetz abgeben.

16 | Alle materiale praktische Prinzipien sind, als solche, insgesamt von einer und derselben Art und gehören unter das allgemeine Prinzip der Selbstliebe oder eigenen Glückseligkeit.

Die Lust aus der Vorstellung der Existenz einer Sache, sofern sie ein Bestimmungsgrund des Begehrens dieser Sache sein soll, gründet sich auf der Empfänglichkeit des Subjekts, weil sie von dem Dasein eines Gegenstandes abhängt; mithin gehört sie dem Sinne (Gefühl) und nicht dem Verstande an, der eine Beziehung der Vorstellung auf ein Objekt, nach Begriffen, aber nicht auf das Subjekt, nach Gefühlen, ausdrückt. Sie ist also nur sofern praktisch, als die Empfindung der Annehmlichkeit, die das Subjekt von der Wirklichkeit des Gegenstandes erwartet, das Begehrungsvermögen bestimmt. Nun ist aber das Bewusstsein eines vernünftigen Wesens von der Annehmlichkeit des Lebens, die ununterbrochen sein ganzes Dasein begleitet, die *Glückseligkeit*, und das Prinzip, diese sich zum höchsten Bestimmungsgrunde der Willkür zu machen, das Prinzip der Selbstliebe. Also sind alle materiale Prinzipien, die den Bestimmungsgrund der Willkür in der aus irgendeines Gegenstandes Wirklichkeit zu empfindenden Lust oder Unlust setzen, sofern gänzlich von einerlei Art, dass sie insgesamt zum Prinzip der Selbstliebe oder eigenen Glückseligkeit gehören.

Die Sittlichkeit formal, a priori und imperativisch

17 | Wenn ein vernünftiges Wesen sich seine Maximen als praktische allgemeine Gesetze denken soll, so kann es sich dieselben nur als solche Prinzipien denken, die nicht der Materie, sondern bloß der Form nach den Bestimmungsgrund des Willens enthalten.

Die Materie eines praktischen Prinzips ist der Gegenstand des Willens. Dieser ist entweder der Bestimmungsgrund des letzteren oder nicht. Ist er der Bestimmungsgrund desselben, so würde die Regel des Willens einer empirischen Bedingung (dem Verhältnisse der bestimmenden Vorstellung zum Gefühle der Lust und Unlust) unterworfen, folglich kein praktisches Gesetz sein. Nun bleibt von einem Gesetze, wenn man alle Materie, d. i. jeden Gegenstand des Willens (als Bestimmungsgrund) davon abgesondert, nichts übrig, als die bloße Form einer allgemeinen Gesetzgebung. Also kann ein vernünftiges Wesen sich seine subjektiv-praktischen Prinzipien, d. i. Maximen, entweder gar nicht zugleich als allgemeine Gesetze denken, oder es muss annehmen, dass die bloße Form derselben, nach der jene sich zur allgemeinen Gesetzgebung schicken, sie für sich allein zum praktischen Gesetze mache.

18 | Reine Vernunft ist für sich allein praktisch und gibt (dem Menschen) ein allgemeines Gesetz, welches wir *Sittengesetz* nennen.

Das vorher genannte Faktum ist unleugbar. Man darf nur das Urteil zergliedern, welches die Menschen über die Gesetzmäßigkeit ihrer Handlungen fällen; so wird man jederzeit finden, dass, was auch die Neigung dazwischen sprechen mag, ihre Vernunft dennoch, unbestechlich und durch sich selbst gezwungen, die Maxime des

Willens bei einer Handlung jederzeit an den reinen Willen halte, d. i. an sich selbst, indem sie sich als a priori praktisch betrachtet. Dieses Prinzip der Sittlichkeit nun, eben um der Allgemeinheit der Gesetzgebung willen, die es zum formalen obersten Bestimmungsgrunde des Willens unangesehen aller subjektiven Verschiedenheit desselben macht, erklärt die Vernunft zugleich zu einem Gesetze für alle vernünftige Wesen, sofern sie überhaupt einen Willen, d. i. ein Vermögen haben, ihre Kausalität durch die Vorstellung von Regeln zu bestimmen, mithin sofern sie der Handlungen nach Grundsätzen, folglich auch nach praktischen Prinzipien a priori (denn diese haben allein diejenige Notwendigkeit, welche die Vernunft zum Grundsatze fordert) fähig sind. Es schränkt sich also nicht bloß auf Menschen ein, sondern geht auf alle endliche Wesen, die Vernunft und Willen haben, ja schließt sogar das unendliche Wesen, als oberste Intelligenz, mit ein. Im ersteren Falle aber hat das Gesetz die Form eines Imperativs, weil man an jenem zwar, als vernünftigem Wesen, einen *reinen*, aber, als mit Bedürfnissen und sinnlichen Bewegursachen affiziertem Wesen, keinen *heiligen* Willen, d. i. einen solchen, der keiner dem moralischen Gesetze widerstreitenden Maximen fähig wäre, voraussetzen kann. Das moralische Gesetz ist daher bei jenen ein *Imperativ*, der kategorisch gebietet, weil das Gesetz unbedingt ist; das Verhältnis eines solchen Willens zu diesem Gesetze ist *Abhängigkeit*, unter dem Namen der Verbindlichkeit, welche eine *Nötigung*, obzwar durch bloße Vernunft und deren objektives Gesetz, zu einer Handlung bedeutet, die darum *Pflicht* heißt, weil eine pathologisch affizierte* (obgleich dadurch nicht bestimmte, mithin auch immer freie) Willkür einen Wunsch bei sich führt, der aus *subjektiven* Ursachen entspringt, daher auch dem reinen objektiven Bestimmungsgrunde oft entgegen sein kann, und also eines Widerstandes der praktischen Vernunft, der ein innerer, aber intellektueller Zwang genannt werden kann, als moralischer Nötigung bedarf. In der allergnugsamsten Intelligenz wird die Willkür als keiner Maxime fähig, die nicht zugleich objektiv Gesetz sein könnte, mit Recht vorgestellt, und der Begriff der Heiligkeit, der ihr um deswillen zukommt, setzt sie zwar nicht über alle praktische, aber doch über alle praktisch einschränkende Gesetze, mithin Verbindlichkeit und Pflicht weg. Diese Heiligkeit des Willens ist gleichwohl eine praktische Idee, welche notwendig zum *Urbilde* dienen muss, welchem sich bis ins Unendliche zu nähern das Einzige ist, was allen endlichen vernünftigen Wesen zusteht, und welche das reine Sittengesetz, das darum selbst heilig heißt, ihnen beständig und richtig vor Augen hält, von welchem ins Unendliche gehenden Progressus seiner Maximen und Unwandelbarkeit derselben zum beständi-

* Pathologisch bedeutet in Kants Ethik nicht etwa krankhaft, sondern jeden leidenden, empfangenden, reaktiven Zustand im Gemütsleben, also alles, was nicht a priori im Geiste als dessen Eigengesetzlichkeit vorhanden, sondern a posteriori in ihn hineingelangt ist. Das sind nach Kant die Neigungen und Gefühle, und ihr theoretisches Seitenstück sind die Empfindungen der sinnlichen Erkenntnis.

gen Fortschreiten sicher zu sein, d. i. Tugend, das höchste ist, was endliche praktische Vernunft bewirken kann, die selbst wiederum wenigstens als natürlich erworbenes Vermögen nie vollendet sein kann, weil die Sicherheit in solchem Falle niemals apodiktische Gewissheit wird und als Überredung sehr gefährlich ist.

Sittlichkeit und Glückseligkeit

19 | Die Unterscheidung der Glückseligkeitslehre von der Sittenlehre, in derer ersteren empirische Prinzipien das ganze Fundament, von der zweiten aber auch nicht den mindesten Beisatz derselben ausmachen, ist nun in der Analytik der reinen praktischen Vernunft* die erste und wichtigste ihr obliegende Beschäftigung, in der sie so pünktlich, ja, wenn es auch hieße peinlich, verfahren muss, als je der Geometer in seinem Geschäfte. Es kommt aber dem Philosophen, der hier (wie jederzeit im Vernunfterkenntnisse durch bloße Begriffe, ohne Konstruktion derselben) mit größerer Schwierigkeit zu kämpfen hat, weil er keine Anschauung (reinem Noumen) zum Grunde legen kann, doch auch zustatten: dass er, beinahe wie der Chemist, zu aller Zeit ein Experiment mit jedes Menschen praktischer Vernunft anstellen kann, um den moralischen (reinen) Bestimmungsgrund vom empirischen zu

---

* Analytik der reinen praktischen Vernunft heißt der Titel des ersten Abschnitts der Kr. d. pr. V.

unterscheiden; wenn er nämlich zu dem empirisch-affizierten Willen (z. B. desjenigen, der gerne lügen möchte, weil er sich dadurch was erwerben kann) das moralische Gesetz (als Bestimmungsgrund) zusetzt. Es ist, als ob der Scheidekünstler der Solution der Kalkerde in Salzgeist Alkali zusetzt; der Salzgeist verlässt sofort den Kalk, vereinigt sich mit dem Alkali, und jener wird zu Boden gestürzt. Ebenso haltet dem, der sonst ein ehrlicher Mann ist (oder sich doch diesmal nur in Gedanken in die Stelle eines ehrlichen Mannes versetzt), das moralische Gesetz vor, an dem er die Nichtswürdigkeit eines Lügners erkennt, sofort verlässt seine praktische Vernunft (im Urteil über das, was von ihm geschehen sollte) den Vorteil, vereinigt sich mit dem, was ihm die Achtung für seine eigene Person erhält (der Wahrhaftigkeit), und der Vorteil wird nun von jedermann, nachdem er von allem Anhängsel der Vernunft (welche nur gänzlich auf der Seite der Pflicht ist) abgesondert und gewaschen worden, gewogen, um mit der Vernunft noch wohl in anderen Fällen in Verbindung zu treten, nur nicht, wo er dem moralischen Gesetze, welches die Vernunft niemals verlässt, sondern sich innigst damit vereinigt, zuwider sein könnte.

Aber diese *Unterscheidung* des Glückseligkeitsprinzips von dem der Sittlichkeit ist darum nicht sofort *Entgegensetzung* beider, und die reine praktische Vernunft will nicht, man solle die Ansprüche auf Glückseligkeit aufgeben, sondern nur, sobald von Pflicht die Rede ist, darauf gar nicht Rücksicht nehmen. Es kann sogar in gewissem Betracht Pflicht sein, für seine Glückseligkeit zu sorgen;

teils weil sie (wozu Geschicklichkeit, Gesundheit, Reichtum gehört) Mittel zu Erfüllung seiner Pflicht enthält, teils weil der Mangel derselben (z. B. Armut) Versuchungen enthält, seine Pflicht zu übertreten. Nur, seine Glückseligkeit zu befördern, kann unmittelbar niemals Pflicht, noch weniger ein Prinzip aller Pflicht sein. Da nun alle Bestimmungsgründe des Willens, außer dem einigen reinen praktischen Vernunftsgesetze (dem moralischen), insgesamt empirisch sind, als solche also zum Glückseligkeitsprinzip gehören, so müssen sie insgesamt vom obersten sittlichen Grundsatze abgesondert und ihm nie als Bedingung einverleibt werden, weil dieses eben so sehr allen sittlichen Wert, als empirische Beimischung zu geometrischen Grundsätzen alle mathematische Evidenz, das Vortrefflichste, was (nach Platos Urteile) die Mathematik an sich hat und das selbst allem Nutzen derselben vorgeht, aufheben würde.

Das praktische Postulat der Freiheit

20 | Aufgabe. Vorausgesetzt, dass die bloße gesetzgebende Form der Maximen allein der zureichende Bestimmungsgrund eines Willens sei: die Beschaffenheit desjenigen Willens zu finden, der dadurch allein bestimmbar ist.

Da die bloße Form des Gesetzes lediglich von der Vernunft vorgestellt werden kann und mithin kein Gegenstand der Sinne ist, folglich auch nicht unter die Erscheinungen gehört; so ist die Vorstellung derselben als

Bestimmungsgrund des Willens von allen Bestimmungs-
gründen der Begebenheiten in der Natur nach dem Gesetze der Kausalität unterschieden, weil bei diesen die bestimmenden Gründe selbst Erscheinungen sein müssen.
Wenn aber auch kein anderer Bestimmungsgrund des
Willens für diesen zum Gesetz dienen kann als bloß jene
allgemeine gesetzgebende Form; so muss ein solcher
Wille als gänzlich unabhängig von dem Naturgesetz der
Erscheinungen, nämlich dem Gesetze der Kausalität be-
ziehungsweise aufeinander, gedacht werden. Eine solche
Unabhängigkeit aber heißt Freiheit im strengsten, d. i.
transzendentalen Verstande. Also ist ein Wille, dem die
bloße gesetzgebende Form der Maxime allein zum Gesetze dienen kann, ein freier Wille.

21 | An dem moralischen Prinzip haben wir ein Gesetz
der Kausalität aufgestellt, welches den Bestimmungsgrund der letzteren über alle Bedingungen der Sinnenwelt wegsetzt, und den Willen, wie er als zu einer intelligiblen Welt gehörig bestimmbar sei, mithin das Subjekt
dieses Willens (den Menschen) nicht bloß als zu einer reinen Verstandeswelt gehörig, obgleich in dieser Beziehung als uns unbekannt (wie es nach der Kritik der reinen spekulativen Vernunft geschehen konnte) *gedacht*,
sondern ihn auch in Ansehung seiner Kausalität vermittelst eines Gesetzes, welches zu gar keinem Naturgesetz
der Sinnenwelt gezählt werden kann, *bestimmt*, also unser
Erkenntnis über die Grenzen der letzteren *erweitert*, welche Anmaßung doch die Kritik der reinen Vernunft in al-

ler Spekulation für nichtig erklärte. Wie ist nun hier praktischer Gebrauch der reinen Vernunft mit dem theoretischen ebenderselben in Ansehung der Grenzbestimmung ihres Vermögens zu vereinigen?

22 | Der Begriff der Kausalität, als *Naturnotwendigkeit*, zum Unterschiede derselben, als *Freiheit*, betrifft nur die Existenz der Dinge, sofern sie *in der Zeit bestimmbar* ist, folglich als Erscheinungen, im Gegensatze ihrer Kausalität, als Dinge an sich selbst. Nimmt man nun die Bestimmungen der Existenz der Dinge in der Zeit für Bestimmungen der Dinge an sich selbst (welches die gewöhnlichste Vorstellungsart ist), so lässt sich die Notwendigkeit im Kausalverhältnisse mit der Freiheit auf keinerlei Weise vereinigen; sondern sie sind einander kontradiktorisch entgegengesetzt. Denn aus der ersteren folgt, dass eine jede Begebenheit, folglich auch jede Handlung, die in einem Zeitpunkte vorgeht, unter der Bedingung dessen, was in der vorhergehenden Zeit war, notwendig sei. Da nun die vergangene Zeit nicht mehr in meiner Gewalt ist, so muss jede Handlung, die ich ausübe, durch bestimmende Gründe, die nicht in meiner Gewalt sind, notwendig sein, d. i., ich bin in dem Zeitpunkte, darin ich handle, niemals frei. Ja, wenn ich gleich mein ganzes Dasein als unabhängig von irgendeiner fremden Ursache (etwa von Gott) annähme, so dass die Bestimmungsgründe meiner Kausalität, sogar meiner ganzen Existenz gar nicht außer mir wären; so würde dieses jene Naturnotwendigkeit doch nicht im mindes-

ten in Freiheit verwandeln. Denn in jedem Zeitpunkte stehe ich doch immer unter der Notwendigkeit, durch das zum Handeln bestimmt zu sein, was nicht in meiner Gewalt ist, und die a parte priori unendliche Reihe der Begebenheiten, die ich immer nur nach einer schon vorherbestimmten Ordnung fortsetzen, nirgend von selbst anfangen würde, wäre eine stetige Naturkette, meine Kausalität also niemals Freiheit.

Will man also einem Wesen, dessen Dasein in der Zeit bestimmt ist, Freiheit beilegen, so kann man es, sofern wenigstens, vom Gesetze der Naturnotwendigkeit aller Begebenheiten seiner Existenz, mithin auch seiner Handlungen nicht ausnehmen; denn das wäre so viel, als es dem blinden Ungefähr übergeben. Da dieses Gesetz aber unvermeidlich alle Kausalität der Dinge, sofern ihr Dasein in der Zeit bestimmbar ist, betrifft, so würde, wenn dieses die Art wäre, wonach man sich auch das Dasein dieser Dinge an sich selbst vorzustellen hätte, die Freiheit, als ein nichtiger und unmöglicher Begriff verworfen werden müssen. Folglich, wenn man sie noch retten will, so bleibt kein Weg übrig, als das Dasein eines Dinges, sofern es in der Zeit bestimmbar ist, folglich auch die Kausalität nach dem Gesetze der *Naturnotwendigkeit bloß der Erscheinung,* die *Freiheit* aber *ebendemselben Wesen,* als *Dinge an sich selbst,* beizulegen. So ist es allerdings unvermeidlich, wenn man beide einander widerwärtigen Begriffe zugleich erhalten will; allein in der Anwendung, wenn man sie als in einer und derselben Handlung vereinigt und also diese Vereinigung selbst erklären will, tun sich doch große Schwierigkeiten hervor, die eine solche Vereinigung untunlich zu machen scheinen [...]

Um nun den scheinbaren Widerspruch zwischen Naturmechanismus und Freiheit in ein und derselben Handlung an dem vorgelegten Falle* aufzuheben, muss man sich an das erinnern, was in der Kritik der reinen Vernunft gesagt war oder daraus folgt: dass die Naturnotwendigkeit, welche mit der Freiheit des Subjekts nicht zusammenbestehen kann, bloß den Bestimmungen desjenigen Dinges anhängt, das unter Zeitbedingungen steht, folglich nur den des handelnden Subjekts als Erscheinung, dass also sofern die Bestimmungsgründe einer jeden Handlung desselben in demjenigen liegen, was zur vergangenen Zeit gehört und nicht mehr in seiner Gewalt ist (wozu auch seine schon begangenen Taten und der ihm dadurch bestimmbare Charakter in seinen eigenen Augen, als Phänomens, gezählt werden müssen). Aber ebendasselbe Subjekt, das sich anderseits auch seiner, als Dinges an sich selbst, bewusst ist, betrachtet auch sein Dasein, sofern es nicht unter Zeitbedingungen steht, sich selbst aber nur als bestimmbar durch Gesetze, die es sich durch Vernunft selbst gibt, und in diesem seinem Dasein ist ihm nichts vorhergehend vor seiner Willensbestimmung, sondern jede Handlung, und überhaupt jede dem innern Sinne gemäß wechselnde Bestimmung seines Daseins, selbst die ganze Reihenfolge seiner Existenz, als

---

* Der vorgelegte Fall war die Frage nach der Vereinigung von Freiheit und Notwendigkeit beim Diebstahl.

Sinnenwesen, ist im Bewusstsein seiner intelligiblen Existenz nichts als Folge, niemals aber als Bestimmungsgrund seiner Kausalität, als Noumens, anzusehen. In diesem Betracht nun kann das vernünftige Wesen von einer jeden gesetzwidrigen Handlung, die es verübt, ob sie gleich, als Erscheinung, in dem Vergangenen hinreichend bestimmt und sofern unausbleiblich notwendig ist, mit Recht sagen, dass er sie hätte unterlassen können; denn sie mit allem Vergangenen, das sie bestimmt, gehört zu einem einzigen Phänomen seines Charakters, den er sich selbst verschafft, und nach welchem er sich, als einer von aller Sinnlichkeit unabhängigen Ursache, die Kausalität jener Erscheinungen selbst zurechnet.

Das praktische Postulat der Unsterblichkeit

23 | Die Bewirkung des höchsten Guts in der Welt ist das notwendige Objekt eines durchs moralische Gesetz bestimmbaren Willens. In diesem aber ist die völlige Angemessenheit der Gesinnungen zum moralischen Gesetze die oberste Bedingung des höchsten Guts. Sie muss also ebenso wohl möglich sein als ihr Objekt, weil sie in demselben Gebote dieses zu befördern enthalten ist. Die völlige Angemessenheit des Willens aber zum moralischen Gesetze ist Heiligkeit, eine Vollkommenheit, deren kein vernünftiges Wesen der Sinnenwelt, in keinem Zeitpunkte seines Daseins fähig ist. Da sie indessen gleichwohl als praktisch notwendig gefordert wird, so kann sie nur in einem ins Unendliche gehenden Progressus zu jener völligen Angemessenheit angetroffen werden, und es ist, nach Prinzipien der reinen praktischen Vernunft, notwendig, eine solche praktische Fortschreitung als das reale Objekt unseres Willens anzunehmen.

Dieser unendliche Progressus ist aber nur unter Voraussetzung einer ins Unendliche fortdauernden Existenz und Persönlichkeit desselben vernünftigen Wesens (welche man die Unsterblichkeit der Seele nennt) möglich. Also ist das höchste Gut, praktisch, nur unter der Voraussetzung der Unsterblichkeit der Seele möglich; mithin diese, als unzertrennlich mit dem moralischen Gesetz verbunden, ein *Postulat* der reinen praktischen Vernunft (worunter ich einen theoretischen, als solchen aber nicht erweislichen Satz verstehe, sofern er einem a priori unbedingt geltenden praktischen Gesetze unzertrennlich anhängt).

Das praktische Postulat der Existenz Gottes

24 | Glückseligkeit ist der Zustand eines vernünftigen Wesens in der Welt, dem es im Ganzen seiner Existenz alles nach Wunsch und Willen geht, und beruht also auf der Übereinstimmung der Natur zu seinem ganzen Zwecke, imgleichen zum wesentlichen Bestimmungsgrunde seines Willens. Nun gebietet das moralische Gesetz, als ein Gesetz der Freiheit durch Bestimmungsgründe, die von der Natur und der Übereinstimmung derselben zu unserem

Begehrungsvermögen (als Triebfedern) ganz unabhängig sein sollen; das handelnde vernünftige Wesen in der Welt aber ist doch nicht zugleich Ursache der Welt und der Natur selbst. Also ist in dem moralischen Gesetze nicht der mindeste Grund zu einem notwendigen Zusammenhang zwischen Sittlichkeit und der ihr proportionierten Glückseligkeit eines zur Welt als Teil gehörigen und daher von ihr abhängigen Wesens, welches eben darum durch seinen Willen nicht Ursache dieser Natur sein, und sie, was seine Glückseligkeit betrifft, mit seinen praktischen Grundsätzen aus eigenen Kräften nicht durchgängig einstimmig machen kann. Gleichwohl wird in der praktischen Aufgabe der reinen Vernunft, d. i. der notwendigen Bearbeitung zum höchsten Gute ein solcher Zusammenhang als notwendig postuliert: Wir sollen das höchste Gut (welches also doch möglich sein muss) zu befördern suchen. Also wird auch das Dasein einer von der Natur unterschiedenen Ursache der gesamten Natur, welche den Grund dieses Zusammenhanges, nämlich der genauen Übereinstimmung der Glückseligkeit mit der Sittlichkeit enthalte, postuliert […] Nun ist ein Wesen, das der Handlungen nach der Vorstellung von Gesetzen fähig ist, eine Intelligenz (vernünftig Wesen), und die Kausalität eines solchen Wesens nach dieser Vorstellung der Gesetze ein Wille desselben. Also ist die oberste Ursache der Natur, sofern sie zum höchsten Gute vorausgesetzt werden muss, ein Wesen, das durch Verstand und Willen die Ursache (folglich der Urheber) der Natur ist, d. i. *Gott*. Folglich ist das Postulat der Möglichkeit des höchsten abgeleiteten Guts (der besten Welt) zugleich das Postulat der Wirklichkeit eines höchsten ursprünglichen Guts, nämlich der Existenz Gottes. Nun war es Pflicht für uns, das höchste Gut zu befördern, mithin nicht allein Befugnis, sondern auch mit der Pflicht als Bedürfnis verbundene Notwendigkeit, die Möglichkeit dieses höchsten Guts vorauszusetzen; welches, da es nur unter der Bedingung des Daseins Gottes stattfindet, die Voraussetzung desselben mit der Pflicht unzertrennlich verbindet, d. i., es ist moralisch notwendig, das Dasein Gottes anzunehmen.

Die moralische Religion

25 | Auf solche Weise führt das moralische Gesetz durch den Begriff des höchsten Guts, als das Objekt und den Endzweck der reinen praktischen Vernunft, zur Religion, d. i. zur Erkenntnis aller Pflichten als göttlicher Gebote, nicht als Sanktionen, d. i. willkürlicher, für sich selbst zufälliger Verordnungen eines fremden Willens, sondern als wesentlicher Gesetze eines jeden freien Willens für sich selbst, die aber dennoch als Gebote des höchsten Wesens angesehen werden müssen, weil wir nur von einem moralisch-vollkommenen (heiligen und gütigen) zugleich auch allgewaltigen Willen das höchste Gut, welches zum Gegenstande unserer Bestrebung zu setzen uns das moralische Gesetz zur Pflicht macht, und also durch Übereinstimmung mit diesem Willen dazu zu gelangen hoffen können. Auch hier bleibt daher alles uneigennützig und

bloß auf Pflicht gegründet; ohne dass Furcht oder Hoffnung als Triebfedern zum Grunde gelegt werden dürften, die, wenn sie zu Prinzipien werden, den ganzen moralischen Wert der Handlungen vernichten. Das moralische Gesetz gebietet, das höchste mögliche Gut in einer Welt mir zum letzten Gegenstande alles Verhaltens zu machen. Dieses aber kann ich nicht zu bewirken hoffen als nur durch die Übereinstimmung meines Willens mit dem eines heiligen und gütigen Welturhebers; und obgleich in dem Begriffe des höchsten Guts, als dem eines Ganzen, worin die größte Glückseligkeit mit dem größten Maße sittlicher (in Geschöpfen möglicher) Vollkommenheit als in der genauesten Proportion verbunden vorgestellt wird, meine eigene Glückseligkeit mit enthalten ist, so ist doch nicht sie, sondern das moralische Gesetz (welches vielmehr mein unbegrenztes Verlangen darnach auf Bedingungen strenge einschränkt) der Bestimmungsgrund des Willens, der zur Beförderung des höchsten Guts angewiesen wird.

AUS DER KRITIK DER URTEILSKRAFT

Die Urteilskraft als Norm des Gefühls,
die Vermittlerin zwischen Verstand und Vernunft,
Intellekt und Wille, Natur und Freiheit

26 | Die Naturbegriffe, welche den Grund zu allem theoretischen Erkenntnis a priori enthalten, beruheten auf der Gesetzgebung des Verstandes. Der Freiheitsbegriff, der den Grund zu allen sinnlich-unbedingten praktischen Vorschriften a priori enthielt, beruhte auf der Gesetzgebung der Vernunft. Beide Vermögen also haben, außer dem, dass sie der logischen Form nach auf Prinzipien, welchen Ursprungs sie auch sein mögen, angewandt werden können, überdem noch jedes seine eigene Gesetzgebung dem Inhalte nach, über die es keine andere (a priori) gibt, und die daher die Einteilung der Philosophie in die theoretische und praktische rechtfertigt.

Allein in der Familie der oberen Erkenntnisvermögen gibt es doch noch ein Mittelglied zwischen dem Verstande und der Vernunft. Dieses ist die Urteilskraft, von welcher man Ursache hat, nach der Analogie zu vermuten, dass sie ebenso wohl, wenngleich nicht eine eigene Gesetzgebung, doch ein ihr eigenes Prinzip nach Gesetzen zu suchen, allenfalls ein bloß subjektives a priori, in sich enthalten dürfte; welches, wenn ihm gleich kein Feld der Gegenstände als sein Gebiet zuständе, doch irgendeinen Boden haben kann und eine gewisse Beschaffenheit desselben, wofür gerade nur dieses Prinzip geltend sein möchte.

Hierzu kommt aber noch (nach der Analogie zu urteilen) ein neuer Grund, die Urteilskraft mit einer anderen Ordnung unserer Vorstellungskräfte in Verknüpfung zu bringen, welche von noch größerer Wichtigkeit zu sein scheint als die der Verwandtschaft mit der Familie der Erkenntnisvermögen. Denn alle Seelenvermögen oder Fähigkeiten können auf die drei zurückgeführt werden, welche sich nicht ferner aus einem gemeinschaftlichen Grunde ableiten lassen: das Erkenntnisvermögen, das Gefühl der Lust und Unlust und das Begehrungsvermögen. Für das Erkenntnisvermögen ist allein der Verstand gesetzgebend, wenn jenes (wie es auch geschehen muss, wenn es für sich, ohne Vermischung mit dem Begehrungsvermögen betrachtet wird) als Vermögen eines theoretischen Erkenntnisses auf die Natur bezogen wird, in Ansehung deren allein (als Erscheinung) es uns möglich ist, durch Naturbegriffe a priori, welche eigentlich reine Verstandesbegriffe sind, Gesetze zu geben. – Für das Begehrungsvermögen, als ein oberes Vermögen nach dem Freiheitsbegriffe, ist allein die Vernunft (in der allein dieser Begriff statthat) a priori gesetzgebend. – Nun ist zwischen dem Erkenntnis- und dem Begehrungsvermögen das Gefühl der Lust, so wie zwischen dem Verstande und der Vernunft die Urteilskraft enthalten. Es ist also wenigstens vorläufig zu vermuten, dass die Urteilskraft ebenso wohl für sich ein Prinzip a priori enthalte, und, da mit dem Begehrungsvermögen notwendig Lust oder Unlust verbunden ist (es sei, dass sie, wie beim unteren, vor dem Prinzip desselben vorhergehe, oder, wie beim oberen, nur aus der Bestimmung desselben durch das moralische Gesetz folge), ebenso wohl einen Übergang von reinen Erkenntnisvermögen, d. i. vom Gebiete der Naturbegriffe zum Gebiete des Freiheitsbegriffs bewirken werde, als sie im logischen Gebrauche den Übergang vom Verstande zur Vernunft möglich macht.

27 | Urteilskraft überhaupt ist das Vermögen, das Besondere als enthalten unter dem Allgemeinen zu denken. Ist das Allgemeine (die Regel, das Prinzip, das Gesetz) gegeben, so ist die Urteilskraft, welche das Besondere darunter subsumiert (auch wenn sie als transzendentale Urteilskraft* a priori die Bedingungen angibt, welchen gemäß allein unter jenem Allgemeinen subsumiert werden kann), *bestimmend*. Ist aber nur das Besondere gegeben, wozu sie das Allgemeine finden soll, so ist die Urteilskraft bloß *reflektierend*.

Die bestimmende Urteilskraft unter allgemeinen transzendentalen Gesetzen, die der Verstand gibt, ist nur subsumierend; das Gesetz ist ihr a priori vorgezeichnet, und sie hat also nicht nötig, für sich selbst auf ein Gesetz zu denken, um das Besondere in der Natur dem Allgemei-

---

* Die transzendentale Urteilskraft im Gebiet der empirischen Erkenntnis hat die Funktion, die Kategorien durch Subsumtion unter die Zeitanschauung a priori so zu gestalten, zu »schematisieren«, dass die Verstandestätigkeit mit ihnen die Erfahrungen vereinheitlichen kann. Kants Lehre vom »Schematismus der reinen Verstandesbegriffe« durch die transzendentale Urteilskraft ist wegen ihrer Dunkelheit und Unzugänglichkeit in die Auszüge der Kr. d. r. V. von uns nicht aufgenommen worden.

nen unterordnen zu können. Allein es sind so mannigfaltige Formen der Natur, gleichsam so viele Modifikationen der allgemein transzendentalen Naturbegriffe, die durch jene Gesetze, welche der reine Verstand a priori gibt, weil dieselben nur auf die Möglichkeit einer Natur (als Gegenstandes der Sinne) überhaupt gehen, unbestimmt gelassen werden, dass dafür doch auch Gesetze sein müssen, die zwar, als empirische, nach *unserer* Verstandeseinsicht zufällig sein mögen, die aber doch, wenn sie Gesetze heißen sollen (wie es auch der Begriff einer Natur erfordert), aus einem, wenngleich uns unbekannten Prinzip der Einheit des Mannigfaltigen als notwendig angesehen werden müssen. – Die reflektierende Urteilskraft, die von dem Besonderen in der Natur zum Allgemeinen aufzusteigen die Obliegenheit hat, bedarf also eines Prinzips, welches sie nicht von der Erfahrung entlehnen kann, weil es eben die Einheit aller empirischen Prinzipien unter gleichfalls empirischen, aber höheren Prinzipien, und also die Möglichkeit der systematischen Unterordnung derselben untereinander begründen soll. Ein solches transzendentales Prinzip kann also die reflektierende Urteilskraft sich nur selbst als Gesetz geben, nicht anderwärts hernehmen (weil sie sonst die bestimmende Urteilskraft sein würde), noch der Natur vorschreiben; weil die Reflexion über die Gesetze der Natur sich nach der Natur, und diese nicht nach den Bedingungen richtet, nach welchen wir einen in Ansehung dieser ganz zufälligen Begriff von ihr zu erwerben trachten.

Nun kann dieses Prinzip kein anderes sein, als dass, da allgemeine Naturgesetze ihren Grund in unserem Verstande haben, der sie der Natur (obzwar nur nach dem allgemeinen Begriffe von ihr als Natur) vorschreibt, die besondern empirischen Gesetze in Ansehung dessen, was in ihnen durch jene unbestimmt gelassen ist, nach einer solchen Einheit betrachtet werden müssen, als ob gleichfalls ein Verstand (wenngleich nicht der unsrige) sie zum Behuf unserer Erkenntnisvermögen, um ein System der Erfahrung nach besonderen Naturgesetzen möglich zu machen, gegeben hätte. Nicht, als wenn auf diese Art wirklich ein solcher Verstand angenommen werden müsste (denn es ist nur die reflektierende Urteilskraft, der diese Idee zum Prinzip dient, zum Reflektieren, nicht zum Bestimmen); sondern dieses Vermögen gibt sich dadurch nur selbst und nicht der Natur ein Gesetz.

Weil nun der Begriff von einem Objekt, sofern er zugleich den Grund der Wirklichkeit dieses Objekts enthält, der Zweck, und die Übereinstimmung eines Dinges mit derjenigen Beschaffenheit der Dinge, die nur nach Zwecken möglich ist, die Zweckmäßigkeit der Form derselben heißt; so ist das Prinzip der Urteilskraft, in Ansehung der Form der Dinge der Natur unter empirischen Gesetzen überhaupt, die *Zweckmäßigkeit der Natur* in ihrer Mannigfaltigkeit, d. i. die Natur wird durch diesen Begriff so vorgestellt, als ob ein Verstand den Grund der Einheit des Mannigfaltigen ihrer empirischen Gesetze enthalte.

28 | Wenn mit der bloßen Auffassung (apprehensio) der Form eines Gegenstandes der Anschauung, ohne Beziehung derselben auf einen Begriff zu einem bestimmten Erkenntnis, Lust verbunden ist, so wird die Vorstellung dadurch nicht auf das Objekt, sondern lediglich auf das Subjekt bezogen; und die Lust kann nichts anderes als die Angemessenheit desselben zu den Erkenntnisvermögen, die in der reflektierenden Urteilskraft im Spiel sind, und sofern sie darin sind, als bloß eine subjektive formale Zweckmäßigkeit des Objekts ausdrücken. Denn jene Auffassung der Formen in der Einbildungskraft kann niemals geschehen, ohne dass die reflektierende Urteilskraft auch unabsichtlich sie wenigstens mit ihrem Vermögen, Anschauungen auf Begriffe zu beziehen, vergliche. Wenn nun in dieser Vergleichung die Einbildungskraft (als Vermögen der Anschauungen a priori) zum Verstande, als Vermögen der Begriffe, durch eine gegebene Vorstellung unabsichtlich in Einstimmung versetzt und dadurch ein Gefühl der Lust erweckt wird, so muss der Gegenstand alsdann als zweckmäßig für die reflektierende Urteilskraft angesehen werden. Ein solches Urteil ist ein ästhetisches Urteil über die Zweckmäßigkeit des Objekts, welches sich auf keinem vorhandenen Begriffe vom Gegenstande gründet und keinen von ihm verschafft […]

An einem in der Erfahrung gegebenen Gegenstande kann Zweckmäßigkeit vorgestellt werden: entweder aus einem bloß subjektiven Grunde, als Übereinstimmung seiner Form, in der Auffassung (apprehensio) desselben vor allem Begriffe, mit dem Erkenntnisvermögen, um die Anschauung mit Begriffen zu einem Erkenntnis überhaupt zu vereinigen; oder aus einem objektiven, als Übereinstimmung seiner Form mit der Möglichkeit des Dinges selbst, nach einem Begriffe von ihm, der vorhergeht und den Grund dieser Form enthält. Wir haben gesehen, dass die Vorstellung der Zweckmäßigkeit der ersteren Art auf der unmittelbaren Lust an der Form des Gegenstandes in der bloßen Reflexion über sie beruhe; die also von der Zweckmäßigkeit der zweiten Art, da sie die Form des Objekts nicht auf die Erkenntnisvermögen des Subjekts in der Auffassung derselben, sondern auf ein bestimmtes Erkenntnis des Gegenstandes unter einem gegebenen Begriffe bezieht, hat nichts mit einem Gefühle der Lust an den Dingen, sondern mit dem Verstande in Beurteilung derselben zu tun [...] Obzwar unser Begriff von einer subjektiven Zweckmäßigkeit der Natur in ihren Formen nach empirischen Gesetzen gar kein Begriff vom Objekt ist, sondern nur ein Prinzip der Urteilskraft, sich in dieser ihrer übergroßen Mannigfaltigkeit Begriffe zu verschaffen (in ihr orientieren zu können); so legen wir ihr doch hiedurch gleichsam eine Rücksicht auf unser Erkenntnisvermögen nach der Analogie eines Zwecks bei; und so können wir die *Naturschönheit* als Darstellung des Begriffs der formalen (bloß subjektiven) und die *Naturzwecke* als Darstellung des Begriffs einer realen (objektiven) Zweckmäßigkeit ansehen, deren eine wir durch Geschmack (ästhetisch, vermittelst des Gefühls der Lust), die andere durch Verstand und Vernunft (logisch, nach Begriffen) beurteilen.

Hierauf gründet sich die Einteilung der Kritik der Urteilskraft in die der *ästhetischen* und der *teleologischen*: indem unter der ersteren das Vermögen, die formale Zweckmäßigkeit (sonst auch subjektive genannt) durch das Gefühl der Lust oder Unlust, unter der zweiten das Vermögen, die reale Zweckmäßigkeit (objektive) der Natur durch Verstand und Vernunft zu beurteilen, verstanden wird.

Schönheit und Geschmack

29 | Aller Zweck, wenn er als Grund des Wohlgefallens angesehen wird, führt immer ein Interesse, als Bestimmungsgrund des Urteils über den Gegenstand der Lust, bei sich. Also kann dem Geschmacksurteil kein subjektiver Zweck zum Grunde liegen. Aber auch keine Vorstellung eines objektiven Zwecks, d. i. der Möglichkeit des Gegenstandes selbst nach Prinzipien der Zweckverbindung, mithin kein Begriff des Guten kann das Geschmacksurteil bestimmen; weil es ein ästhetisches und kein Erkenntnisurteil ist, welches also keinen Begriff von der Beschaffenheit und innern oder äußern Möglichkeit des Gegenstandes durch diese oder jene Ursache, sondern bloß das Verhältnis der Vorstellungskräfte zueinander, sofern sie durch eine Vorstellung bestimmt werden, betrifft.

ʹNun ist dieses Verhältnis in der Bestimmung eines Gegenstandes, als eines schönen, mit dem Gefühle einer Lust verbunden, die durch das Geschmacksurteil zugleich als für jedermann gültig erklärt wird; folglich kann ebenso wenig eine die Vorstellung begleitende Annehmlichkeit als die Vorstellung von der Vollkommenheit des Gegenstandes und der Begriff des Guten den Bestimmungsgrund enthalten. Also kann nichts anderes als die subjektive Zweckmäßigkeit in der Vorstellung eines Gegenstandes, ohne allen (weder objektiven noch subjektiven) Zweck, folglich die bloße Form der Zweckmäßigkeit in der Vorstellung, wodurch uns ein Gegenstand gegeben wird, sofern wir uns ihrer bewusst sind, das Wohlgefallen, welches wir, ohne Begriff, als allgemein mitteilbar beurteilen, mithin den Bestimmungsgrund des Geschmacksurteils ausmachen.

30 | Schönheit ist Form der Zweckmäßigkeit eines Gegenstandes, sofern sie ohne Vorstellung eines Zwecks an ihm wahrgenommen wird.

31 | Geschmack ist das Beurteilungsvermögen eines Gegenstandes oder einer Vorstellungsart durch ein Wohlgefallen oder Missfallen ohne alles Interesse. Der Gegenstand eines solchen Wohlgefallens heißt schön.

32 | In Ansehung des *Angenehmen* bescheidet sich ein jeder, dass sein Urteil, welches er auf ein Privatgefühl gründet und wodurch er von einem Gegenstande sagt, dass er ihm gefalle, sich auch bloß auf seine Person einschränke. Daher ist er es gern zufrieden, dass, wenn er sagt: Der Kanariensekt ist angenehm, ihm ein anderer den Ausdruck verbessere und ihn erinnere, er solle sagen: Es ist *mir* angenehm; und so nicht allein im Geschmack der Zunge, des Gaumens und des Schlundes, sondern auch in dem, was für Augen und Ohren jedem angenehm sein mag. Dem einen ist die violette Farbe sanft und lieblich, dem andern tot und erstorben. Einer liebt den Ton der Blasinstrumente, der andere den von den Saiteninstrumenten. Darüber in der Absicht zu streiten, um das Urteil anderer, welches von dem unsrigen verschieden ist, gleich als ob es diesem logisch entgegengesetzt wäre, für unrichtig zu schelten wäre Torheit; in Ansehung des Angenehmen gilt also der Grundsatz: Ein jeder hat seinen eigenen Geschmack (der Sinne).

Mit dem Schönen ist es ganz anders bewandt. Es wäre (gerade umgekehrt) lächerlich, wenn jemand, der sich auf seinen Geschmack etwas einbildete, sich damit zu rechtfertigen gedächte: Dieser Gegenstand (das Gebäude, was wir sehen, das Kleid, was jener trägt, das Konzert, was wir hören, das Gedicht, welches zur Beurteilung aufgestellt ist) ist für mich schön. Denn er muss es nicht schön nennen, wenn es bloß ihm gefällt. Reiz und Annehmlichkeit mag für ihn vieles haben, darum bekümmert sich niemand; wenn er aber etwas für schön ausgibt, so mutet er andern ebendasselbe Wohlgefallen zu; er urteilt nicht bloß für sich, sondern für jedermann, und spricht alsdann von der Schönheit, als wäre sie eine Eigenschaft der Dinge. Er sagt daher: Die Sache ist schön; und rechnet nicht etwa darum auf anderer Einstimmung in sein Urteil des Wohlgefallens, weil er sie mehrmalen mit dem seinigen einstimmig befunden hat, sondern *fordert* es von ihnen. Er tadelt sie, wenn sie anders urteilen, und spricht ihnen den Geschmack ab, von dem er doch verlangt, dass sie ihn haben sollen; und sofern kann man nicht sagen: Ein jeder hat seinen besondern Geschmack. Dieses würde so viel heißen als: Es gibt gar keinen Geschmack, d. i. kein ästhetisches Urteil, welches auf jedermanns Beistimmung rechtsmäßigen Anspruch machen könnte.

33 | In allen Urteilen, wodurch wir etwas für schön erklären, verstatten wir keinem, anderer Meinung zu sein; ohne gleichwohl unser Urteil auf Begriffe, sondern nur auf unser Gefühl zu gründen, welches wir also nicht als Privatgefühl, sondern als ein gemeinschaftliches zum Grunde legen. Nun kann dieser Gemeinsinn zu diesem Behuf nicht auf der Erfahrung gegründet werden; denn er will zu Urteilen berechtigen, die ein Sollen enthalten; er sagt nicht, dass jedermann mit unserm Urteile übereinstimmen werde, sondern damit zusammenstimmen solle. Also ist der Gemeinsinn, von dessen Urteil ich mein Geschmacksurteil hier als ein Beispiel angebe und weswegen

ich ihm *exemplarische* Gültigkeit beilege, eine bloße idealische Norm, unter deren Voraussetzung man ein Urteil, welches mit ihr zusammen stimmte, und das in demselben ausgedrückte Wohlgefallen an einem Objekt für jedermann mit Recht zur Regel machen könnte; weil zwar das Prinzip nur subjektiv, dennoch aber für subjektiv-allgemein (eine jedermann notwendige Idee) angenommen, was die Einhelligkeit verschiedener Urteilenden betrifft, gleich einem objektiven, allgemeine Beistimmung fordern könnte; wenn man nur sicher wäre, darunter richtig subsumiert zu haben.

Das Erhabene und seine Beurteilung

34 | Macht ist ein Vermögen, welches großen Hindernissen überlegen ist. Ebendieselbe heißt eine Gewalt, wenn sie auch dem Widerstande dessen, was selbst Macht besitzt, überlegen ist. Die Natur im ästhetischen Urteile als Macht, die über uns keine Gewalt hat, betrachtet, ist dynamisch-erhaben [...]

Denn so wie wir zwar an der Unermesslichkeit der Natur und der Unzulänglichkeit unseres Vermögens, einen der ästhetischen Größenschätzung ihres Gebiets proportionierten Maßstab zu nehmen, unsere eigene Einschränkung, gleichwohl aber doch auch an unserm Vernunftvermögen zugleich einen andern nicht-sinnlichen Maßstab, welcher jene Unendlichkeit selbst als Einheit unter sich hat, gegen den alles in der Natur klein ist, mithin in unserem Gemüte eine Überlegenheit über die Natur selbst in ihrer Unermesslichkeit fanden*; so gibt auch die Unwiderstehlichkeit ihrer Macht uns, als Naturwesen betrachtet, zwar unsere physische Ohnmacht zu erkennen, aber entdeckt zugleich ein Vermögen, uns als von ihr unabhängig zu beurteilen, und eine Überlegenheit über die Natur, worauf sich eine Selbsterhaltung von ganz anderer Art gründet, als diejenige ist, die von der Natur außer uns angefochten und in Gefahr gebracht werden kann, wobei die Menschlichkeit in unserer Person unerniedrigt bleibt, obgleich der Mensch jener Gewalt unterliegen müsste.

35 | Hierauf gründet sich nun die Notwendigkeit der Beistimmung des Urteils anderer vom Erhabenen zu dem unsrigen, welche wir in diesem zugleich mit einschließen. Denn so wie wir dem, der in der Beurteilung eines Gegenstandes der Natur, welchen wir schön finden, gleichgültig ist, Mangel des Geschmacks vorwerfen; so sagen wir von dem, der bei dem, was wir erhaben zu sein urteilen, unbewegt bleibt, er habe kein Gefühl. Beides aber fordern wir von jedem Menschen und setzen es auch, wenn er ei-

* Gemeint ist das »Mathematisch-Erhabene«, das lediglich den der Einbildungskraft übersteigenden Größen in der Natur anhängt und gleichfalls ein Gefühl erzeugt, das aus der Unlust an der sinnlichen Unvorstellbarkeit und der Lust an der Existenz unseres Bewusstseins von der alle sinnliche Unendlichkeit übersteigenden absoluten Größe unseres inneren Wesens gemischt ist. Vgl. Spruch 185, der die Fortsetzung dieses Abschnitts enthält.

nige Kultur hat, an ihm voraus; nur mit dem Unterschiede, dass wir das erstere, weil die Urteilskraft darin die Einbildung bloß auf den Verstand, als Vermögen der Begriffe, bezieht, geradezu von jedermann, das zweite aber, weil sie darin die Einbildungskraft auf Vernunft, als Vermögen der Ideen, bezieht, nur unter einer subjektiven Voraussetzung (die wir aber jedermann ansinnen zu dürfen uns berechtigt glauben) fordern, nämlich der des moralischen Gefühls im Menschen, und hiemit auch diesem ästhetischen Urteile Notwendigkeit beilegen.

In dieser Modalität der ästhetischen Urteile, nämlich der angemaßten Notwendigkeit derselben, liegt ein Hauptmoment für die Kritik der Urteilskraft. Denn die macht eben an ihnen ein Prinzip a priori kenntlich und hebt sie aus der empirischen Psychologie, in welcher sie sonst unter den Gefühlen des Vergnügens und Schmerzens (nur mit dem nichtssagenden Beiwort eines *feineren* Gefühls) begraben bleiben würden, um sie, und vermittelst ihrer die Urteilskraft in die Klasse derer zu stellen, welche Prinzipien a priori zum Grunde haben, als solche aber sie in die Transzendentalphilosophie hinüberzuziehen.

Die teleologische Urteilskraft: Der geistige und zweckvolle Charakter des Organischen

36 | Die Kausalverbindung, sofern sie bloß durch den Verstand gedacht wird, ist eine Verknüpfung, die eine Reihe (von Ursachen und Wirkungen) ausmacht, welche

immer abwärtsgeht; und die Dinge selbst, welche als Wirkungen andere als Ursache voraussetzen, können von diesen nicht gegenseitig zugleich Ursache sein. Diese Kausalverbindung nennt man die der wirkenden Ursachen (nexus effectivus). Dagegen aber kann doch auch eine Kausalverbindung nach einem Vernunftbegriffe (von Zwecken) gedacht werden, welche, wenn man sie als Reihe betrachtete, sowohl abwärts als aufwärts Abhängigkeit bei sich führen würde, in der das Ding, welches einmal als Wirkung bezeichnet ist, dennoch aufwärts den Namen einer Ursache desjenigen Dinges verdient, wovon es die Wirkung ist. Im Praktischen (nämlich der Kunst) findet man leicht dergleichen Verknüpfung, wie z. B. das Haus zwar die Ursache der Gelder ist, die für Miete eingenommen werden, aber doch auch umgekehrt die Vorstellung von diesem möglichen Einkommen die Ursache der Erbauung des Hauses war. Eine solche Kausalverknüpfung wird die der Endursachen (nexus finalis) genannt. Man könnte die erstere vielleicht schicklicher die Verknüpfung der realen, die zweite der idealen Ursachen nennen, weil bei dieser Benennung zugleich begriffen wird, dass es nicht mehr als diese zwei Arten der Kausalität geben könne.

Zu einem Dinge als Naturzwecke wird nun erstlich erfordert, dass die Teile (ihrem Dasein und der Form nach) nur durch ihre Beziehung auf das Ganze möglich sind. Denn das Ding selbst ist ein Zweck, folglich unter einem Begriffe oder einer Idee befasst, die alles, was in ihm enthalten sein soll, a priori bestimmen muss. Sofern aber ein Ding nur auf diese Art als möglich gedacht wird, ist es bloß ein Kunstwerk, d. i. das Produkt einer von der Materie (den Teilen) desselben unterschiedenen vernünftigen Ursache, deren Kausalität (in Herbeischaffung und Verbindung der Teile) durch ihre Idee von einem dadurch möglichen Ganzen (mithin nicht durch die Natur außer ihm) bestimmt wird.

Soll aber ein Ding, als Naturprodukt, in sich selbst und seiner innern Möglichkeit doch eine Beziehung auf Zwecke enthalten, d. i. nur als Naturzweck und ohne die Kausalität der Begriffe von vernünftigen Wesen außer ihm möglich sein, so wird zweitens dazu erfordert, dass die Teile desselben sich dadurch zur Einheit eines Ganzen verbinden, dass sie voneinander wechselseitig Ursache und Wirkung ihrer Form sind. Denn auf solche Weise ist es allein möglich, dass umgekehrt (wechselseitig) die Idee des Ganzen wiederum die Form und Verbindung aller Teile bestimme; nicht als Ursache — denn da wäre es ein Kunstprodukt —, sondern als Erkenntnisgrund der systematischen Einheit der Form und Verbindung alles Mannigfaltigen, was in der gegebenen Materie enthalten ist, für den, der es beurteilt [...]

In einem solchen Produkte der Natur wird ein jeder Teil so, wie er nur *durch* alle übrige da ist, auch als *um der andern* und des Ganzen willen existierend, d. i. als Werkzeug (Organ) gedacht; welches aber nicht genug ist (denn er könnte auch Werkzeug der Kunst sein, und so nur als Zweck überhaupt möglich vorgestellt werden); sondern

als ein die andern Teile (folglich jeder den andern wechselseitig) hervorbringendes Organ, dergleichen kein
Werkzeug der Kunst, sondern nur der allen Stoff zu
Werkzeugen (selbst denen der Kunst) liefernden Natur
sein kann; und nur dann und darum wird ein solches Produkt, als *organisiertes* und *sich selbst organisierendes Wesen*,
ein *Naturzweck* genannt werden können [...]

Organisierte Wesen sind also die einzigen in der Natur, welche, wenn man sie auch für sich und ohne ein
Verhältnis auf andere Dinge betrachtet, doch nur als
Zwecke derselben möglich gedacht werden müssen, und
die also zuerst dem Begriffe eines Zwecks, der nicht ein
praktischer, sondern Zweck der Natur ist, objektive
Realität, und dadurch für die Naturwissenschaft den
Grund zu einer Teleologie, d. i. einer Beurteilungsart ihrer Objekte nach einem besondern Prinzip verschaffen,
dergleichen man in sie einzuführen (weil man die Möglichkeit einer solchen Art Kausalität gar nicht a priori
einsehen kann) sonst schlechterdings nicht berechtigt
sein würde.

Ausdehnung des geistigen und zweckvollen Charakters
auf die anorganische Natur

37 | Es ist also nur die Materie, sofern sie organisiert ist,
welche den Begriff von ihr als einem Naturzwecke notwendig bei sich führt, weil diese ihre spezifische Form
zugleich Produkt der Natur ist. Aber dieser Begriff führt

nun notwendig auf die Idee der gesamten Natur als eines Systems nach der Regel der Zwecke; welcher Idee nun aller Mechanismus der Natur nach Prinzipien der Vernunft (wenigstens um daran die Naturerscheinung zu versuchen) untergeordnet werden muss. Das Prinzip der Vernunft ist ihr als nur subjektiv, d. i. als Maxime zuständig: Alles in der Welt ist irgend wozu gut; nichts ist in ihr umsonst; und man ist durch das Beispiel, das die Natur an ihren organischen Produkten gibt, berechtigt, ja berufen, von ihr und ihren Gesetzen nichts, als was im Ganzen zweckmäßig ist, zu erwarten.

Es versteht sich, dass dieses nicht ein Prinzip für die bestimmende, sondern nur für die reflektierende Urteilskraft sei, dass es regulativ und nicht konstitutiv sei, und wir dadurch einen Leitfaden bekommen, die Naturdinge in Beziehung auf einen Bestimmungsgrund, der schon gegeben ist, nach einer neuen gesetzlichen Ordnung zu betrachten, und die Naturkunde nach einem andern Prinzip, nämlich dem der Endursachen, doch unbeschadet dem des Mechanismus ihrer Kausalität, zu erweitern [...]

Wir wollen in diesem Paragraphen nichts anderes sagen, als dass, wenn wir einmal an der Natur ein Vermögen entdeckt haben, Produkte hervorzubringen, die nur nach dem Begriffe der Endursachen von uns gedacht werden können, wir weitergehen und auch die, welche (oder ihr obgleich zweckmäßiges Verhältnis) es eben nichtnotwendig machen, über den Mechanismus der blind wirkenden Ursachen hinaus ein ander Prinzip für ihre Möglichkeit aufzusuchen, dennoch als zu einem System der Zwecke gehörig beurteilen dürfen; weil uns die erstere Idee schon, was ihren Grund betrifft, über die Sinnenwelt hinausführt, da denn die Einheit des übersinnlichen Prinzips nicht bloß für gewisse Spezies der Naturwesen, sondern für das Naturganze, als System, auf dieselbe Art als gültig betrachtet werden muss.

Der Mensch aus ethischen Gründen der Endzweck der Natur

38 | Ich habe oben gesagt, dass der Endzweck kein Zweck sei, welchen zu bewirken und der Idee desselben gemäß hervorzubringen die Natur hinreichend wäre, weil er unbedingt ist. Denn es ist nichts in der Natur (als einem Sinnenwesen), wozu der in ihr selbst befindliche Bestimmungsgrund nicht immer wiederum bedingt wäre; und dieses gilt nicht bloß von der Natur außer uns (der materiellen), sondern auch in uns (der denkenden); wohl zu verstehen, dass ich in mir nur das betrachte, was Natur ist. Ein Ding aber, das notwendig, seiner objektiven Beschaffenheit wegen, als Endzweck einer verständigen Ursache existieren soll, muss von der Art sein, dass es in der Ordnung der Zwecke von keiner anderweitigen Bedingung, als bloß seiner Idee, abhängig ist.

Nun haben wir nur eine einzige Art Wesen in der Welt, deren Kausalität teleologisch, d. i. auf Zwecke gerichtet und doch zugleich so beschaffen ist, dass das Gesetz, nach welchem sie sich Zwecke zu bestimmen haben, von ihnen selbst als unbedingt und von Naturbedingungen unabhängig, an sich aber als notwendig vorgestellt wird. Das Wesen dieser Art ist der Mensch, aber als Noumenon betrachtet; das einzige Naturwesen, an welchem wir doch ein übersinnliches Vermögen (die Freiheit) und sogar das Gesetz der Kausalität, samt dem Objekte derselben, welches es sich als höchsten Zweck vorsetzen kann (das höchste Gut in der Welt), von Seiten seiner eigenen Beschaffenheit erkennen können.

Von dem Menschen nun (und so jedem vernünftigen Wesen in der Welt) als einem moralischen Wesen kann nicht weiter gefragt werden: wozu (quem in finem) er existiere. Sein Dasein hat den höchsten Zweck selbst in sich, dem, soviel er vermag, er die ganze Natur unterwerfen kann, wenigstens welchem zuwider er sich keinem Einflusse der Natur unterworfen halten darf. Wenn nun Dinge der Welt, als ihrer Existenz nach abhängige Wesen, einer nach Zwecken handelnden obersten Ursache bedürfen, so ist der Mensch der Schöpfung Endzweck; denn ohne diesen wäre die Kette der einander untergeordneten Zwecke nicht vollständig gegründet; und nur im Menschen, aber auch in diesem nur als Subjekte der Moralität, ist die unbedingte Gesetzgebung in Ansehung der Zwecke anzutreffen, welche ihn also allein fähig macht, ein Endzweck zu sein, dem die ganze Natur teleologisch untergeordnet ist.

39 | Um aber auszufinden, worein wir am Menschen wenigstens jenen letzten Zweck der Natur zu setzen haben, müssen wir dasjenige, was die Natur zu leisten vermag, um ihn zu dem vorzubereiten, was er selbst tun muss, um Endzweck zu sein, heraussuchen und es von allen den Zwecken absondern, deren Möglichkeit auf Dingen beruht, die man allein von der Natur erwarten darf. Von der letztern Art ist die Glückseligkeit auf Erden, worunter der Inbegriff aller durch die Natur außer und in dem Menschen möglichen Zwecke desselben verstanden wird; das ist die Materie aller seiner Zwecke auf Erden, die, wenn er sie zu seinem ganzen Zwecke macht, ihn unfähig macht, seiner eigenen Existenz einen Endzweck zu setzen und dazu zusammenzustimmen. Es bleibt also von allen seinen Zwecken in der Natur nur die formale, subjektive Bedingung, nämlich der Tauglichkeit: sich selbst überhaupt Zwecke zu setzen, und (unabhängig von der Natur in seiner Zweckbestimmung) die Natur, den Maximen seiner freien Zwecke überhaupt angemessen, als Mittel zu gebrauchen, übrig, was die Natur in Absicht auf den Endzweck, der außer ihr liegt, ausrichten, und welches also als ihr letzter Zweck angesehen werden kann. Die Hervorbringung der Tauglichkeit eines vernünftigen Wesens zu beliebigen Zwecken überhaupt (folglich in seiner Freiheit) ist die *Kultur*. Also kann nur die Kultur der letzte Zweck sein, den man der Natur in Ansehung der Menschengattung beizulegen Ursache hat.

QUELLENREGISTER

Die römischen Ziffern beziehen sich auf die Bandnummern,
die arabischen auf die Seitenzahlen von
Hartenstein, Kants sämtliche Werke 1867–1868, bzw.
auf Erdmann, Reflexionen Kants, 1882.

Vorkritische Periode

Allgemeine Weltanschauung
Motto: Fragmente (VIII, 638)
1 | Einrchtg. d. Vorlsg. (II, 316)
2 | Träume e. G. (II, 380–381)
3 | Ü. d. Optimismus (II, 41)
4 | Die falsche Spitzfdgkt. (II, 64–65)
5 | Deutlichkeit d. Gr. (II, 291)
6 | Träume e. G. (II, 327)
7 | Träume e. G. (II, 376–377)
8 | Fragmente (VIII, 612)
9 | Fragmente (VIII, 624)
10 | Träume e. G. (II, 377)
11 | Träume e. G. (II, 375–376)
12 | Begriff d. neg. Gr. (II, 99)
13 | Träume e. G. (II, 339)
14 | Ob die Erde veralte? (I, 191–192)
15 | Allg. Naturgesch. (I, 328)
16 | Ü. d. Optimismus (II, 43)
17 | U. d. Schöne u. Erhabene (II, 263)

18 | Allg. Naturgesch. (I, 219–220)

Sittenlehre und Erziehung
Motto: Fragmente (VIII, 611)
19 | Einrchtg. d. Vorlsg. (II, 319)
20 | Fragmente (VIII, 611)
21 | Fragmente (VIII, 615)
22 | Fragmente (VIII, 614–615)
23 | Allg. Naturgesch. (I, 343)
24 | Begriff d. neg. Gr. (II, 85)
25 | Ü. d. Krankh. d. Kopfes (II, 220–221)
26 | U. d. Schöne u. Erhabene (II, 239)
27 | Fragmente (VIII, 615)
28 | Fragmente (VIII, 617)
29 | Einrchtg. d. Vorlsg. (II, 313)
30 | Einrchtg. d. Vorlsg. (II, 313)
31 | Einrchtg. d. Vorlsg. (II, 314)
32 | Einrchtg. d. Vorlsg. (II, 315)

Religion
Motto: Beweisgrund (II, 205)
33 | Beweisgrund (II, 158–159)
34 | Beweisgrund (II, 175)
35 | Beweisgrund (II, 160
    Anmkg.)
36 | Träume e. G. (II, 340
    Anmkg.)
37 | Träume e. G. (II, 356–357)
38 | Fragmente (VIII, 630)

Menschen- und Lebenskunde
Motto: Fragmente (VIII, 637)
39 | Fragmente (VIII, 624–625)
40 | Geschichte u. Naturbe-
    schreibung d. Erdbebens v.
    Jahre 1755 (I, 440)
41 | Allg. Naturgesch. (I, 334)
42 | Ü. d. Schöne u. Erhabene
    (II, 236)
43 | Fragmente (VIII, 618)
44 | Träume e. G. (II, 328)
45 | Ü. d. Schöne u. Erhabene
    (II, 247)
46 | Von der wahren Schätzung
    der lebendigen Kräfte
    (I, 6–7)
47 | Ü. d. Optimismus (II, 37)
48 | Beweisgrund (II, 111)
49 | Ü. d. Schöne u. Erhabene
    (II, 247)
50 | Ü. d. Schöne u. Erhabene
    (II, 262–263)
51 | Träume e. G. (II, 360)
52 | Fragmente (VIII, 614)
53 | Beweisgrund (II, 112)

54 | Fragmente (VIII, 619)
55 | Fragmente (VIII, 620)
56 | Von der wahren Schätzung
    usw. (I, 8)
57 | Träume e. G. (II, 358
    Anmkg.)
58 | Fragmente (VIII, 628)
59 | Ü. d. Schöne u. Erhabene
    (II, 233)
60 | Fragmente (VIII, 610)
61 | Ü. d. Schöne u. Erh.
    (II, 242)
62 | Ü. d. Schöne u. Erh.
    (II, 243–244)
63 | Ü. d. Schöne u. Erh.
    (II, 244–245)
64 | Ü. d. Schöne u. Erh.
    (II, 252–253)
65 | Ü. d. Schöne u. Erh.
    (II, 253)
66 | Ü. d. Schöne u. Erh.
    (II, 253–254)
67 | Ü. d. Schöne u. Erh.
    (II, 55)
68 | Ü. d. Schöne u. Erh.
    (II, 264)
69 | Ü. d. Schöne u. Erh.
    (II, 265)
70 | Ü. d. Schöne u. Erh.
    (II, 271 Anmkg.)
71 | Fragmente (VIII, 627)
72 | Ü. d. Schöne u. Erh.
    (II, 257)
73 | Ü. d. Schöne u. Erh.
    (II, 265–266)

Kritische Periode

Allgemein-kritische Grundsätze
Motto: Reflexionen (II, 45)
74 | Prolegomena (IV, 7)
75 | Logik (VIII, 42)
76 | Logik (VIII, 24)
77 | Kr. d. pr. V. (V, 69)
78 | Kr. d. r. V. (III, 552)
79 | Logik (VIII, 24)
80 | Logik (VIII, 26–27)
81 | Logik (VIII, 46)
82 | Reflexionen (II, 21)
83 | Von einem neuerdings
erhobenen vornehmen
Ton in der Philosophie
(VI, 482)
84 | Kr. d. r. V. (III, 551–552)
85 | Prolegomena (IV, 128–129)
86 | Kr. d. r. V. (III, 558–559)
87 | Kr. d. r. V. (III, 47)
88 | Prolegomena (IV, 101)
89 | Prolegomena (IV, 114)
90 | Prolegomena (IV, 128)
91 | Prolegomena (IV, 114–115)
92 | Prolegomena (IV, 115)
93 | Prolegomena (IV, 124)
94 | Logik (VIII, 54–55)
95 | Logik (VIII, 45)
96 | Kr. d. r. V. (III, 395
Anmkg.)
97 | Kr. d. r. V. (III, 86)
98 | Kr. d. r. V. (III, 38–39)
99 | Kr. d. r. V. (III, 499)
100 | Kr. d. r. V. (III, 336–337)
101 | Kr. d. r. V. (III, 337–338)

102 | Kr. d. r. V. (III, 505–506)
103 | Kr. d. r. V. (III, 515)
104 | Kr. d. pr. V. (V, 107–108)
105 | Kr. d. r. V. (III, 303)
106 | Kr. d. r. V. (III, 7 Anmkg.)
107 | Kr. d. r. V. (III, 497)
108 | Kr. d. r. V. (III, 495–496)
109 | Was heißt sich im Denken
orientieren? (IV, 350–351)
110 | Was heißt sich im Denken
orientieren? (IV, 352–353)
111 | Prolegomena (IV, 513–114)
112 | Was ist Aufklärung?
(IV, 161)
113 | Was ist Aufklärung?
(IV, 165)
114 | Prolegomena (IV, 4)
115 | Kr. d. r. V. (III, 335
Anmkg.)
116 | Religion i. d. Gr. (VI, 166
Anmkg.)
117 | Kr. d. r. V. (III, 25)
118 | Prolegomena (IV, 130)

Sittenlehre
Motto: Idee z. e. allg. Geschichte
(IV, 152)
119 | Grundlegung (IV, 252–253)
120 | Grundlegung (IV, 257–258)
121 | Kr. d. pr. V. (V, 161)
122 | Kr. d. pr. V. (V, 8 Anmkg.)
123 | Kr. d. r. V. (III, 260)
124 | Grundlegung (IV, 255–256)
125 | Grundlegung (IV, 241)
126 | Grundlegung (IV, 242)
127 | Kr. d. pr. V. (V, 32)
128 | Grundlegung (IV, 251)

129 | Religion i. d. Gr.
(VI, 143)
130 | Streit der Fakultäten
(VII, 375–376)
131 | Grundlegung (IV, 283)
132 | Grundlegung (IV, 283)
133 | Grundlegung (IV, 238)
134 | Kr. d. pr. V. (V, 87)
135 | Kr. d. pr. V. (V, 103–104)
136 | Metaphysik der Sitten
(VII, 196)
137 | Kr. d. r. V. (III, 381
Anmkg.)
138 | Religion i. d. Gr. (VI, 165
Anmkg.)
139 | Kr. d. pr. V. (V, 39)
140 | Kr. d. pr. V. (V, 91)
141 | Kr. d. pr. V. (V, 93)
142 | Kr. d. pr. V. (V, 161
Anmkg.)
143 | Kr. d. pr. V. (V, 163)
144 | Kr. d. pr. V. (V, 89–90)
145 | Grundlegung (IV, 259
Anmkg.)
146 | Reflexionen (I, 168)
147 | Kr. d. pr. V. (V, 89)
148 | Grundlegung (IV, 274
Anmkg.)
149 | Anthropologie (VII, 458)
150 | Reflexionen (I, 75)
151 | Metaphysik d. Sitten
(VII, 213)
152 | Kr. d. pr. V. (V, 81)
153 | Metaphysik der Sitten
(VII, 213)
154 | Metaphysik der Sitten
(VII, 261)

155 | Metaphysik der Sitten
(VII, 261–262)
156 | Metaphysik der Sitten
(VII, 263)
157 | Metaphysik der Sitten
(VII, 195)
158 | Metaphysik der Sitten
(VII, 213)
159 | Streit der Fakultäten
(VII, 412–413)
160 | Anthropologie (VII, 478)
161 | Kr. d. r. V. (III, 498)
162 | Anthropolog.
(VII, 464–465)
163 | Idee z. e. allg. Gesch.
(IV, 152)
164 | Religion i. d. Gr. (VI, 154
Anmkg.)
165 | Mutmaßl. Anfang der
Menschengeschichte
(IV, 326–327)
166 | Logik (VIII, 70)
167 | Kr. d. r. V. (III, 285–286)
168 | Kr. d. pr. V. (V, 167–168)

Erziehung
Motto: Pädagogik (VIII, 457)
169 | K. d. pr. V. (V, 163)
170 | K. d. pr. V. (V, 160–161)
171 | Pädagogik (VIII, 466)
172 | Pädagogik (VIII, 461)
173 | Pädagogik (VIII, 486)
174 | Pädagogik (VIII, 492)
175 | Pädagogik (VIII, 457)
176 | Pädagogik (VIII, 462)
177 | Pädagogik (VIII, 461)
178 | Pädagogik (VIII, 460)

179 | Pädagogik (VIII, 463)
180 | Pädagogik (VIII, 457)

Kunst und Genie
Motto: Reflexionen (I, 128)
181 | Kr. d. U. (V, 310)
182 | Kr. d. U. (V, 308)
183 | Kr. d. U. (V, 309)
184 | Kr. d. U. (V, 269)
185 | Kr. d. U. (V, 269–270)
186 | Kr. d. U. (V, 281)
187 | Kr. d. U. (V, 336)
188 | Kr. d. U. (V, 338–339
      Anmkg.)
189 | Kr. d. U. (V, 316–317)
190 | Kr. d. U. (17, 316)
191 | Kr. d. U. (V, 317)
192 | Kr. d. U. (V, 317)
193 | Kr. d. U. (V, 327)
194 | Kr. d. U. (V, 317–318)
195 | Kr. d. U. (V, 328)
196 | Kr. d. U. (V, 328)
197 | Kr. d. U. (V, 320)
198 | Kr. d. U. (V, 319)
199 | Kr. d. U. (V, 314)
200 | Reflexionen (I, 128)
201 | Reflexionen (II, 12)
202 | Reflexionen (II, 15)
203 | Reflexionen (II, 13–14)
204 | Reflexionen (II, 13)
205 | Reflexionen (II, 14)
206 | Reflexionen (II, 13)
207 | Reflexionen (II, 9)
208 | Logik (VIII, 40)
209 | Logik (VIII, 38)
210 | Reflexionen (II, 7)
211 | Reflexionen (II, 8)

212 | Reflexionen (VIII, 20)
213 | Reflexionen (VIII, 48)
214 | Kr. d. r. V. (III, 11)
215 | Kr. d. r. V. (III, 32)
216 | Kr. d. r. V. (III, 257)
217 | Reflexionen (II, 9–10)
218 | Reflexionen (II, 10)
219 | Kr. d. r. V. (III, 256)
220 | Kr. d. pr. V. (V, 10–11)
221 | Über den Gebrauch
      teleologischer Prinzipien
      (IV, 475)
222 | Reflexionen (II, 11)

Religion
Motto: Religion i. d. Gr.
      (VI, 212)
223 | Religion i. d. Gr. (VI, 252)
224 | Religion i. d. Gr. (VI, 155)
225 | Kr. d. U. (V, 459–460)
226 | Kr. d. pr. V. (V, 149)
227 | Was heißt sich im Denken
      orientieren? (IV, 347)
228 | Religion i. d. Gr. (VI, 260
      Anmkg.)
229 | Kr. d. pr. V. (V, 136)
230 | Religion i. d. Gr. (VI, 284)
231 | Kr. d. r. V. (III, 540)
232 | Streit der Fakultäten
      (VII, 363)
233 | Streit der Fakultäten
      (VI, 289–290 Anmkg.)
234 | Streit der Fakultäten
      (VI, 278–279)
235 | Streit der Fakultäten
      (VI, 173 Anmkg.)

236 | Streit der Fakultäten
(VI, 172–173)
237 | Anthropologie (VII, 555)
238 | Religion i. d. Gr.
(VI, 297–298 Anmkg.)
239 | Religion i. d. Gr.
(VI, 294–295)
240 | Streit d. Fakultäten
(VII, 353)
241 | Religion i. d. Gr. (VI, 270)
242 | Streit d. Fakultäten
(VII, 359)
243 | Religion i. d. Gr. (VI, 146)
244 | Religion i. d. Gr. (VI, 258
Anmkg.)
245 | Religion i. d. Gr. (VI, 278)
246 | Religion i. d. Gr. (VI, 254)
247 | Streit d. Fakultäten
(VII, 365)
248 | Religion i. d. Gr. (VI, 205)
249 | Religion i. d. Gr. (VI, 206)
250 | Zum ewigen Frieden
(VI, 434 Anmkg.)
251 | Religion i. d. Gr. (VI, 221
Anmkg.)
252 | Reflexionen (I, 213)
253 | Reflexionen (I, 213–214)
254 | Streit d. Fakultäten
(VII, 370)
255 | Religion i. d. Gr. (VI, 220)

Geschichte
Motto: Idee z. e. allg. Geschichte
(IV, 154)
256 | Idee z. e. allg. Gesch.
(IV, 143)

257 | Idee z. e. allg. Gesch.
(IV, 146)
258 | Idee z. e. allg. Gesch.
(IV, 148)
259 | Mutmaßlicher Anfang der
Menschengeschichte
(IV, 323 Anmkg.)
260 | Religion i. d. Gr. (VI, 223)
261 | Zum ewigen Frieden
(VI, 436)
262 | Religion i. d. Gr. (VI, 287
Anmkg.)
263 | Zum ewigen Frieden
(VI, 419 Anmkg.)
264 | Zum ewigen Frieden
(VI, 417 Anmkg.)
265 | Streit der Fakultäten
(VII, 402–403)
266 | Zum ewigen Frieden
(VI, 424 Anmkg.)
267 | Idee z. e. allg. Gesch.
(IV, 150–151)
268 | Mutmaßlicher Anfang der
Menschengesch. (IV, 327)
269 | Zum ewigen Frieden
(VI, 454)
270 | Reflexionen (I, 200)
271 | Reflexionen (I, 202)

Menschen- und Lebenskunde
Motto: Anthropologie (VII, 597)
272 | Reflexionen (I, 112)
273 | Reflexionen (II, 354–355)
274 | Religion i. d. Gr. (VI, 163)
275 | Prolegomena (IV, 18)
276 | Logik (VIII, 79)

277 | Reflexionen (I, 104)
278 | Reflexionen (I, 104)
279 | Reflexionen (I, 96)
280 | Anthropologie (VII, 558)
281 | Reflexionen (I, 135)
282 | Mutmaßlicher Anfang der
Menschengesch. (IV, 328)
283 | Reflexionen (I, 139)
284 | Anthropolog.
(VII, 530–531)
285 | Reflexionen (I, 170)
286 | Anthropologie (VII, 558)
287 | Anthropologie (VII, 553)
288 | Anthropologie (VII, 550)
289 | Anthropologie
(VII, 550–551)
290 | Anthropologie
(VII, 516–517)
291 | Anthropologie
(VII, 450–451)
292 | Reflexionen (I, 100–101)
293 | Anthropologie (I, 118)
294 | Anthropologie (VII, 520)
295 | Anthropologie
(VII, 613–614 Anmkg.)
296 | Reflexionen (I, 130)
297 | Anthropologie (VII, 544)
298 | Anthropologie (VII, 544)
299 | Reflexionen (I, 130)
300 | Prolegomena (IV, 10)
301 | Reflexionen (I, 77)
302 | Anthropologie (VII, 587)
303 | Anthropologie (VII, 574)
304 | Anthropologie (VII, 572)
305 | Reflexionen (I, 165)
306 | Reflexionen (I, 196)

307 | Reflexionen (I, 68–69)
308 | Anthropologie (VII, 444)
309 | Anthropologie (VII, 416)
310 | Reflexionen (I, 152)
311 | Anthropologie (VII, 574)
312 | Anthropologie (VII, 582)
313 | Reflexionen (I, 166)
314 | Reflexionen (I, 172)
315 | Anthropologie(VII, 614)
316 | Anthropologie (VII, 614)
317 | Anthropologie (VII, 615)
318 | Reflexionen (I, 176)
319 | Reflexionen (I, 178)
320 | Reflexionen (I, 120)
321 | Reflexionen (I, 120)
322 | Pädagogik (VIII, 480)
323 | Reflexionen (I, 159)
324 | Anthropolog.
(VII, 585–586)
325 | Anthropologie (VII, 443)
326 | Reflexionen (I, 188)
327 | Anthropologie (VII, 631)
328 | Anthropologie (VII, 630)
329 | Anthropologie (VII, 630)
330 | Reflexionen (I, 182)
331 | Reflexionen (I, 193)
332 | Idee z. e. allg. Gesch.
(IV, 149)
333 | Idee z. e. allg. Gesch.
(IV, 144)
334 | Reflexionen (I, 153)
335 | Reflexionen (I, 173)

Anhang
Die Grundzüge des
Kritischen Systems

Aus der Kritik der reinen
Vernunft
  1 | III, 33–34
  2 | III, 34–36
  3 | III, 72–73
  4 | III, 73–74
  5 | III, 77–78
  6 | III, 114–115
  7 | III, 118–119
  8 | III, 151–152
  9 | III, 582–584
 10 | III, 346–350
 11 | III, 457–461
 12 | III, 469–470
 13 | III, 22–25

Aus der Kritik der praktischen
Vernunft
 14 | V, 19
 15 | V, 21–22
 16 | V, 22–23

 17 | V, 28
 18 | V, 33–35
 19 | V, 97–98
 20 | V, 30
 21 | V, 53–54
 22 | V, 99–102
 23 | V, 128
 24 | V, 130–131
 25 | V, 135–136

Aus der Kritik der Urteilskraft
 26 | V, 183–185
 27 | V, 185–187
 28 | V, 196–199
 29 | V, 225–226
 30 | V, 242
 31 | V, 215
 32 | V, 216–217
 33 | V, 245
 34 | V, 268–269
 35 | V, 273–274
 36 | V, 384–388
 37 | V, 391–393
 38 | V, 448–449
 39 | V, 444–445

ABKÜRZUNGEN

Abkürzung	Bedeutung
Einrchtg. d. Vorlsg.	Nachricht von der Einrichtung seiner Vorlesungen.
Träume e. G.	Träume eines Geistersehers, erläutert durch Träume der Metaphysik.
Ü. d. Optimismus	Versuch einiger Betrachtungen über den Optimismus.
Die falsche Spitzfdgkt.	Die falsche Spitzfindigkeit der vier syllogistischen Figuren.
Deutlichkeit der Gr.	Untersuchung über die Deutlichkeit der Grundsätze der natürlichen Theologie und der Moral.
Begriff d. neg. Gr.	Versuch den Begriff der negativen Größen in die Weltweisheit einzuführen.
Allg. Naturgesch.	Allgemeine Naturgeschichte und Theorie des Himmels.
Ü. d. Schöne und Erhabene	Beobachtungen über das Gefühl des Schönen und Erhabenen.

Abkürzung	*Bedeutung*
Beweisgrund	Der einzig mögliche Beweisgrund zu einer Demonstration des Daseins Gottes.
Kr. d. r. V.	Kritik der reinen Vernunft.
Kr. d. pr. V.	Kritik der praktischen Vernunft.
Kr. d. U.	Kritik der Urteilskraft.
Religion i. d. Gr.	Religion innerhalb der Grenzen der bloßen Vernunft.
Idee a. e. allg. Gesch.	Idee zu einer allgemeinen Geschichte in weltbürgerlicher Absicht.
Grundlegung	Grundlegung zur Metaphysik der Sitten.